NHK BOOKS
1277

「幕府」とは何か
——武家政権の正当性

higashijima makoto
東島 誠

NHK出版

はじめに

東日本大震災の翌年に出した前著『〈つながり〉の精神史』は、いわゆるベストセラーとは違った売れ方をした本で、刊行以来、二〇一七年まで、連年で全国の大学入試（小論文・国語）の問題文として採用いただいた。大学入試といっても、日本史でないところがミソで、これから大学で学ぼうとする受験生たちの頭脳を、しばし悩ませることに、ささやかな貢献をすることができた、とは言えるだろう。入試問題に採用されるには、何よりもまず論理の透明度の高さ、加えて小論文の場合には、若い世代の人たちに深く考えてほしいようなテーマ性を持つことが求められるから、歴史学という、はるか遠い過去を扱う学問でさえも、現代社会においてなおいくらかの有用性はある、という言い方は許されようか。

ところがその同じ著者が、今度は「幕府」とは何か、について論じようというのだから、いかにも珍事であり、訝《いぶか》しく思われる向きもあるかもしれない。いったい、いまなぜ「幕府」論なのか、と。

答えは至ってシンプルである。私にとって、「幕府」もまた、若い世代の人たちに深く考えてほしいテーマであるから、にほかならない。たしかに、丸山眞男《まさお》が用いた譬《たと》えで言えば、『〈つながり〉の精神史』のほうが私の本店であって、本書は夜店、ということになるのかもしれない。

しかしながら、丸山自身の著作がそうであったように、夜店の出し物が本店のそれより劣っているわけではあるまい。「夜店」の語に籠《こ》められているのは、丸山一流の〈自負〉である。ただ、丸山の場合と同じことが本書についても言えるのかどうか。そこは、読者のご批評を待つほかない。

それではこの夜店で、私は何を論じようというのか。それは、為政者はなぜ善き政治を行うのか、という問いに尽きる。そしてそれに続けて、善き政治を行わなければ、政権を維持することさえままならないからである、と答えるとするなら、ただちに次のような反応が返ってくるだろう。いや、為政者がどんなに理不尽なことをしても、そしてたとえ巨悪の不正を働こうとも、この国の為政者は、いつまでも為政者であり続けることができるんだよ、と。易姓《えきせい》革命なき日本、市民革命なき日本、そしてデモの盛り上がらない日本である。

中国史上の易姓革命とは、悪政を行えば放伐《ほうばつ》される、ということだ。もっとも、禅譲《ぜんじょう》や放伐と呼ばれる王朝交替も、現政権の自己正当化の論理ともなりうるから、易姓革命万歳というつもりもないのだが、それでも変わり、替えることのできる社会と、そうでない社会があるとすれば、日本は圧倒的に後者であることも、疑いない。とは言え、歴史的に見れば、為政者はただ政権の安泰にあぐらをかいていたばかりではない。

自らが他にとって替わられることを恐れ、神経をとがらせている者が執《と》るべき手段はいろいろあろうが、すぐにも思いつくであろうその一つは、圧倒的な武力や強制力をもって周囲を黙らせることであろう。いわゆる恐怖政治である。

だが、二十世紀歴史学の金字塔の一つ、石母田正《いしもだしょう》『日本の古代国家』はその冒頭、ルソーの『社会契約論』第一篇第三章から次の一節を引く。

最も強いものでも、自分の強力を権利に、服従を義務にかえないかぎり、いつまでも主人であり得るほどに強いものでは決してない。

最も強いものでも、いつまでも強くあり続けることができないことを熟知している者は、いま一つの心理のありようとして、自己の支配がいかに正当であるか、ということにも過敏となる。専制君主と呼ばれるような為政者のほうが、かえって合議機関を創ることに熱心だったりする、ということが、歴史的にはあり得たのである。

そう考えるなら、武力を生業とする武士の政権は、ただ圧倒的な武力だけをもって権力を維持できたというわけではない、ということに気づくことになろう。もしもそのようなことが可能なら、わざわざ鎌倉幕府は『御成敗式目《ごせいばいしきもく》』を制定する必要などなかったはずだ。いや、そもそも平安貴族社会にとっての新参勢力である武士は、いかにして政権にまで上り詰めたのか。

もちろん、ひとたび権力を得た者にしてみれば、混乱が落ち着き、正当性が制度化されれば、あとはそれを伝統として、さして努力もせずに権力を維持しうることもまた、往々にしてあろう。が、ひとたび列島を揺るがすような大きな出来事、飢饉《ききん》・災害や対外関係の緊迫が生じるや、為政者をして、徳治・徳政、すなわち善き政治を行う必要へと駆り立てる。

「幕府」とは何か、と題する本書はしたがって、戦争や謀殺《ぼうさつ》に明け暮れた武士の世界についての歴史的事実を、ただひたすら細密に描こうとする従来の歴史書とは違って、武家政権はどのように支配の正当性を確保しようとしたか、を中心的課題として論じる。ただ漫然と幕府の歴史を通史的に描くのではなく、そうした支配の正当性が問われる場面を選択的に描く方針を採る所以《ゆえん》である。ただ選択的とはいえ、結果的には大部の書物となってしまった。時折挟んだティー・ブレイクをお楽しみいただきつつ、最後までお付き合いいただければ幸いである。

最後に、副題に付けた「正当性」という言葉についても説明しておこう。本書では、〈正統性〉と〈正当性〉という二つの語を区別して用いている。本書の主眼は、危機における武家政権の正当性にあるが、たとえば鎌倉時代の北条氏には、血統や由緒という意味での〈正統性〉はない。したがって政権の黎明期には、その〈正当性〉を、社会に向かって積極的に打ち出す必要があった。とまあ、このように使い分けていくわけだ。

ただし、このような用字の使い分けは本書独自のものであって、他の学問分野、たとえば法学で用いられるそれとは、異なった用い方となっている。それを知っていてわざわざ変えるというのは、もちろん訳《わけ》あってのことである。当然、私の使い方のほうが理に適《かな》っている、と考えているからにほかならない。よってこの点を、いささか補足しておこう。煩《わずら》わしければ、最後の一段落まで読み飛ばしていただいてもかまわない。

わかりやすい例文を挙げれば、法学の世界には、悪法には「正当性 rightness」はないが、法である限り「正統性 legitimacy」はある、といった言い回しがある。一見すると通りはよい。しかしながら、「正統」という語は本来、歴史的には「しょうとう」と読み、伝統的支配としての血統や由緒の正しさ、といったことに特化して用いられる語である。よってレジティマシーの訳語としては不適当だ、私ならそう考えるわけだ。少なくとも歴史学者である以上、これを法学者のように「正統性」と記述することは、私にはとうてい採り得ない選択肢である。だから先の例で言えば、悪法には「正しさ rightness」はないが、法である限り「正当性 legitimacy」はある、と言った方が、誤解や混乱がない。そう考えるのであるが、いかがであろうか。

　その上でもう一点、より重要な問題を付け加えるならば、歴史的に見て、権力の「正当性 legitimacy」は、ただ合法的である、ということにのみ担保されてきたわけではない、ということだ。権力者が支配を行う上で、自らの「正当性 legitimacy」を担保する形式には、大別して三つの方法がある、ということを示したのが、二十世紀の社会科学の巨人マックス・ヴェーバーである。つまり、法学者が、法である限り「正統性《(ママ)》 legitimacy」はある、という時、それは、いくつもある「正当性」のうちの一タイプに過ぎない、ということに注意する必要がある。そう、歴史的には、合法的支配以外にも、伝統的支配やカリスマ的支配といった、まったく別のタイプの正当性があり得たのである。そして、仮にも「正統」という字を用いるのならば、それは合法的支配よりも伝統的支配においてこそ相応《ふさわ》しい、これが私の考えるところである。よって本書で「正統性《しょうとうせい》」と書く場合は、血統や由緒などの伝統的支配の場面に限って用いることとし、ヴェーバーの言う三つの「正当性《せいとうせい》 legitimacy」類型の下位概念、あくまでサブカテゴリーとして用いることにしたい。

以上、言葉の定義を終えたところで、改めて問おう。なぜいま、幕府を、そして〈支配の正当性〉という問題を論じるのか、と。それは〈正当性〉の感覚を研《と》ぎ澄まし、絶えずこの問題を問い続ける、ということなしに生きることが、大変危うい時代にさしかかっているから、にほかならない。

二〇二二年八月

東京にて

目次

校　閲　髙松完子
ＤＴＰ　㈲緑舎

第一章

平家政権と〈いくつもの幕府〉

第1節　幕府をめぐる基礎知識

乱立する「幕府」論

近年学界では、教科書等でなじみの深い鎌倉幕府・室町幕府・江戸幕府の三つ以外にも、さまざまな「幕府」が論じられている。たとえば、六波羅幕府（髙橋昌明）、福原幕府（本郷和人）、奥州幕府構想（入間《いるま》田《だ》宣夫《のぶお》）、さらには安土《あづち》幕府（藤田達生）、等々である。このほか、堺幕府や鞆《とも》幕府といった用語に親しんでいる読者もいるかもしれない。まさに、乱立する「幕府」論である。

もっとも、乱立する、とは言ってみたものの、それらはいくつかのグループに分けることが可能だ。その一つは、室町幕府のヴァリエーションである。堺幕府や鞆幕府というのは、足利《あしかが》将軍もしくはそれに準ずる存在が、どこを拠点としたか、を表示する用語である。一方、信長《のぶなが》政権を安土幕府と呼ぶことは、信長は室町幕府を否定したのか継承したのか、といった近年の議論に、ただちにかかわってくる命名となる。

そして、いま一つのグループが鎌倉幕府にかかわる新呼称であって、これは源平争乱期、すなわち武家政権の黎明期《れいめいき》をどう評価するか、という問題となるから、目下最重要のテーマとなる。鎌倉幕府を最初の幕府と見做《みな》さず、これに先行する平家政権を六波羅幕府や福原幕府の名で呼ぶことの是非、あるいは源頼朝《みなもとのよりとも》の弟義経《よしつね》を推戴《すいたい》する奥州幕府構想とは何か、が焦点となるだろう。

とは言え、議論を急ぐ必要はない。まずはウォーミングアップがてら、読者の予備知識について、小手調べをしてみよう。とりあえず、次の三つの「常識」をめぐる問いに答えていただくのはいかがであろうか？

①幕府の長たるには、征夷大将軍《せいいたいしょうぐん》になる必要がある、というのは本当か？
②源頼朝以降、征夷大将軍になるには源氏でなければならない、というのは本当か？
③「幕府」とは後世の用語であり、同時代の史料には見えない語である、というのは本当か？

常識①の検討　幕府の長たるには、征夷大将軍になる必要がある、というのは本当か？

まずは①から。これを考えるのに一番相応しい例は、尼《あま》将軍北条政子《ほうじょうまさこ》、すなわち源頼朝御台《みだい》である。尼将軍なんて、所詮は通称、正式なものではない、そうお考えの方には次の史料を見ていただこう。鎌倉幕府の正史『吾妻鏡《あずまかがみ》』北条本巻首の「関東将軍次第」である。なお本書では原文細字《さいじ》双行《そうぎょう》（割書）となっている箇所は［　］を用いて掲出し、著者が補った部分には（　）を用いることとする。

関東将軍次第

頼朝　［治二十年。五十三才。治承《じしょう》四年より正治《しょうじ》元（年）に至る。正（月）十三（日）薨《こう》ず。］
頼家　［治五年。二十三才。正治元年より建仁《けんにん》三年に至る。］
実朝　［治十七年。二十八才。建仁三年より承久《じょうきゅう》元年に至る。］
已上《いじょう》、三代将軍合わせて四十か年。
平政子　［治八年（ママ）。六十九才。承久元年より嘉禄《かろく》二（ママ）年に至る。］
頼経《よりつね》　［治十八年。三十九才。安貞《あんてい》元年より寛元《かんげん》二年に至る。］
頼嗣《よりつぐ》　［治九年。十八才。寛元三年より建長《けんちょう》四年に至る。］
宗尊《むねたか》親王　［治十五年。三十三才。建長四年より文永《ぶんえい》三年に至る。］
惟康《これやす》親王　［治二十四年。二十六才。文永三年より正応《しょうおう》二年に至る。］
久明《ひさあきら》親王　［治二十年。二十四才。正応二年より延慶《えんぎょう》元年に至る。］
守邦《もりくに》親王　［治二十五年（ママ）。三十二才。延慶二（ママ）年より元弘《げんこう》三年に至る。］

已上、治承四［庚子］より元弘三［癸酉］に至る百五十四年。

ここから、三代将軍実朝暗殺後は、「平政子」の治世として、明確にカウントされていることがわかるだろう。ただし、右の北条本『吾妻鏡』では、政子の没した嘉禄元年（一二二五）を、一年誤って二年とし、「治八年」とするが、野村育世も指摘するように、『武家年代記』の「治七年」が正しい。なお、右の史料を見て、歴代将軍の「治〇〇年」の年数を足していくと末尾の合計百五十四年と合わない、と思う人がいるかもしれないが、すべての治世は数え年で記載されているので、それらを単純に足すと、当然重複が生じる。

北条政子は、通称でもなんでもなく、れっきとした第四代「関東将軍」であった。鎌倉幕府にとって、「関東将軍」の地位は、朝廷から征夷大将軍の宣下《せんげ》を受けなければ立ち得ない地位ではなかったことが、ここから明らかだ。また、政子の「仰《おお》せ」を奉《うけたまわ》って出された仮名奉書《ほうしょ》の存在も脚光を浴びるようになってきている。

それだけではない。右の史料では、初代頼朝の治世は治承四年（一一八〇）―正治元年（一一九九）、二代頼家の治世は正治元年（一一九九）―建仁三年（一二〇三）であり、途切れることなく継承されている。すなわち「関東将軍」治世の代替わりのポイントはあくまで頼朝の死去であって、将軍任官とは関係ない。というのも頼家の将軍就任は、父の死の三年半後の、建仁二年（一二〇二）七月だからである。

しかも、父頼朝は、『尊卑分脈《そんぴぶんみゃく》』の系図上の記事によれば建久《けんきゅう》五年（一一九四）、現存する古文書の上では、遅くも建久七年（一一九六）七月までには、征夷大将軍を事実上辞任していた、と考えるのが、今日の通説的理解である。

次頁のA・B二つの様式の文書《もんじょ》を見比べていただきたい（写真1－1）。古文書学《こもんじょがく》的には、将軍家政所下文《まんどころくだしぶみ》と呼ばれる写真Aのような様式の文書から、前右大将家政所下文《さきのうだいしょうけまんどころくだしぶみ》と呼ばれる写真Bのような様式の文書へと切り替えられた時期、すなわち前者の下限と後者の上限に挟まれた期間のどこかの時点で、頼朝は将軍を辞任しているはずだ、ということになる。

様式Aの下限は、目下のところ建久六年（一一九五）五月だが、ただ、現存する文書は案文《あんもん》（証拠能力のある写し）や写《うつし》と呼ばれるものがほとんどで、写真のような、きちんと花押《かおう》の据えられた原文書（正文《しょうもん》）の形で伝存《でんそん》するものはほとんどない。このため様式Aの下限については微妙で、なかには偽文書《ぎもんじょ》の疑いのあるものもあり、また偽文書ではないにしても、書写伝来の過程で、「前右大将家政所」とあった部分が「将軍家政所」に書き換えられてしまっている可能性もないとは言えない。よってここでは、様式Bの上限を見るほうがまだしも確実だろう。目下、写真Bの前年、建久七年七月十二日付の前右大将家政所下文の案文が青方文書《あおかたもんじょ》にあるので、遅くとも建久七年七月時点では将軍を辞めていたはずだ、というあたりを無難、と判断することになる。そしてこれが、現時点での通説の論拠となろう。

ここで改めて本題を確認しよう。幕府の長たるには、征夷大将軍になる必要がある、というのは本当か、である。もしも幕府イコール将軍在職が要件であるならば、最初の幕府は、頼朝が将軍宣下を受けた建久三年（一一九二）七月から数えて、最長でも四年で幕を閉じた、としなければならないことになる。そして頼朝の辞任から頼家の就任までの、最短でも六年の間、鎌倉幕府は存在しなかった、という珍妙なことにならざるを得ない。さきに見た「関東将軍次第」が将軍

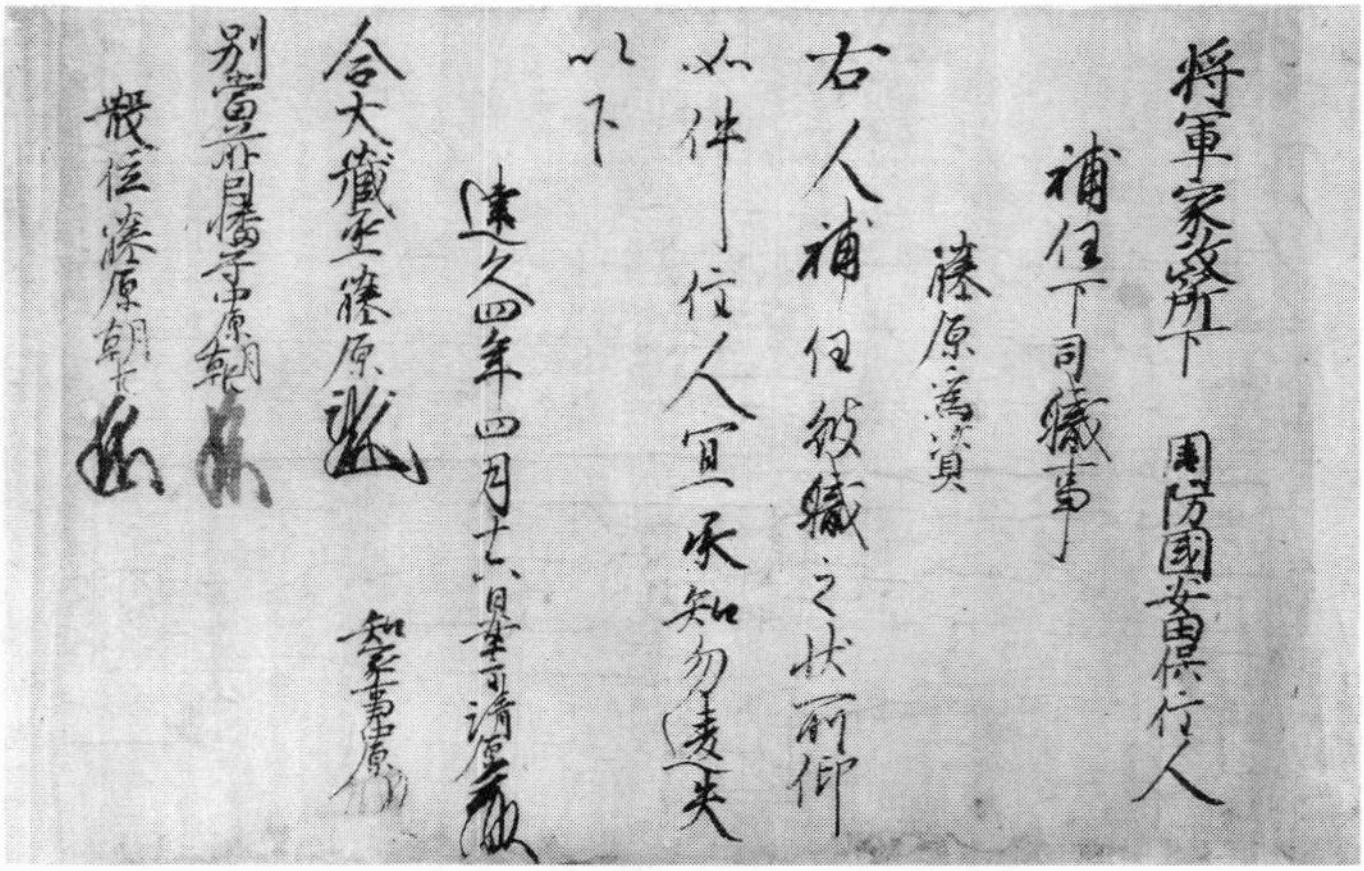

A　建久 4 年（1193）4 月 16 日将軍家政所下文（毛利家文書）

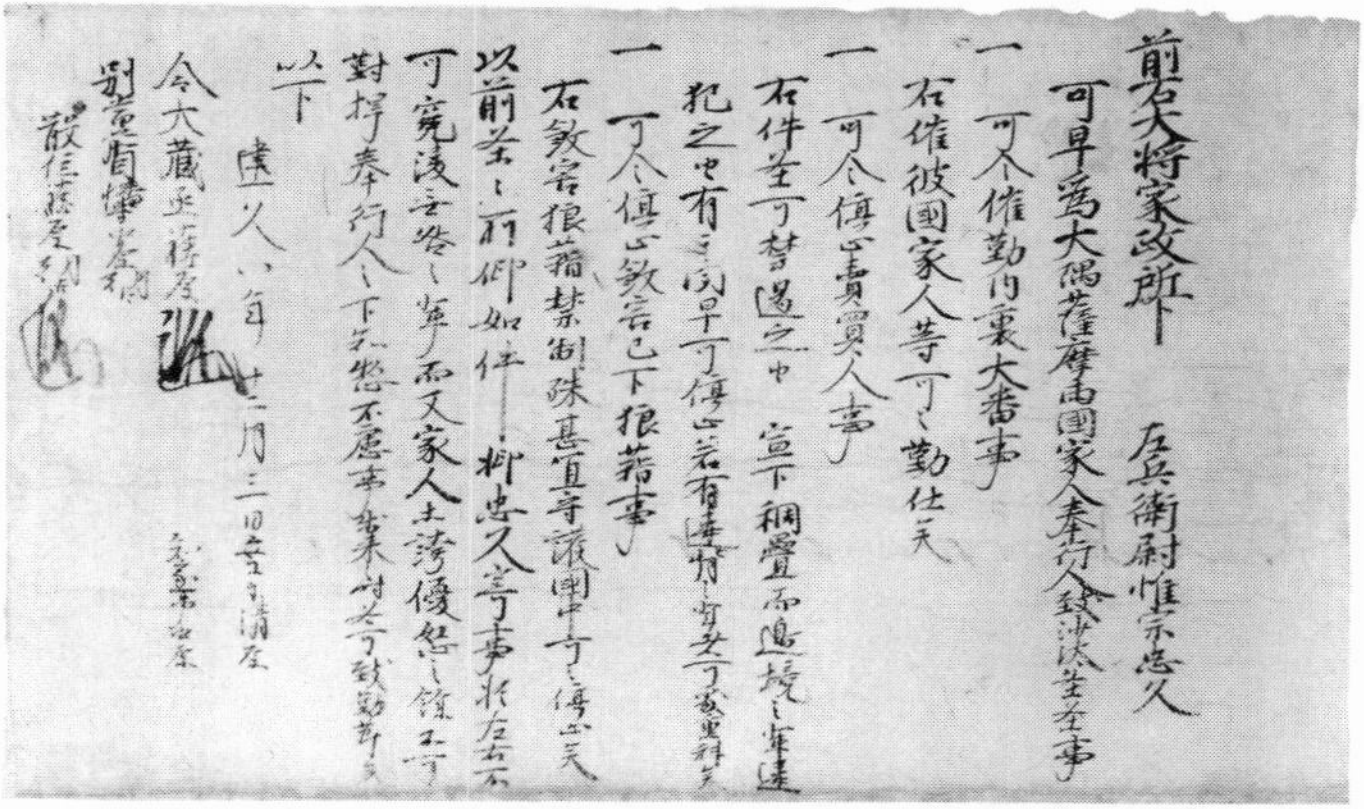

B　建久 8 年（1197）12 月 3 日前右大将家政所下文（島津家文書）

写真 1-1　頼朝が将軍を辞任した時期を間接的に示す 2 つの文書

在任期間を基準としていないのは、むしろ当然と言うべきであろう。

ちなみに、頼朝の将軍〝辞任〟をさきほど「事実上」と述べ、私が留保を付けたのには意味がある。じつは朝廷側は、建久五年に二度にわたり頼朝から提出された辞表（辞意を表す上表）を受理せず、二度分まとめて関東にこれを送還しているからである。ただし、だからと言って頼朝は、死去するまで将軍であり続けた、と考えるのは正しくない。少なくとも頼朝側の自己認識としては、もはや将軍であるつもりはないから「前右大将家政所」に文書様式を改めたのである。朝廷の慰留《いりゅう》にしても形式的なもので、当然頼朝は、慣例どおり「上表三度」に及ぶだろう、と考えていたに違いない。

ところが頼朝は三度目の辞表を出さなかった。そしてこの点こそ重要、と見るのが杉橋隆夫である。このことによって征夷大将軍の職名は、武家の棟梁《とうりょう》に与えられる恒常的な官職に変質した、とまで主張されている。

そもそも征夷大将軍というのは、「追討使」同様、恒久的なものではなく、一回的なものであった。だからこそ平安初期、かの坂上田村麻呂《さかのうえたむらまろ》の場合でも、七九七年、八〇四年と、二度も征夷大将軍に任じられているわけだ。この点、武家政権の誕生とは、そういう一回的な権限を恒久的な権力へと焼きなおしていくことを意味し、かかる視点から頼朝政権の画期性を見出そうとする、杉橋の発想それ自体には、私も共感する。

だが、頼朝にとって恒久的な権力とは、もはや征夷大将軍であることが必要なくなった、その時点にこそ見出すべきであろう。

じつは平安時代の摂関《せっかん》政治の権力基盤も、決して摂関という地位それ自体にあるわけではなかった。土田直鎮《なおしげ》が描いたように、「揚名関白《ようめいかんぱく》」、すなわち名ばかり関白として知られる藤原実頼《さねより》は、天皇の外戚《がいせき》という地位を取れなかった傍流であるため、自分に何の権勢もないことを、その日記でぼやいていることでも有名だ。母方で子女が養育される摂関期の権力の源泉は、次世代の天皇の母方の祖父であることであって、だから昇進を目論《もくろ》む人々は外戚たちに媚《こ》びへつらい、誰も自分のもとに相談に来ない、と実頼はぼやくのである。

実際、摂関政治の頂点と目される藤原道長は、長和五年（一〇一六）に摂政になった翌年には、早々に辞任し、頼通にその地位を譲っている。つまり、権力の源泉は天皇の外戚であることなのだから、摂政であることにこだわり続ける必要はないのである。むしろさっさとそんな地位は後継者に譲ってしまい、もっと自由に振舞う方がよい。

もちろん頼朝にしても、もはや征夷大将軍であることが必要なくなった、とは言っても、一度将軍になっておくことは重要だったろう。しかし、前職で十分、現職である必要はない。将軍を辞めるとこの呼称は使えなくなった、と見るか、より自由になったと見るか。そこが歴史を見る眼の問われるところである。つまり鎌倉幕府は、一一九二年に頼朝が征夷大将軍になったときに成立したのではなく、一一九四年ないし一一九六年、将軍を辞めようとしたときに成立した、と言ったほうが、はるかにセンスのいい歴史観だと言えよう。

いや、その論理で押すならば、もう一段踏み込んで言うべきだろう。頼朝が、それまで身にまとっていた朝廷権威を脱ぎ捨てる意思表示を明確にした、一一八六年こそ、真に鎌倉幕府の成立時点である、と。それはどのような意味においてなのか。第二章を楽しみにしていただきたい。

常識②の検討　源頼朝以降、征夷大将軍になるには源氏でなければならない、というのは本当か?

次に②はいかがだろうか。これは比較的易しい問題で、鎌倉幕府でさえ、源氏三代のあとは、(じっさいに征夷大将軍に任命されたわけではない北条政子はさておくとしても、)摂家《せっけ》将軍、皇族将軍(親王将軍)が京都から迎えられたのだから、源氏である必要はまったくない。それどころか、約百五十年の鎌倉時代のなかで、じつは皇族将軍の期間が最長なのだ。もっとも細川重男の注目するとおり、宗尊親王の子で、皇族将軍二代目たる惟康王は、源姓を授与されて源惟康となり、その上親王宣下を受けた異色の経歴の持ち主であり、源氏将軍復活の意図が込められた、と言うことは出来るが、将軍になるのに必ずしも源氏である必要はない、という点は動かない。鎌倉幕府を滅ぼした後醍醐《ごだいご》天皇の皇子、護良《もりよし》親王の例を挙げてもよいだろう。

また近年は、織田《おだ》信長が一五八二年に本能寺の変で斃《たお》れる直前に、将軍推任《すいにん》を受けていたこと(いわゆる三職推任をめぐる論争)も広く知られるようになってきており、常識は大きく書き換えられてきている。ところが前世紀の歴史小説の世界では、征夷大将軍になるには源氏である必要があった、それゆえ平《へい》姓を称した信長は幕府を開くことが出来ず、秀吉《ひでよし》は藤原姓を得て関白になる道を選んだ、などということが、まことしやかに語られていたのである。

こう説明すると、信長の話は知っているが、では秀吉はどうなんだ、と問われる向きがあるかもしれない。豊臣《とよとみ》秀吉は天下を統一したのに、源氏でないから将軍になれなかったではないか、と。あるいは知識欲旺盛な人たちから、いや、秀吉は農民出身だから、仮にも守護代《しゅごだい》の家の出身である信長とはそもそも前提が違うよ、そんな声も聞こえてきそうである。いやいや、秀吉が農民出身なんて説明も旧《ふる》い。いまでは石井進や服部英雄の研究によって、移動生活をしていた非農業民（農業民＝定住民から見て差別されていた人々）の出身であることが新しい常識だ、そう言う人もいるかもしれない。いずれにせよ、秀吉の出自では将軍にはなれない、というのが、大方の常識である点では同じだろう。

　ところが、秀吉の場合にも、信長同様、将軍に推任する動きが確かにあったのである。奈良興福寺の多聞院英俊《たもんいんえいしゅん》の日記（『多聞院日記』天正十二年〔一五八四〕十月十六日条）には、正親町《おおぎまち》天皇の「叡慮《えいりょ》」として、次のようにみえる。

　一つ。こたび京都において、羽《は》柴筑前《しばちくぜん》は叡慮により四位の大将に任じて、将軍の官を兼ねなさるべきの旨、勅定《ちょくじょう》有りといえども、主の望みにて五位の少将に任じおわんぬ、と。

将軍兼官の話自体は流れたものの、「羽柴筑前」、すなわち秀吉が将軍になることは、十分に〝ありうべきこと〟だったのである。このことは再確認されてよい。

　では、にもかかわらず、なぜ征夷大将軍になるには、源氏でなければならない、などという俗説がまかり通ってきたのだろうか。

これに対して、専門家を名乗る人たちが決まって挙げてきたのが、十九世紀、化政文化のころに編まれた『武家名目抄《みょうもくしょう》』（塙保己一《はなわほきいち》を中心に和学講談所で編纂《へんさん》された江戸幕府公認の武家故実書《こじつ》）である。そこには次のように書かれている。

されば、清和《せいわ》源氏の流にあらずして征夷将軍に補《ぶ》せられし者なし。なお天位の皇統における、摂関の藤氏におけるがごとし。織田・豊臣の両家、もっぱら兵権を取るといえども、皆この職に居られざりしは、このいわれなるべし。

（職名部一下、征夷大将軍、下）

もっとも右のくだりは、冒頭の「されば」以前の文脈を省略すると、そのようにも誤読できてしまう、というだけの話であって、本来はそのような趣旨ではない。現にその前段では、清和源氏ではない護良《もりよし》親王の例も挙げている。征夷大将軍＝清和源氏説の根拠を『武家名目抄』に求める歴史家がいるとすれば、じつはそれは、相当恥ずかしい誤読の産物だ、と知るべきであろう。

ではここでは何をどう誤読したのか。ここでの「されば」とは、そもそも次の一文に続くものであった。

さらに足利殿をこの職に任じたまいしより、子孫相伝えて補任《ぶにん》せらるる事を得たり。世に所謂《いわゆる》室町将軍これなり。ここに至って公家《こうけ》《こうか》の奨褒《しょうほう》いにしえに倍せり。（されば……）

つまり、足利尊氏以降、代々足利氏が将軍に就いたところ、「公家」、すなわち朝廷の覚えがめでたく、このため、清和源氏以外を将軍に任命する例が無くなった、というのが、『武家名目抄』の本来の文脈なのである。もちろん、この論理の根柢《こんてい》にあるのが、清和源氏を称する徳川《とくがわ》の治世を肯定し、織田や豊臣を否定する歴史観であること、言うまでもない。そもそも清和源氏でなければ将軍になれない、という話ではないのであって、足利氏の時うまくいったから、徳川氏が将軍になって当然、という筋書きの話なのだ。

「清和源氏の流にあらずして」だけを切り出して森全体を見ない従来説の間違いについては、以上でおわかりいただけたと思うが、同時に、足利氏＝悪として、つい先頃（二〇〇六年）まで室町時代をなかったこととして挙行されてきた、「時代祭《じだいまつり》」的な歴史観を基準に室町将軍を考えてきた人にとっては、なかなか新鮮な内容ではなかろうか。しかし、右のとおり、和学講談所的には、室町将軍を肯定することは、アリだったのである。

常識③の検討　「幕府」とは後世の用語であり、同時代の史料にはない語である、というのは本当か？

二〇一二年のNHK大河ドラマ『平清盛《たいらのきよもり》』の監修者の一人、本郷和人は、前年十一月刊行の『謎とき平清盛』で「中世の武士たちは『幕府』などという言葉を知らなかった。自分たちが幕府に属している、などと、ついぞ思ったことがなかった」と述べ、さらにこう続ける。「江戸時代には幕府を指し示す『柳営《りゅうえい》』という語が生まれて使用されましたが、肝心の『幕府』が用いられたのは江戸時代後期、頻用されるようになったのは、武家政治が終わった明治時代になってからで、学術用語としてなのです」（一九五頁）と。

つまり本郷によれば、(1)「幕府」というのはあくまで学術用語で、中世の同時代語ではない、(2)江戸時代には「柳営」という語が生まれ、こちらが一般的、(3)「幕府」の語が用いられるのは江戸後期、頻用されるのは明治から、ということになるが、果してそう言えるのか。少し長くなりそうなので、常識③に限っては、いくつかの項目に分けて論じよう。

「東関柳営」と呼ばれた関東の将軍権力

まずは(2)から。おそらくこれはケアレスミスの類と思われ、それゆえ指摘するのはいささか躊躇《ためら》われるのだが、じつは江戸時代を待つことなく、中世でも普通に「柳営」の語は用いられている。室町中期の古辞書『下学集《かがくしゅう》』（旧東京教育大本）には、「柳営　リウエイ、将軍家を指すなり。漢の周亜夫《しゅうあふ》の故事より起こる」とあり、出典は『漢書《かんじょ》』に遡《さかのぼ》る。したがって「柳営」が江戸時代の造語でないことは明らかだ。

実際、同時代史料中の用例もはなはだ多い。特に、十三世紀後半、モンゴル襲来の頃から急増する。詳しくは第二章に譲り、ここでは数例のみ挙げるとすれば、嘉元《かげん》三年（一三〇五）、北条貞《さだ》時《とき》の専制政治を揺るがすことになる、「嘉元の乱」と呼ばれる騒動のさなか、「征夷将軍の柳営を守り」（後深草院仏事記）のような用例が、普通に見出せる。また「東関柳営の遐運《かうん》を祈り奉《たてまつ》らんと欲す」「東関《とうかん》柳営の嘉運《かうん》を施す」のように、鎌倉幕府の当時の呼称が「東関柳営」であったことを最初に指摘したのが、私の論文「『幕府』論のための基礎概念序説」であった。

しかもこの「東関柳営」なる呼称は、足利将軍の時代に入っても、鎌倉府を預かる関東公方《くぼう》の呼称として用いられた。応安《おうあん》元年（一三六八）閏《うるう》六月山門訴状案（『後愚昧記《ごぐまいき》』同年七月二十三日条所引）には、室町幕府第二世代を兄弟で支え、「羽翼《うよく》両輪」（天正本『太平記』）と呼ばれた関東公方足利基氏《もとうじ》・将軍足利義詮《よしあきら》の相次ぐ死について、「かつうは東関柳営（基氏）の驚歎《きょうたん》を顧《かえり》み、かつうは北京大樹《ほっきょうたいじゅ》（義詮）の有事により、時宜を憚《はばか》り、訴訟を閣《さしお》くところなり」と述べている。

つまりは教科書で言う「鎌倉幕府」「鎌倉府」、すなわち関東における将軍権力を、中世には「東関柳営」と呼び慣わしたことは明白だ。「柳営」は中世には用いられなかった語、などでは決してないのである。

しかし、このことを本郷一人の責任に帰することはできない。なぜなら、関東における将軍権力が同時代に「東関柳営」と呼ばれた、という最も基本的なことでさえも、これまでの長い幕府研究史のなかで、指摘されたことがなかったのだから。

「幕府」用例の起源は近世後期なのか？

では次に、(1)と(3)の検討に移ろう。

まず、(1)について述べるなら、大河ドラマ『平清盛』のもう一人の監修者である高橋昌明も述べるように、じつは、「幕府」用例それ自体は、鎌倉時代の後期に編纂された幕府の正史『吾妻鏡』にも、豊富に存在する。確認したところ、初見は文治《ぶんじ》五年（一一八九）六月五日条の「幕府に参じ申す」であり、頼朝の将軍宣下以前からこの呼称が適用されている。したがって、この「幕府」は将軍ではなく右大将の意ではないか、と考える人もいるかもしれないが、頼朝はその時点では右大将ですらないので、その線も却下される。いずれにせよこれを初見として、以下、「若宮幕府」「幕府に馳せ参ず」「幕府に入御《にゅうぎょ》す」「幕府事始《ことはじめ》」「幕府近習《きんじゅう》」「幕府ならびに相州の御《おん》第《てい》」のように、その用例は枚挙にいとまがない。まさか本郷も、『吾妻鏡』の「幕府」用例を知らないはずはなかろう。

ならば、なぜ「あくまで学術用語で、中世の同時代語ではない」といった言い方が出てくるのかと言うと、学術用語としてわれわれの用いる武家政権、政治機構としての「幕府」と、史料上に出てくる「幕府」とが、決してイコールではないからである。

すなわち、『吾妻鏡』の「幕府」用例は、基本的に以下のAかBのいずれかであって、Cではない、という認識がそこにはある。

A　将軍その人を指す「幕府」
B　将軍その人の在所（居館、政庁を含む）を指す「幕府」
C　将軍その人と区別された、政治機構としての「幕府」

AとBは具体物を指して「幕府」と呼ぶものだが、Cは抽象物としての「幕府」である。われわれが学術用語として「幕府」を用いる場合はCなのだが、これまでの歴史家の常識では、実際の史料上の用例はAかBであって、Cは存在しない、としてきたわけだ。

実際、こうした認識に立つ髙橋昌明は、学術用語としての「幕府」用例の誕生を、だいたい次のように整理している。

・現在の常識的「幕府」用例の起源は後期水戸学（渡辺浩説）。

・明治の用例では「鎌倉政府」や「政府」が一般的（田口卯吉《うきち》『日本開化小史』、福沢諭吉『文明論之概略』等）。

・明治二十三年（一八九〇）『稿本国史眼』（官撰日本通史）が現在の用例を定着させた。

つまり、本郷の(1)と(3)は、基本的にはこの髙橋説を踏襲したものである、ということができる。

しかしながら、私の見るところ、本郷説の主張の前提となる髙橋説が、「現在の常識的『幕府』用例の起源は後期水戸学」としている点には、二重に疑問符を付けざるを得ない。

まず第一に、前提となる渡辺浩説の読みがおかしい。渡辺は後期水戸学と「幕府」呼称の強い結びつきに注意を喚起はしたが、それは、「幕府」の語が尊王思想における蔑称《べっしょう》である、ということを強調するためであって、現在の常識的用例の起源である、と主張しているわけではない。

そして第二に、後期水戸学以前の近世社会に、今日的な「幕府」用例がなかったわけでは決してない、という点である。現に渡辺は、享保九年（一七二四）跋《ばつ》の新井白石《はくせき》『読史余論《とくしよろん》』においてもて、「武家は源頼朝、幕府を開きて」等々の記述があることを、「極めて珍しい例」と紹介しているし、時代は降《くだ》るが、例の『武家名目抄』にさえ、「文治中、鎌倉右大将家この職（＝征夷大将軍）に拝し、諸国に総追捕使《そうついぶし》を置くことをゆるされ、幕府を東国《とうごく》に卜《ぼく》してより、天下兵馬の権、しかしながらその掌握に帰す」とある。これらはまさに、今日的な「幕府」用例Cというほかない。

ちなみに私自身は、渡辺の紹介する『読史余論』よりもさらに古い用例も見つけていて、『続太平記』貍首《りしゅ》編十三、貞享《じょうきょう》三年（一六八六）板本《はんぽん》には、「諸大名の列訴につき幕府僉議《せんぎ》の事」などと見える。つまり用例Cは、十七世紀にまで遡りうるのであって、間違っても後期水戸学起源などではないのである。

かくして⑴と⑶のうち、⑶については明解に否定できたものと思う。それではいよいよ、⑴についての議論を深めることにしよう。

「幕府」用例CにしてBたる事例、そこから浮かび上がる日本社会

あらためて確認すると、髙橋も、そしておそらくは本郷も、『吾妻鏡』の「幕府」用例を知りつつ、それらは私の分類でいうAやBであって、Cではない、と考えていることになる。しかし、である。『吾妻鏡』建久三年（一一九二）七月二十七日条の「将軍家、両勅使を幕府に招請せしめたまう」のように、学術用語としての「幕府」、すなわち武家政権としての「幕府」、つまりは用例Cと見ても不自然でない例も、鎌倉時代には存在するのである。ただ厄介なのは、

この例では、単に将軍その人の「幕下《ばっか》」、すなわち居館・政庁、つまりは用例Bと取っても一応意味は通る、という点だ。

これは要するに、一見将軍その人と区別されているように見えるものも、じつは将軍その人と明確に区別されえないものだった、ということだろう。じつはこのあたりが、いまにつながる日本の政治機構の最大の問題点でもあって、政治が属人的になり、法に基づく支配が弱いと言われてきた所以《ゆえん》であろう。抽象度の高い思考が苦手な日本人、ここにあり、である。

だからこそ佐藤進一は、一九四九年に、戦後歴史学の重要な画期となる「幕府論」を書き起こすにあたって、あえて当時の用例、史料概念としての「幕府」とは無関係に「幕府」の語を用いる、ということをわざわざ宣言したのである。分析概念としての「幕府」を「武士とよばれる一箇の封建団体の造成したところの政権の主体――政府」(軍政府、武権政府)ないし「国家的存在」と定義づけ、当時の「幕府」用例が鎌倉殿や室町殿の在所という「具体物」であるのに対し、分析概念としての「幕府」は「抽象的な歴史的存在」として取り扱う、としたのは、日本社会の現状が、その反対物だったからにほかならない。佐藤進一の学問と戦後民主主義の連関については、次節であらためて論じよう。

望み請うらくは「幕府御裁定」

ところが私は、その佐藤の死を機として論文「『幕府』論のための基礎概念序説」を準備するにあたり、まさしく「幕府」用例Cと呼ぶべき貴重な史料を発見した。つまり、「抽象的な歴史的存在」としての幕府は、用例こそ希少ではあるものの、はっきりと存在したのである。それが、高野山文書のなかにある、次の史料である。論文では返り点ですませたが、本書では読み下しておこう。なお原文で敬意を示す闕字《けつじ》は、通読の便を考え、一字空けずに掲出する。

高野山住僧等解《げ》す、将軍家の裁を申し請《こ》う事。
ことに裁断を蒙《こうむ》り、官符《かんぷ》の旨に任せ、勧進《かんじん》状により、違失すべからざるの由、諸国諸庄の地頭《じとう》・守護所に下知《げじ》せられ、宝塔を修造せんことを請う状。

右、周遍法界《しゅうへんほっかい》の鴈塔《がんとう》は、功徳《くどく》満空の鴻基《こうき》なり。ここをもってわれら高祖弘法大師、四恩を抜《ばっ》済《さい》し二利を具足せんがため、十六丈の大塔を建て、十六尊の一体を表し、また九丈の西塔を立て、もって九識《くしき》の本有を示す。これらの趣《おもむき》、御記文《ごきもん》に明らかなり。しかるにこの西塔、多しく汗雨の節を送り、柱根ようよう汚損し、さらに凝雪の重みにより層級すでに頽落《たいらく》す。先例に因准《いんじゅん》して勅の修理を申すのところ、天裁を蒙らず、むなしく年序に亘るの間、すべからく勧進を都鄙《とひ》州郡に唱え、あまねく施与を一粒半銭《いちりゅうはんせん》に催すべきの由、勅許有るにより、すでに宣下せられおわんぬ。子細、宣旨《せんじ》ならびに勧進の状に見ゆ。しかりといえども、もし幕府《武家》の御裁定無くんば、編戸《へんこ》の承伏を知りがたきなり。望み請《こ》うらくは裁断。早く宣下の旨に任せ、勧進状により、国郡《こくぐん》庄薗、違失すべからざるの由、地頭ならびに守護所に下知せられれば、万方《ばんぽう》たちまち力を合わせ、九丈すみやかに勢を成し、しかればすなわち、塔を護るの魚、

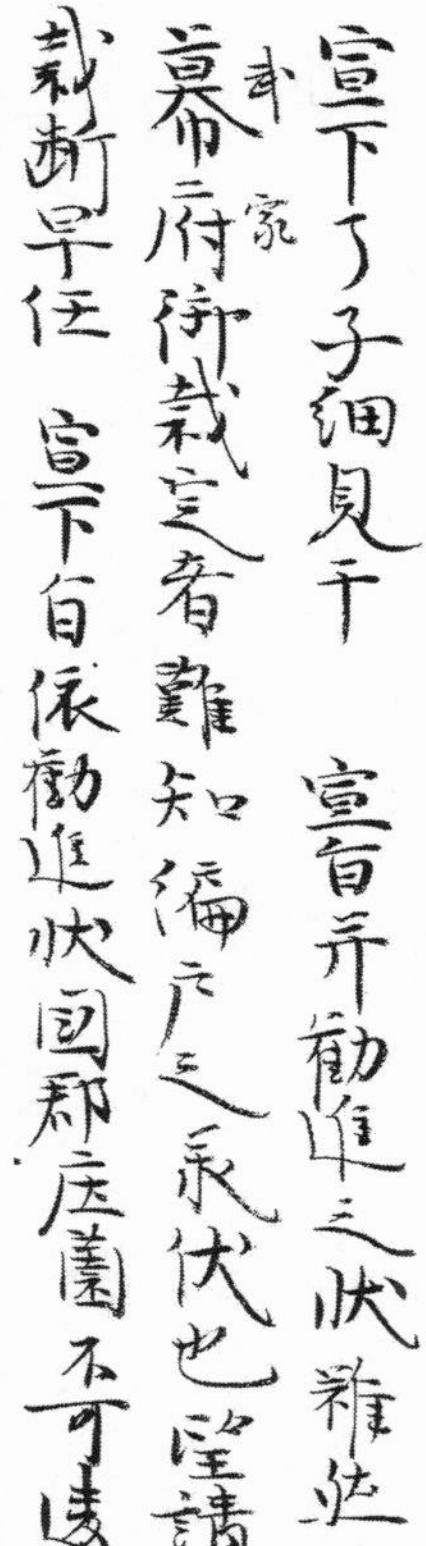
宣下了子細見于　宣旨并勧進之状雖然若無
幕府御裁定者難知編戸之衆伏也望請
裁断早任　宣下旨依勧進状国郡庄園不可違背之由

写真1-2　延応2年（1240）2月日高野山住僧等解状《げじょう》案（部分）（高野山文書又続宝簡集《ゆうぞくほうかん》、東京大学史料編纂所架蔵影写本）

かねて四海の静謐《せいひつ》を護り、塔に遊ぶの鳥、あまねく九州の安寧に遊び、桃李の蹊《けい》、かならずや塵を万春の風に掃い、棘槐《かいきょく》の門、いよいよ栄えを千年の露に開かん。よって、あらあら事の状を勒《ろく》し、もって解《げ》す。

延応《えんおう》二年二月　日　　　　　高野山住僧等

これは延応二年（一二四〇）、高野山の住僧が、諸国の荘園で宝塔修造のための勧進（寄付集め）をスムーズに遂行できるよう、守護・地頭に命令してほしいと、「将軍家の裁」を申請した文書で、傍線部には「もし幕府の御裁定無くんば」とある。「幕府」の語の右に書き添えられた「武家」という傍注こそ、本文書の伝来過程で付された後出のものだが（写真1－2）、その傍注者の目を引いたように、右の史料は「武家」政権としての「将軍家」を「幕府」と呼んだ、決定的な事例である。

もちろん、「武家」との傍注が付されること自体、そうした用例が普及したものでなかったことをも示しているであろう。そこは見逃されるべきではない。しかし佐藤の言う「抽象的な歴史的存在」としての「幕府」、すなわち今日の学術用語としての「幕府」用例Cは、まぎれもなく鎌倉時代の用例としても実在するのであり、これが(1)についての私のファイナル・アンサーである。

ちなみに、私がこのことをさきの論文で発表したところ、東島は渡辺浩説を肯定して「幕府」という言葉を使うべきでないと主張している、などというネット上のご批判がある旨を聞いて、驚きをはるかに通り越して、唖然《あぜん》とするほかない。その手の論客たちは、渡辺説の要諦をさえ誤読している時点ですでに論外なのだが、それだけでなく、私の論文はそもそも渡辺説を批判して、「幕府」という語を正当に使用する道を拓いたものである。いったいいつ渡辺説を肯定したのか。昨今幾人もいるらしい歴史系ネット論客たちのリテラシーとは、所詮その程度のものなのか。

東国の武家政権を「〇〇幕府」と呼んだ確実な史料

さらにダメを押しておこう。

ない、と思われてきた「幕府」用例Cが実在するだけではなく、じつは、教科書で言うところの「鎌倉幕府」のように、「〇〇幕府」と呼んだ事例さえも、中世には存在したのである。このことを初めて明確に論証したのも、さきの論文「『幕府』論のための基礎概念序説」であるが、じつはそれよりはるか以前、二〇〇〇年に書いた「内乱の時代と大森・葛山《かずらやま》氏」なる一文のなかでも、簡単ながらこのことに触れていた。まずはその文章を引いてみよう。

鎌倉府は、当時の一次史料でも「関東幕府」と呼ばれており（『空華《くうげ》日用工夫略集』『空華集』）、その公方は、実質的に将軍権力を有していたと言ってよい。

室町時代、日本列島には二つの中心があった。一つは京都の室町幕府、それにいま一つが関東分国を治める政庁、鎌倉府である。そしてその鎌倉府を指して、まさしく「関東幕府」と呼ぶ史料がある、というのが右の文章の趣旨である。

その典拠となる『空華日用工夫略集』とは、空華道人と呼ばれた禅僧、義堂周信《ぎどうしゅうしん》の日記『空華日工集《にっくしゅう》』の略本であり、『空華集』はその詩文集である。義堂周信については、『公共圏の歴史的創造——江湖《ごうこ》の思想へ』、『〈つながり〉の精神史』など、私の既刊書、丸山眞男で言えば「本店」のほうの読者にとってはなじみ深い人名かと思うが、一般には、室町文化の説明のなかで、絶海中津《ぜっかいちゅうしん》とならぶ五山文学の中心人物として教科書に登場する人、というぐらいのイメージであろうか。そうした人には、『自由にしてケシカラン人々の世紀』の「ある禅僧の諦念——あまりに日本的な……作法」の章が一番読みやすいと思うので、これをおすすめしたい。特に『空華日用工夫略集』の応安二年（一三六九）五月十八日条には、中世に書き記されたあらゆる史料のなかでも、日本社会の現実に対する諦念の深みにおいて、これ以上はない、といった言葉が出てくるので、ぜひ味読いただければ幸いである。

さて、その義堂周信であるが、さすが当世一流の知識人だけあって、その言葉のコントロールは厳格だ。その日記の至徳《しとく》四年（一三八一）七月二十二日条には、じつに次のように見える。

二十二日、参府す。関東幕府左武衛《さぶえい》将軍ならびに管領《かんれい》上杉房州の回書を出《いだ》す。

これは、『空華日用工夫略集』のなかに多数ある「関東幕府」用例の一つであり、なおかつ「関東幕府」が「左武衛将軍」、すなわち関東公方足利氏満《うじみつ》その人と、はっきりと区別して書き分けられている、という点で、決定的な史料だ。つまり「幕府」用例AやBと取る余地がまったくなく、まさしく「幕府」用例Cと呼ぶほかない史料なのである。

次に引くのは、『空華集』第十八、記に収められた、「源府君《げんふくん》蔵するところの銅雀研《どうじやくけん》の記」からの一部分である。ちなみに銅雀研の研とは硯《すずり》で、中国の文人たちが愛用し、日本でも詩文に詠まれた名品である。

今この研は、まことにその一なり。はじめ天龍長老春屋葩《しゆんおくは》禅師、これを海船に得て、関東幕府に献ず。惟《おも》んみるに大人府君源公、天資文雅にして、ことに軍務の隙に乗じ、翰墨《かんぼく》に従事す。文・武兼資《けんし》するをもってなり。すでにこの研を得てはなはだ喜ぶ。

もうおわかりであろう。ここでもまた、関東公方を指す「源府君」「大人府君源公」と、政体を指す「関東幕府」は、一対のものとして、はっきりと書き分けられているのである。

さて、これだけ美味なる史料を次々提供すれば、もうお腹いっぱいという感じかもしれないが、最後にデザートを一つ。東国の武家政権を「関東幕府」と呼んだのは、室町時代の義堂周信だけではなかった、ということで、鎌倉時代は弘安《こうあん》七年（一二八四）八月、ちょうど安達泰盛《あだちやすもり》が、モンゴル襲来時の諸社の貢献に応えるべく、弘安徳政と呼ばれる幕政改革を行っていた時期の史料（北野聖廟《せいびょう》一切経《いっさいきょう》書写《しょしゃ》勧進疏写《かんじんしょのうつし》）を紹介しておこう。

かねてまた頃年《けいねん》の際、異国襲来す。諸神ども天誅《てんちゅう》に底《いた》り、我が神露験《ろけん》無きにあらず。蓋《けだ》し、東関幕府の宿賽《しゅくさい》により、西鎮《ぜいちん》両箇の所領を寄せらる。ここに兼但対帯《けんたんたいたい》の助成有らば、いよいよ蛮夷窺窬《ばんいきゆ》の災難を攘《はら》わんか。

つまり、モンゴル襲来当時の呼称として、鎌倉幕府はまさに「東関幕府」と呼ばれていたのである。

「関東幕府」はあっても「室町幕府」は存在しない

すでに本節では、「常識③」を疑うことを起点として、東国の武家政権の呼称が、鎌倉時代や室町時代の当時にあって、「東関柳営」や「東関幕府」、また「関東幕府」の名で呼ばれていたことを、次々に明らかにしてきた。

だが一方で、室町幕府を「室町幕府」と呼んだ同時代史料はまったくないのである。詳しくは第二、第三章に譲るが、中世において「〇〇幕府」とは、東国に誕生した武家政権に限って用いられた語である、と考えざるを得ない。しかも東国の武家政権を「東関柳営」「東関幕府」「関東幕府」等と呼ぶことは、武家政権草創期の源頼朝の頃よりそうであったとはとうてい考えがたい。むしろ具体的な政治的契機があって、用いられ始めるのではないか、目下の予測では、いましがた見たモンゴル襲来がきっかけではないか、との予測が成り立ちえよう。これについては、次の第二章でじっくり論じることとしたい。

以上、第1節「幕府をめぐる基礎知識」では、「幕府」という語をめぐる基礎知識を徹底的に洗い直してみた。いまや、従来の中世史家の説明は、まったく新しく書きなおされなければならないことが明らかであろう。「東関柳営」「東関幕府」「関東幕府」という、これまで光のあてられることのなかった中世の用例から見ると、やはり「幕府」とは、京都からみて東国に位置していることが必要のようだ。

そうなると、近年「六波羅幕府」「福原幕府」などと呼ばれ始めている平家政権を、果して「幕府」と呼ぶことができるのか。第2節ではいよいよ、平家政権について論じることにしよう。

第2節　平家政権をどう捉えるか

六波羅幕府、それとも福原幕府？

髙橋昌明が「六波羅幕府」説を唱え、これに対抗して本郷和人が「福原幕府」説を立てていることはすでに述べた。じつは髙橋自身は、第一段階として六波羅幕府誕生、第二段階として福原遷都＝平氏系新王朝の樹立、というように捉えているので、髙橋とて平家政権による福原遷都を軽視しているわけではない。したがって両説の違いは、なぜ片や六波羅を重視し、片や福原を重視するのか、その力点の置き方にある、ということになる。

この点、後発の本郷は、髙橋説との差異を明らかにする責任上、武士が京都の天皇の警備を任された「大番役《おおばんやく》の開始」を画期とするのが髙橋昌明の「六波羅幕府」説、清盛がクーデターを起こし、武士による政治を開始した一一七九年を画期とするのが、自身の「福原幕府」説だ、と指摘する。ちなみに平家による内裏《だいり》大番役の開始年について、髙橋自身は、五味文彦説と同じ応保《おうほう》二年（一一六二）を、その端緒であろうと思われる、と述べつつ、一一六八年説を並記している。

この本郷の指摘は、じつは極めて本質的な問題を衝いている、と私は考えている。それと言うのも、髙橋昌明の「六波羅幕府」説は、あれこれ述べてはいるものの、一切の枝葉をそぎ落としてその核心部分のみを要すれば、鎌倉幕府の本質を大番役勤仕《ごんし》に求め、それゆえに、平家政権の大番役開始をもって幕府の開始と呼びうる、という一点に尽きているからだ。髙橋は、たとえば上横手《うわよこて》雅敬《まさたか》からの批判に対し、それは誤解だ、平家の近衛大将任官《このえたいしょうにんかん》の事実をもってイコール幕府と呼んでいるわけではない、などと応答に追われているのだが、そうした本質的でない「あれこれ」に関わるよりも、核心部分こそを、まず衝かねばならない。

じっさい右のように整理することによってはじめて、なるほど髙橋は、平家政権の本質が鎌倉幕府と同じであるから平家政権を幕府と呼んでいるのだ、と了解しうるし、ならば、鎌倉幕府の本質は本当に大番役勤仕なのか、という、次なる問いへと進むことも可能になるのだ。

そう、「六波羅幕府」か「福原幕府」か、という問いは、じつは平家政権の性格規定をめぐる議論などでは決してないのであって、鎌倉幕府をどう捉えるか、という中世政治史上の最大の争点をめぐる問いにほかならないのである。つまりこれは、権門《けんもん》体制論と東国国家論と呼ばれる二大学説の、根幹にかかわる選択なのだ。

本郷和人が、髙橋が捨てた術語である「福原幕府」にこだわるのは、日本列島の中心は一つではない、すなわち東国国家論の亜種である「二つの王権」論に立つからであろう。本郷は、本章第1節で見たように、一方では鎌倉時代に「幕府」の語はなかった、「柳営」の語は江戸時代に生まれた、などと、不正確な記述も産出しているのだが、ことこの問題に関する限り、他のどの論者よりも透明な議論を提起している、と言わねばなるまい。

では権門体制論と東国国家論と呼ばれる二大学説とは何なのか。この問題に進むことにしよう。

権門体制論と東国国家論

権門体制論は、黒田俊雄が提唱した関西方面で有力な学説である。この説を継承する論者たちは、源頼朝の築いた東国の政権は、あくまで天皇を頂点とする国家の一部門に過ぎない、と見る。それゆえ、鎌倉幕府が御家人たちに課した京都大番役は、天皇への奉仕を示す点で重要な指標だ。そして、かく鎌倉幕府を天皇に奉仕する権力と見做す限り、平家政権の場合も、髙橋が一一六二年とも六八年とも言う大番役勤仕の開始をもって同等の要件を満たしたことになる。要は、これをもって六波羅幕府の誕生、と呼んだのが髙橋説なのだ。

一方の東国国家論は、佐藤進一が提唱した関東方面の有力学説である。鎌倉幕府を、朝廷を中心とする王朝国家とは別なる国家と見る。佐藤を継承した石井進は、高柳光寿《みつとし》の中世無国家論を前提に、中世に単一国家の存在を想定すること自体に疑問を呈して権門体制論を批判。これを受けて五味文彦は、国家論自体をいったん棚上げして「二つの王権」論を提唱。本郷は、この五味の流れを継承している。福原（神戸市）は、東国どころか西国への玄関口だが、そこはあえて問題とせず、一一八〇年の福原遷都をピークとして、日本列島に二つの中心が出現する過程を重視する点で、紛れもなく「二つの王権」論に基づく立論なのである。鎌倉と京ではなく、福原と京というミニ・サイズのスケールではあるものの、二つの中心を最初に実現した点において、平家政権は頼朝政権を先取りしている、だから福原幕府と呼んでよい。そう考えるのが本郷説である。

つまり、六波羅幕府か福原幕府か、は本来、二大学説の有効性いかんを背負った、壮絶な戦いであるはずなのだ。ところがどういうわけか、目下論争は起きていない。学界の関心が今そこにない、のではなく、六波羅幕府と福原幕府が何をめぐる争いなのか、そもそもわかっていない。そんな若手研究者が増えつつあるように感じるのは、私だけだろうか。

権門体制論を誤用から救うことで見えてくるもの

では、かく言う私はどちらの学説につくのか、と問われれば、両学説ともチューニングが必要だ、と応えることになる。特に、よく言われるような説明、権門体制論を単一国家論、公家・武家・寺社の各権門が相互補完する構造、と見る限り、これには従えない。批判する側も支持する側も、黒田学説の切り拓いた世界を本当には読み切れていないというのが実情だ。佐藤進一のみならず、黒田俊雄の学説もまた、〈死んだ言説〉にされてしまっているのである。

たとえば、二つの学説の対立点を、中世に単一国家が存在したことを認めるかどうか、に求める石井進の黒田批判は、心情的には理解できるものの、議論としてはまったく生産的でない。たしかに黒田自身も、単一国家の存在を明言してはいるが、黒田学説の核心部分はそこにあるのではなく、むしろ単一構造を指摘した点、国家が単一と言うより、構造が単一であることを指摘した点にこそあるのである。武家も公家も寺社も、荘園制を経済基盤とする相似の支配構造を持っており、支配される者の前に聳《そび》え立っているのが、どこを切っても基本的に同じ構造の、まさしく逃げ場のないシステムだ、という点こそが、権門体制論の核心部分にほかならない。この〈構造の束〉を国家と呼ぶかどうか、だとか、各権門が相互補完的であったかどうか、だとかは、本来副次的な問題であるにすぎない。ただ、この構造を束ねる者として、責任の所在は天皇にある、と名指しした点において、いわゆる天皇の戦争責任の問題はより先鋭に内面化が可能となる、とは言える。黒田の権門体制論は、こう捉えてはじめて、戦後の〈民主〉化を課題とした〈生きた言説〉たりうるのだ。佐藤進一の東国国家論が、天皇・朝廷を相対化しうるものとして、それとは異なる別の中心を見出そうとしたのとは、まったく別のやり方で、黒田は同じ問いに向き合ったのである。

もうおわかりであろう。黒田学説と佐藤学説は、戦時への反省に立つ戦後歴史学の根柢の部分では対立していない。むしろ、それを従来の論者のように外形上の差異にのみ目を奪われてこれを〈死んだ言説〉にしてしまうか、それとも〈生きた言説〉として継承しうるか、という対立のほうが、学問としては、はるかに深刻な問題なのである。

私は、日本列島の中心を多極化する動きを重視し、既存の権力とは別なる可能性の探究を身上とする東国国家論に、基本的には拠《よ》って立つ。しかしながら支配構造の同質性を束ねる者として天皇が意識される構造に肉薄せんとする権門体制論は、同時に選びうる、非常に魅力的な選択肢なのだ。

ふたたび六波羅幕府か、それとも福原幕府か

〈生きた言説〉としての権門体制論が、右に述べたようなものであるとするならば、権門体制論の亜種と言うべき髙橋昌明の「六波羅幕府」説は、それをずいぶん矮小化《わいしょう》してしまった議論に見えざるを得ない。鎌倉幕府なんて所詮は天皇を頂点とするシステムの一部分にすぎない。しかも同じことはすでに平家がやっていて、鎌倉幕府なんて少しも新しくない。そう主張しているに等しいのだから。もっとも髙橋の場合、それを汎《はん》東アジア的な地平で考えようとしている点は、他の権門体制論者にない強みであって、同時期、高麗《こうらい》における武人政権誕生をも含めて考えようとするその論点は重要だ、と私も考えている。だが先述したように、髙橋説の纏《まと》っているいっさいのあれやこれやを取り払うと、結局は武士たちに内裏大番役を奉仕させて、頼朝は朝廷に頭を下げたじゃないか、というあたりに帰着しかねない。そしてそれこそが、権門体制論を〈死んだ言説〉にしてしまう者の常套句なのである。抗いがたい構造を摘出するはずの議論が、いつしか抗い切れない存在（鎌倉幕府）をあざ笑うだけの学問に堕してしまう。こうなると、朝廷の方が幕府よりエラいというごとき、幕末尊王思想家や昭和のオールド右翼の発想と選ぶところがない。

内裏大番役の問題は、上下関係の話にしてしまうと、そのような陳腐な歴史像しか描けない。むしろ私にとっては、鎌倉幕府が、内裏大番役（臨時の役）に対して鎌倉番役（恒例の役）を創設したことの方が、はるかに興味深い。ポイントは、既存の王権を倒すことなく、そのコピーもしくは同等品を作ること。既得権益を否定せず、温泉旅館の本館・新館のように、いかに「継ぎ足

し」型で新しいものができてくるか、それが、『日本の起源』で與那覇潤《よなはじゅん》と語り合った重要話題の一つである。どこを切っても同じ権力構造が顔を表す〝金太郎飴《あめ》〟のような仕組みこそが、問題の核心なのであって、どっちが上か、など、どうでもよい。

そうは言いつつも、一応、六波羅幕府か福原幕府か、いずれか一方に軍配を挙げておくことにしよう。どちらにせよ「鎌倉幕府」とは違って「○○幕府」に相当する同時代語はないのだから、両方却下でもかまわないのだけれど、しいてあげればやはり、「福原幕府」説の持つ議論の射程を可とすることになろう。ただし本郷説にも問題はあって、たとえば日宋《にっそう》貿易に注目して、平家政権は商業的（交易志向）、鎌倉幕府は農業的（生産志向）などとまとめるあたり、後者は本当にそう言えるだろうか、との疑問無しとしない。だが、平家が海に強いことは、何を措《お》いても重要で、じつはそのことこそが、なぜ平家政権が正当性を得ることができたのか、という本書のモティーフ、すなわち、ただ強い武力を持っていたからだけが理由ではない、という議論とも、深くかかわってくるのである。

いずれにせよ本書も、ここにようやく本題に入ることができる。

自然環境から見た中世社会の条件？

平家政権がなぜ勃興可能だったのか、その背景には、気温、降水量といった自然環境の変動を背景に、平安京と日本列島全体の関係性が、十二世紀に大きく変貌したことがある。まずはそこから話を始めなければならない。

じつは、総合地球環境学研究所を中心とした「気候変動に強い社会システムの探索」、いわゆる気候適応史プロジェクトによって、近年急速に精緻化した「高分解能古気候学」と歴史学・考古学との連携が、進められつつある。気候変動と歴史学と言えば、かつては一九七二年の国連環境会議の流れを汲む形で、一九七〇年代以降、山本武夫や磯貝富士男、峰岸純夫《すみお》らによって研究が進められてきたが、その際、ローズ・フェアブリッジによる海水準（海進、海退）の変動曲線が用いられ、残存史料との整合性が確かめられる形で議論されてきた。しかしながら、すでに一九九〇年代にはフェアブリッジ海水準変動曲線への疑義が提示され、残存史料との整合性も、偶然の一致と見做されているようだ。

二〇〇〇年代に入ると、磯貝自身もフェアブリッジ曲線の限界を認めつつ、より高分解能な知見を得られるものとして、森林総合研究所の提供した樹齢約千四百五十年の屋久杉年輪を用いるようになり、一〇九〇年代を温暖化のピークとして、その後十二世紀前半は冷涼化して飢饉が頻発していること、一一六〇年代に入り気候条件が緩和したことなどを指摘している。

これに対して、先述した気候適応史プロジェクトに参画する田村憲美《のりよし》は、二〇一三年にエドワード・クックらの示した東アジアの気温偏差のデータと磯貝の見出したいくつもの飢饉の年が重なる点を確認しつつも、同プロジェクトが提供する夏季降水量変動復元（年輪酸素同位体比）によって、十一世紀末を温暖化のピークとする磯貝の主張を退け、気温変動は十年から数十年という短い周期で高下している、ということを指摘している。その上で大局的には、十一世紀後半は夏季降水量が安定し、夏季気温も高めに推移する平穏な期間で、十二世紀前半は寒冷な夏が頻出する時代であった、としている。

生産地と消費地

ただ田村も認めているように、これらの成果を歴史学研究にどう生かすかは、まだまだこれから、というところだ。じつは「気温変動は十年から数十年という短い周期で高下している」という程度のことであれば、私が大学四年生だった一九九〇年の一月、指導教員の石井進に提出した期末レポートでも指摘できたことであって、高分解能データなし、既存の文献史料だけでも、じゅうぶん言えることだからだ。当時石井は磯貝の研究を高く評価していて、それを乗り越える研究をするよう私に推奨していたが、当時の私は飢饉を自然環境に還元して説明することにはまったく興味がなく、卒論で気候変動の問題をまったく扱わなかった弁明として、そのレポートでは、気候変動は短い周期で起こっているので、世紀をまたぐような大局的な社会の構造変動には直結しない、などと論じて提出したのだった。

その後、二十余年を経た東日本大震災直後のいくつかの著作、たとえば『日本歴史災害事典』の「中世の災害」総説においても、私は、峰岸純夫が提示した、気候変動にもとづく中世社会の時期区分が、社会構造的にはまったく一面的であることを指摘している。すなわち、峰岸が一定の温暖化、生産条件の一定の回復と見た中世中期（十四世紀―十五世紀前半）の説明はあくまで生産地の話で、消費地京都では全く逆、流通経済は最悪の時期で飢饉は最悪を極めた。逆に峰岸が寒冷化の時期、生産条件の悪化、飢饉の頻発を指摘した中世後期（十五世紀後半—十六世紀）は、京都では急激な経済のV字回復期にあたる。近年は、この十五世紀後半を、日本が資本主義へと向かう「長い近代化」の起点と見る、経済史学者中林真幸《まさき》らの研究さえもあるほどだ。

また、武家政権黎明期に話を戻すと、先述した磯貝は、気候変動と武家政権誕生の連関を次のように説明する。すなわち、十一世紀に気候の温暖化はピークを迎えるが、その後の急速な冷涼化で農業生産が行き詰まり、飢饉が頻発し社会矛盾が激化。そこで徴税や社会秩序の維持のため武力による強制が要請され、その帰結として武家政権は誕生した、というように。つまりは、武家政権誕生の原点は生産地にあり、というわけだ。

だが、これではいかにも「武士は草深い農村で生まれた」とするごとき、古い武士像だ。在地と在京という形で中央と地方を往来した武士の都市的性格が広く研究されるようになった今日、私ならこう考える。武家政権誕生の原点は、まさしく一大消費地としての京都にあるのだ、と。つまりそれは、あくまで平安京と日本列島の関係性、そしてその構造変動の問題なのだ。

武力要請の第一段階

一一四〇年代から五〇年代にかけて気候は冷涼であったものの、その前後は比較的温暖だ。とりわけ一一五〇年代初頭から六〇年代末ごろまでは非常に温暖で生産条件は良好。これにより稲

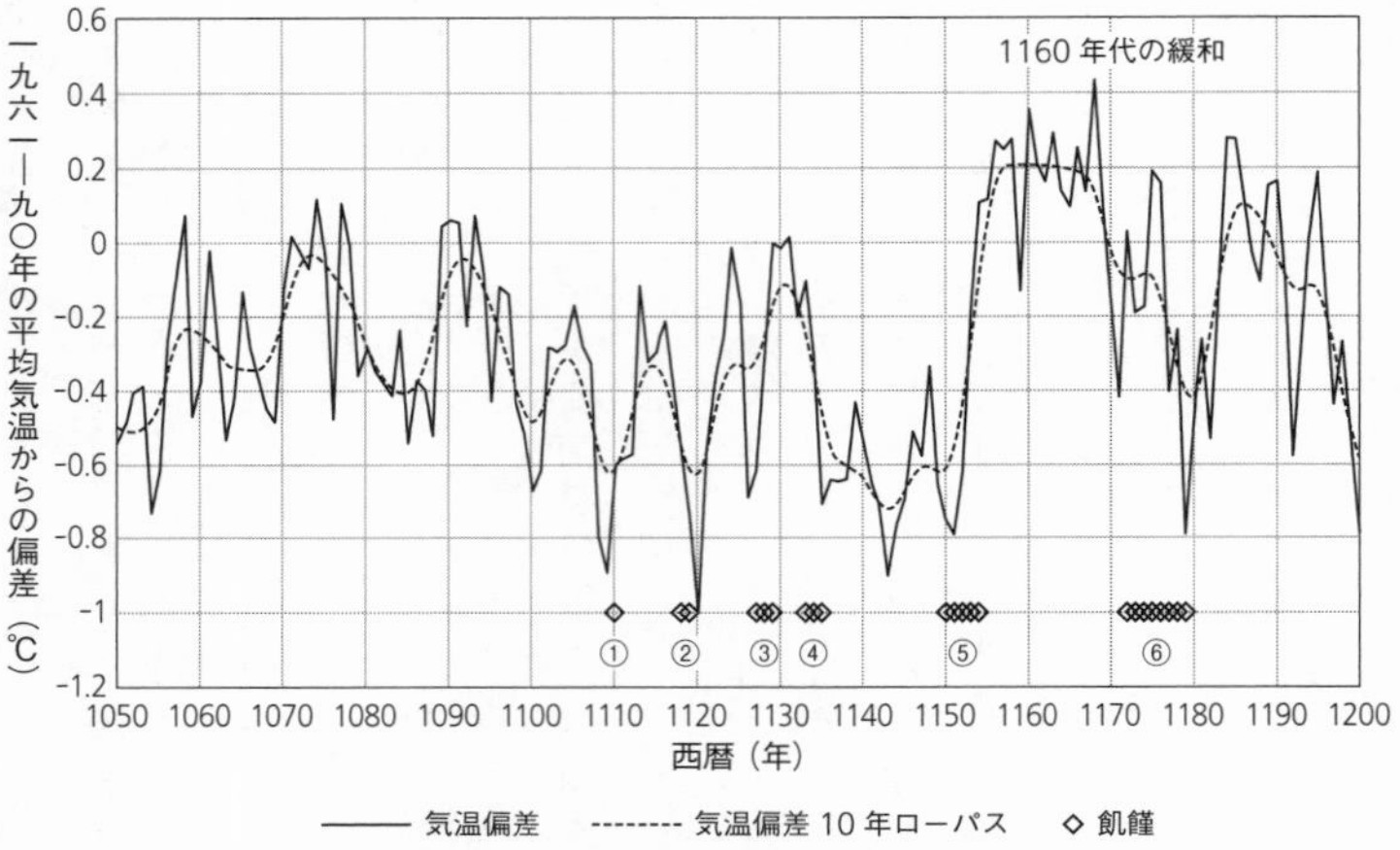

図 1-1　11・12 世紀東アジアの夏季気温復元と日本の飢饉状況（田村憲美による）

作は北上し、列島は大開墾の時代に入る（図1－1）。院政《いんせい》期に荘園公領制が確立し、諸権門の経済的基盤となることは、峰岸も指摘するとおりだ。

院政期と言えば家父長権が強化された時代。後三条と白河の父子を例に取れば、お節介にも親父が自分の後継者にまで口出ししてくる、そんな時代だ。白河は親父の後三条が生きている間はずっと耐えていて、親父が死ぬと、今度は自分が〝親父〟になる番。亡父の決めた後継者（白河の異母弟である実仁《さねひと》、輔仁《すけひと》）ではなく、自分の息子善仁《たるひと》に皇位を譲った。家父長の権限強化は、社会構造全体に及ぶもので、これが石井進の強調した中世的イエの誕生。それゆえ石井は、中世の開始を平家政権でもなく、鎌倉幕府でもなく、院政期だ、と見なした。ちなみに、院政期以前に権勢を誇った摂関家が天皇の外戚の地位を取れなくなったのも、摂関の地位が家格化し、河内祥輔《こうちしょうすけ》の言うイエの直系継承になったからだ。摂関家の系図を思い浮かべれば分かるように、摂関政治全盛の頃は、いかに自分の娘を入内《じゅだい》させるか、が関心事で、系図は横方向に伸びる傾向を持つ。これに対し、イエが重要になってくると、いかに自分の息子にイエを継がせるか、が関心事になり、系図はもっぱら縦方向に伸びる。

荘園公領制の確立、という問題も本質的にはこの中世的イエの誕生とワンセットの問題だ。院政期における家父長権の強化とあいまって、経営体としてのイエの財産は集積される傾向を生む。これは天皇家、皇室領の場合も同じであって、教科書に出てくる八条女院《にょいん》領や長講堂領はその代表的なものだ。

かくして大荘園領主の集住する京都周辺において、財産保全のための武力が必要になった。それが京武者《きょうむしゃ》であり、ここに武力要請の第一段階がある。磯貝が注目したような、生産地でいかに年貢を収奪するか、という話であれば、所詮、武士は荘園領主の手足であるに過ぎない。だが、消費地である京都で、いかに財産を保全するか、となれば、それを実現できる者のトップが権力者の座に上り詰めることも、可能だ、ということになる。

すぐに飢える都市、京都

だからこそこれは、平安京と日本列島、あるいは畿内《きない》（ウチツクニ）と畿外《きがい》（ヨモノクニ）の関係性の問題なのだ。

王朝都市を基盤とする平安時代の王権は、すでに十世紀以降、諸国の受領《ずりょう》の勤務評定である

「功過定《こうかさだめ》」を通じて、諸国の徴税者としての受領の役割を強化していたが、荘園公領制の確立により、京都の飢饉は、生産地の豊凶いかんではなく、いまや消費都市京都への流通いかんが決定するものとなった。

実際、京都はすぐに食糧不足が発生してしまう、じつに脆弱《ぜいじゃく》な都市だったのである。養和《ようわ》二年（一一八二）の飢饉を経験した、かの鴨長明《かものちょうめい》は、『方丈記』でこれを次のように描写する。

京のならい、なにわざにつけても、みな、もとはいなかをこそたのめるに、たえてのぼるものなければ、さのみやはみさおもつくりあえん。

『方丈記』だけではない。延慶本《えんぎょうぼん》『平家物語』にいたっては、京都を「小魚のたまり水に集まれるがごとく」とまで描いている。すぐに干上がってしまう、というわけだ。白河上皇が「天下三不如意《ふによい》」の一つとして、「双六《すごろく》の賽《さい》」、「山法師」を措いてまず真っ先に「鴨河の水」を挙げたのも、鴨川の洪水が起こるや、橋が落ちてたちまち京中への物資流通が途絶し、いとも容易《たやす》く飢饉状態になったからである。こうした構造が出来上がったのが、別言すれば平安京の都市化がいっそう進んだのが、まさに十世紀であって、古代史家の櫛木謙周《よしのり》は、律令国家の仁政イデオロギーの象徴だった食糧給付、いわゆる「賑給《しんごう》」が、この時期以降、霖雨《りんう》《ながあめ》で洪水の発生しやすい旧暦五―六月の「京中賑給」に限定されていくことに着目している。

都市王権論

以上の変化にともない、都を統御する権力構造も、「簡単に飢える消費都市」京都への流通確保を優先課題とするようになり、この、都市化に即応した王権を、櫛木謙周・保立道久とならんで、私も「都市王権」と呼んでいる。櫛木は二〇一四年の著『日本古代の首都と公共性』で「東島誠や保立道久が指摘するように、都市王権論の研究史上の前提として、戸田芳実《よしみ》の王朝都市論がある」と述べているが、むしろ私などは後学に過ぎず、戸田芳実の問題意識、〈生きた言説〉を継承してこの問題を開拓してきたのは、ほかならぬ櫛木自身であろう、と考えている。その櫛木は、次のようにも述べる。

都市における飢餓と王権の関係について、東島誠が興味深い指摘をしている。すなわち、承和《じょうわ》の変時の賑給《しんごう》は、都城《とじょう》の王朝都市化の先駆的なあり方を示しており、都市民化した住民を多数抱え込んだことにより、住民の食を満たす都市王権へのシフトを余儀なくされた事例とする。（二五四頁）

承和の変とは、承和九年（八四二）七月、嵯峨太上天皇《だいじょう》（上皇）葬儀の翌日に、伴健岑《とものこわみね》・橘逸勢《たちばなのはやなり》の「謀反《むへん》」が発覚したとされる陰謀事件で、藤原氏が他氏を排斥して権力を形成する画期として知られる事件である。この時、左右京職《きょうしき》に命じて京都、また山城国五道の警固《けいご》を緊密にしたところ、食糧も入ってこなくなり、京中に「飢者衆」（『続日本後紀《しょく》』）が発生。よって都市民に食糧を振舞う「賑給」が実施されたのだった。寺内浩が早くに注目したこの事例を、十世紀に先行する事例として取り上げたのは私だが、十世紀に「簡単に飢える消費都市」へと京都が変貌していく過程を明らかにしたのは櫛木謙周であることを、とくに強調しておきたい。

さて櫛木は、以上に続いて、「また、時期は下るが、平氏の『謀叛』による王権の危機において」として、ひきつづき私の説を紹介しているのだが、そこを詳しく述べるのが本書の第二章だ。よってここでは、議論の前提として必要な、最小限の言及に留めよう。

平家政権、鎌倉幕府とのかかわりで言えば、保立道久は、二〇一五年の著『中世の国土高権と天皇・武家』において、櫛木と東島の投じた問題提起に次のように応答している。

その疑問とは東島誠と櫛木謙周によるもので、東島の疑問は「この『都市王権』の構造に鎌倉幕府の草創と滅亡という二つの転機がどう絡んでくるのか」、鎌倉期から南北朝期以降は明瞭に「中世国家の〈複数性〉」が問題になるのではないのか、それと「都市王権」論はどう関わるのかというものであった。（五〇頁）

私はたしかに、保立の言う、「都市王権」の求心性（一つの中心）と、鎌倉期以降の国家の複数性（複数の中心）の問題とがどう絡むのか、と問いを立てた。だが問いを立てるのみならず、それへの解答をも用意している。じつはこの二つの問題をつなぐブリッジこそ、ほかならぬ源義経なのだ。それはいったいどういうことなのか。第二章を楽しみにしていただければ幸いである。

平家政権の正当性とは？

かくして十世紀に誕生した「都市王権」と呼ぶべき権力構造こそが、その後の中世、厳密に言えば十五世紀前半までを貫通する。そう私は考えているのだが、つづく十一世紀から十二世紀にかけて、いわゆる院政期に荘園制が確立するや、「都市王権」にとって、流通のコントロールという問題は、前代に増して前景化してくることになる。

ちなみに荘園制については、かつては「寄進地系荘園」論が有力であった。下から上へ、すなわち現地における権利を、より上位の権力者に保障してもらうべく、中央へ「寄進」されることによって誕生する、という学説である。ところが現在は、二十世紀末に川端新《しん》によって提唱された「上からの立荘《りっしょう》」論が主流となっている。すなわち立荘を推進したのは中央の側であり、それを現地が受容して中世荘園が成立した、とする考え方である。これは、思い切り平たく言えば、まず地域の自立性があって、そこからの積み上げ式で最上階に国家権力ができあがる、とする従来の考え方に対し、百八十度転換を迫るものである。つまり、中央に巨大利権がさきにできあがっていれば、その利権に繋がろうとする地方の有勢者はいやでも付いてくる、という話だ。そうなれば寄進状など、必要な手続きは、後付けでいくらでも用意させることができる。

そして、この上からの荘園制なる理解が、十世紀以来の「都市王権」化の求心力と親和性が高いことは、言うまでもなかろう。では荘園制的な物流体制が確立するとどうなるか。

物資が大荘園領主のもとに集中するということは、他面では、その流通過程を襲撃すれば、巨大な利を一挙に獲得できる、という状況が生まれることを意味するのである。地方で富豪の輩《ともがら》が精力的に開墾を行い、中央で「銭の病」が流行するという、未曽有《みぞう》の経済的活況がもたらされるということは、同時に、悩ましい課題をも発生させていたのである。

かくして問題として浮上したのが、瀬戸内の海賊をはじめとする盗賊の横行、悪僧・神人《じにん》の活動であった。さらに地方の戦線で武士たちが行う兵粮米《ひようろうまい》の点定《てんじよう》(差押え)も、京への物資の流通をストップさせることになる。ここに、検非違使《けびいし》、またはそれ以上の強制執行力を有する〝武力〟が要請される根拠が生じる。

そもそも流通問題は、律(刑法)の法体系のもとでは、国家への反逆に等しいものと見なされていた。謀反《むへん》・謀大逆《むたいぎやく》といった国家反逆罪に対しては、本人の死罪はもちろんのこと、それに加えて犯罪者の痕跡自体を社会から根絶することを目的とした「田宅《でんたく》私財の没官《もつかん》」いわゆる没官刑までもが付加された。この没官刑が適用される犯罪として、謀反・謀大逆以外にも、私鋳銭《しちゆうせん》の共犯者がある。国家的信用を背景として流通する貨幣を私的に鋳造することは、国家への反逆と同等、と考えられたのである。私鋳銭に対する刑罰は、八世紀終わりにはいったん軽減されるものの、治承三年(一一七九)には、当時流通した「唐土より渡るの銭」、すなわち宋銭を用いることは、「皇憲」に背くものと見做され、「八虐《はちぎやく》」相当の「私鋳銭」に等しき所行と見做されている(『玉葉《ぎよくよう》』同年七月二十七日条)。まさに「銭の病」の時代にあって、流通問題は〈国家の正当性〉を揺るがしうる問題となっていたのである。そして関所を襲って流通を途絶させるような行為も、明確に「謀反」と見做されるようになっていた。まさしく「都市王権」なのだ。

もうおわかりであろう、平家政権の正当性とは、まさにこうした〈国家の正当性〉を維持するための武力要請を通じて成立したのである。平家一門が検非違使尉《けびいしのじょう》（唐名で廷尉《ていい》と呼び慣わされる）に任じたのは、武門の名誉のため、などでは決してない。

ちなみに石井進は、武家政権による国衙《こくが》（国司の政庁）機構掌握の例として、越前国（福井県）と安芸国（広島県）における勧農使《かんのうし》設置に注目したが、源頼朝による前者（『吾妻鏡』寿永《じゅえい》三年二月二十五日条）が「東国・北国」全般に関わり、平家政権による後者が、平家の膝下《しっか》である以上に「山陽道」全般にかかわる問題であるということ、畿内への流通という、「都市王権」の構造に規定されたものである、という点が重要であろう。

長承・保延の飢饉と平忠盛

白河院政期、すでに平正盛《まさもり》の時代から平家は検非違使・追捕使《ついぶくし》に任じることを通じて盗賊取締りなどに当たっていたが、白河・鳥羽上皇の寵愛《ちょうあい》のもとに大きく勢力を伸張させたのが、子の忠盛《ただもり》の代である。忠盛もご多分に漏れず、若くして左衛門少尉《さえもんのしょうじょう》・検非違使、いわゆる廷尉となり、京の治安維持にあたったが、大治《だいじ》四年（一一二九）、忠盛は山陽道・南海道の海賊追討使となり、さらに長承《ちょうしょう》四年＝保延《ほうえん》元年（一一三五）、再度の追討使となった。大治の飢饉（一一二七―一一二九）や長承・保延の飢饉（一一三三―一一三五）とは、すでに見た磯貝・田村が論じたような、冷涼な自然環境によって起きた、というような単純なものではない。それを「飢饉」と認識するのはあくまで消費地京都、すなわち「都市王権」の側であり、仮に生産地が飢えていようが、地方の〈生存〉を犠牲にしてでも強制的に生産物を収奪し、それが京都に届けられている限り、「飢饉」とは認識されない。しかし、生産地の豊凶にかかわらず、京都に物資が届かなければ、それは「飢饉」と認識される。そういう世界である。

これら二度の飢饉は、まさにそうした事例であるが、注意したいのは、海賊追討問題が議されているのが、連年の飢饉のまさに最終年である点だ。長承・保延の飢饉を例にとれば、飢饉は、長承三年（一一三四）の霖雨を原因とする「往反不通」《おうへん》（『百練抄』《ひやくれんしよう》長承三年五月条）に始まり、翌四年の四月には、海賊による「上下船不通」（『中右記』長承四年四月八日条）、「海路済物《さいもつ》しかしながら停滞」（『長秋記』同日条）といった、物資流通の途絶へとエスカレートしていることが分かる。すなわち生産地が打撃を受けてもただちに流通が大きく滞ったわけではないが、稀少となった物資を海賊が強奪するに及んで、京都は飢饉状態となり、追討使（追罰使）による海賊の討伐が議されたのである。

そこで白羽の矢が立ったのが、現任の検非違使たる源為義ではなく、すでに検非違使を退いていた備前守《びぜんのかみ》平忠盛であった。大治二年に備前守となって瀬戸内に権力基盤を持ち、その後九州で活躍し、日宋貿易にも乗り出していた忠盛ほど、海の世界、瀬戸内海賊の世界に通暁《つうぎよう》していた者はいなかったのである。果して追討使忠盛は、保延元年（一一三五）八月、捕縛した海賊二十六名を検非違使に引き渡し、海賊追捕の賞として、子息清盛は従四位下《じゅしいのげ》に叙された。

このように考えるならば、忠盛につづいて日宋貿易を推進し、福原遷都を敢行した平清盛の権力伸長も、父忠盛がすでに引いた既定路線を拡張したもの、という位置づけとなり、画期の上では忠盛のそれに及ばない、ということになる。また、守田逸人《はやと》が論じるように、忠盛とその郎等《ろうどう》らは、白河院政期の、いわゆる〈上からの荘園形成〉期に、伊勢・伊賀などの交通の要衝を掌握し、都鄙間ネットワークに依拠して、地域に基盤を扶植《ふしょく》していった。この交通の要衝としての伊勢・伊賀こそが、「都市王権」にとって東側の最重要の地であって、第二章で後述するように、源頼朝が権力を得、いわゆる鎌倉幕府を打ち立てる根拠にもなるのである。

とするならば、そこを最初に押さえたのが平忠盛ということになるから、平家政権誕生の最大の画期も、「都市王権」論を根拠に忠盛の追討使再任に置くのが、最も見通しがよかろう。そして、この時点での忠盛が、いまだ「政権」と呼ぶ体《てい》のものではおよそないことを承知した上で、それでもあえて、この長承四年＝保延元年四月をもってその画期とすることが、その後の鎌倉幕府の誕生をもっとも見えやすくするという点を、特に強調したい。思えばかつて、五味文彦も、保延の飢饉の重要性を指摘していたが、ただしその五味自身は、平家の軍事警察権の掌握を「三段階」に分かち、その最初の画期はといえば、さすがに忠盛期ではなく清盛期に求めており、権大納言《ごんだいなごん》平重盛《しげもり》が海賊追討を命じられた、仁安《にんあん》二年（一一六七）五月の宣旨（口宣案《くぜんあん》）を重視している。

仁安二年五月十日　宣旨
聞くならく、近日東山《とうさん》の駅路、緑林の景《けい》競い起《た》ち、西海の洲渚《しゅうしょ》、白波の声静まらず。あるいは運漕の租税を奪い取り、あるいは往来の人民を殺害《せつがい》す。これを論ずるに朝章《ちょうしょう》、皇化無きがごとし。よろしく権大納言平卿に仰せ、東山・東海・山陽・南海道の賊徒を追討せしむべし。
蔵人頭権右中弁《くろうどのとうごんのうちゅうべん》平信範《のぶのり》　奉《うけたまわ》る
（『兵範記《へいはんき》《ひょうはんき》』同日条所引）

五味はこの宣旨によって実際に重盛が現地に下向した形跡がないことから、あくまで朝廷の施政方針を示した「新制」的性格のものである、と指摘し、十年後の安元《あんげん》二年（一一七六）五月九日にも、同様の宣旨で重盛に海賊追討が命じられたことについても言及する。

しかしここはもっと踏み込んで考えてよいのではないか。「都市王権」を論じる櫛木謙周は、京都の困窮者に食糧を振舞う儀礼としての「京中賑給」が、旧暦五―六月に行われる理由を、霖雨による洪水で京都への流通が途絶し飢饉状態となることが多かったことに求めたが、右の二つの海賊追討宣旨もまた、いずれも五月のものなのである。実際にこの両年が、霖雨によって「都市王権」の食糧が底をついていたかどうかはともかく、「京中賑給」とならぶ一種の儀礼として、平家政権に対する権限付与がなされたとみてよいであろう。とはいえ、「都市王権」にとって、平家の武力の必要性を最初に刻印した時期としては、やはり長承四年＝保延元年四月とするのが、最も妥当であろう。

富の再分配計画で平清盛が目指したもの

ちなみに、治承三年（一一七九）のクーデター、すなわち平清盛による後白河《ごしらかわ》院政の停止、といった、政治的事件はいったん脇に置くとして、あくまで「都市王権」論の観点から、平清盛の画期性を、より具体的な飢饉状況のもとに探すとするならば、その死の直前、まさに飢饉のさなかであった治承五年（一一八一）二月二十日に、京中富裕者の富を把握しての再分配《リディストリビューション》、「富を割《さ》き、貧に与う」という政策を打ち出している点が、焦点となろう。治承五年と言えば、すでに前年、源頼朝が伊豆で挙兵して関東に地盤を固め、明けて五年正月十九日には、平宗盛《むねもり》が畿内近国の「惣官職《そうかんしき》」に任じられ、ここに平家政権の第三段階を見るのが、さきの五味である。ではその渦中での飢饉政策とは、いかなるものと見るべきであろうか。

一見した感じでは、この政策は、鎌倉幕府が寛喜《かんぎ》の飢饉（一二三一）時に取った政策、北条泰《やす》時《とき》の徳政を先取りするもの、と言えなくもない。そこで、『玉葉』治承五年（一一八一）二月二十日条によって、その政策をしっかり見極めておこう。

> 京中在家計《はか》らわる事、大略、公家《こうけ》《こうか》、富有《ふゆう》の者を知ろしめし、兵粮米を宛て召さるべきの故と云々。ただし、兵粮米に限るべからず。院宮《いんぐう》・諸家、しかしながら宛てたてまつらるべし。これ、天下飢饉の間、富を割き、貧に与うるの義なり、と云々。

いささか論理に省略があって、そのままでは文意が取りにくい向きもあるかもしれないので、ここではやや丁寧に、史料読解講座ふうの解説を加えておこう。解釈のポイントとなるのは、副詞「しかしながら」（漢字では「併」）である。ちなみに定評ある初学者向きの解説書、苅米一志《かりこめひとし》『日本史を学ぶための古文書・古記録訓読法』では、この語に対し「それにしても」などという対訳が示されているが、じつはこれはかなりマズい訳だ。さきに触れた「海路済物しかしながら停滞」の例からもおわかりいただけるように、「しかしながら」は「まったくもって」が最適の訳であって、常々学生にもそう指導している。なお、最後の一文で、「天下飢饉の間」の「間」は、時間を表す語ではなく、「……なので」という因果関係を示す、というのは、基礎中の基礎だ。

さて、以上を解説した上で、右の日記の記主、藤原（九条《くじょう》）兼実《かねざね》の書きぶりを確認すると、だいたい次のようになろうか。――今次の京中在家の検注《けんちゅう》、富裕者調査は、おおよそ「公家」、つまり朝廷として調査なさるもので、兵粮米を徴収するためのものだという。ただし兵粮米に目的を限った徴収ではないようで、院宮・諸家も、まったくもって徴収対象となるとのことだ。これは天下が飢饉状態なので、「救貧のために富裕税を課す」政策だ、とのことである。

かく現代語に置き換えてみると、兼実は、救貧と兵粮米徴収とを抱き合わせにしたこの政策の本質を、よく見ぬいていたことがわかる。「朝廷」を前面に出し、救貧政策を標榜《ひょうぼう》することにより、今次の賦課《ふか》はより容易になるというわけだ。従ってこの政策はあくまで兵粮米徴収が主眼であって、そのための富裕者調査であった可能性が高い。

いずれにせよ清盛は、このわずか半月後、閏二月四日に死去するので、右の政策の成果は得られていない。もしも本当に救貧政策であった、と認定したとしても、平家政権の画期をここに置くことは、大いに躊躇《ためら》われよう。

いくつもの幕府

以上、平家政権を「六波羅幕府」や「福原幕府」と見る近年の研究の当否を吟味するとともに、それとは別の見方として、「都市王権」論をベースに考えることによって、平家政権の数多《あまた》ある画期のうち最重要のものは、長承四年＝保延元年（一一三五）四月である、というところまで論じ及んだ。都市王権、すなわちすぐに飢える都市、京都ゆえに、京都への流通を回復しうるものこそが権力を持ちえた、ということである。平家政権の画期をそこに置くのは、つづく鎌倉幕府の画期もまた同じ問題（すぐに飢える都市、京都）を根拠として権力を確立しているからだが、ただそのことをつぶさに見届けるまでは、まだ釈然としない読者もおられることと思う。いよいよ鎌倉幕府の扉を開く時が来た、と言ってよいが、「その前に一つだけ」。

本章冒頭で紹介した、乱立する「幕府」論のなかで、奥州藤原氏が源義経を推戴する「奥州幕府構想」を指摘したのが、入間田宣夫である。詳しくはこれも第二章に譲るが、この「奥州幕府構想」論の肝要は、実際に樹立された幕府である鎌倉幕府以外にも、「いくつもの幕府」が誕生する可能性を内包した社会、すなわちアリストテレス風に言えば可能態《かのうたい》として、十二世紀末の日本列島の状況を捉えようとしたものであって、まさに〈生きた言説〉と呼びうる議論なのだ。ところが入間田の「奥州幕府構想」論のどこをどう読み違えたのか、「構想」の二字をわざわざ外して、あたかも「奥州幕府」の実在を主張するトンデモ学説であるかのように扱う研究者がいるようだ。趣旨もよく分かっていない者が、軽口を叩くべきではなかろう。

ちなみに私はと言えば、本章で乱立する「幕府」論を批判はしたものの、入間田の「奥州幕府構想」論については、その議論を通して見渡せる地平の豊かさにおいて、他の「〇〇幕府」論よりはるかに重要、と考えており、その評価はいささかも揺るがない。

ただ、入間田の言う「いくつもの幕府」の可能性のうち、残ったのは鎌倉幕府のみである。これは、鎌倉幕府がただ、武力において他よりまさっていたから、だけではあるまい。頼朝にあって平家にないもの、頼朝にあって義仲《よしなか》にないもの、これを見極めることこそが第二章の課題となる。

第二章
鎌倉幕府、正しくは東関幕府——正統性なき北条氏の正当性

第1節 〈都市王権〉と武力——一一八六年、鎌倉幕府誕生の前提①

諸説ある、では物足りない

鎌倉幕府の誕生には諸説ある、などという言い方がされることがある。一一九二年、イイクニなんてもう古い、それは今やたいていの人が知っている。では何年なのか、と問うと、理由も含めて明解に答えられる人は、あまりいない。だからこそ、諸説ある、と言わざるを得ないわけだ。ただ、諸説あると言っても、それはたとえば(a)〜(h)のようなものである(表2-1)。このうち(a)(b)(d)(f)(g)の五つがもっともポピュラーな〝五大説〟と言うべきもので、下線を付した(c)(e)(h)の三つが、本書で新たに追加する対案だ。三つの対案はひとまずおくとしよう。まずは五大説のうち、いずれが説得的であろうか?

そう問うと、(d)を選んでくる人が多いようだ。曰く、「それが有力らしい」「高校でそう教わった」等々。ではなぜ(a)や(b)ではだめなのか。「……」。「……」。

そう、もうお気づきであろう。これら五つは、必ずしも排他的なものではないのだ。つまり、一一八五年説を採れば一一八〇年説は即刻否定される、というようなものではない。結局、頼朝政権確立過程のさまざまある画期のうち、何を重視するか、の違いであるに過ぎない。もっと踏み込んで言うなら、何を重視するか、とは、鎌倉幕府をどのようなものと性格規定するからその時点を重視するのだ、ということであって、本来そのような言い方が必要なのだ。

つまり、〇〇年を画期とすることで、歴史がここまで違って見えてくる、というものでなければ、そもそも「説」と呼ぶことさえ、おこがましい。この点、本書を読んでこられた読者なら、例えば平家政権の画期を一一六二年と見るか一一七九―八〇年と見るかの間には、権門体制論か東国国家論（二つの王権論）か、という二つの立場の選択にかかわる一大問題が存在することにお気づきだろう。さらに〈都市王権〉の視点を導入すれば、一一三五年というまったく異なる画期が浮上することも。

改めて確認するなら、本書のテーマは、幕府を正当性根拠から考える、ということである。こ

表 2-1　鎌倉幕府誕生についての 5 大説と 3 つの対案

(a)	1180（治承 4）	侍所設置、鎌倉新亭入り
(b)	1183（寿永 2）	寿永二年十月宣旨ならびに閏十月宣旨
(c)	1184（元暦 1）	公文所・問注所設置
(d)	1185（文治 1）	守護地頭設置
(e)	**1186（文治 2）**	**本書本章で提唱する説**
(f)	1190（建久 1）	右近衛大将任命
(g)	1192（建久 3）	征夷大将軍任命
(h)	1194（建久 5）ないし 1196（建久 7）	征夷大将軍辞任

の立場に立った場合、結論を先に述べると、対案(e)、一一八六年こそがもっとも重要な画期であり、従来説の一つでもある(b)一一八三年を、次に重要な画期だと考えることになる。

ちなみに他の対案(c)(h)だが、(c)は、頼朝政権がはじめて訴訟機構を持った時点であり、これも幕府の正当性根拠として重要とは思う。だが、第三章で論じる足利政権の草創期とは違って、鎌倉幕府草創期については、京都からその道の専門家である実務官人を呼び寄せて、とりあえず整備した、という感が強く、まだよちよち歩きの段階だ。(a)や(d)より重要だとは考えるが、そこまでの話であって、画期(e)の重要性にはとうてい及ばない。いま一つの対案(h)はというと、第一章第1節ですでに述べたとおり、(g)よりはセンスがある、という程度のことであって、これまた私自身、本書で積極的に推したい画期ではない。改めて繰り返すと、(e)一一八六年、を八つの画期のうち最も重要と考えるのが、本書である。

いやはや一一八六年説なんて聞いたことがない、イイクニではなく、イイヤロウなのか？　恐縮ながらこれは、もとよりそういう次元の話ではない。けれども読者が、まさにそれでイイヤロウ、としか言いようのない地点まで、これからご案内していくことにしよう。

一一八〇年をどう捉えるか

もしも鎌倉幕府の本質を、頼朝と御家人の主従関係に求めるならば、その誕生の画期は間違いなく(a)、一一八〇年だ。御家人の統括機関である侍所《さむらいどころ》が設置され、主従制を原理とする武士たちの権力が樹立された時点こそ重要、と考える研究者は、決して少数ではない。ちなみにこの説に立つ代表的論者に石井進がいるが、石井が一一八〇年を重視する理由はもう一つあって、それは同年八月の頼朝挙兵の標的が山木兼隆《かねたか》、すなわち伊豆国の国衙《こくが》を預かる目代《もくだい》だったことである。石井の著名な博士論文『日本中世国家史の研究』は、武家政権がいかに古代の国衙機構を掌握していったか、というところに主たる関心が置かれていたのである。戦い自体は当の山木兼隆の郎従らが、三島社からほど近い黄瀬川宿《きせがわのしゅく》（静岡県沼津市）という歓楽街で遊び惚《ほう》けていた留守を狙った、じつに呆気《あっけ》ないものではあったのだが、伊豆一国の国務を握ることがいかに重要かについて、頼朝が熟知しての行動であった、ということは間違いない。

話を戻せば、鎌倉幕府の基本的性格を鎌倉殿と武士の主従関係と見る限り、その骨格部分は一一八〇年の時点ですでに出揃っていた、ということになる。

しかし、主―従というヤクザな関係は、武士の世界の本質ではあっても、武家政権の本質ではあるまい。近年やたらと鎌倉武士の豪放な言動をクローズアップして「これが鎌倉武士の実像だ」などと主張されることが多いが、そんなことはいまさら言うまでもない、当たり前の話で、武士の世界とは、そもそもそうしたものである。むしろ武家政権の誕生とは、そういうヤクザな集団というだけでは政権たり得ない、ということに気づき、学習していく過程なのである。

法や統治機構、文書《もんじょ》によって支配する、というような統治技術の習熟、こうしたことの重要性に目覚めたがゆえに、シンクタンクとして京下りの官人集団が必要となった。何しろ文書という紙切れ一枚で人は決定に従う、というのだから、これを導入しない手はない。それゆえ、対案(c)

として挙げた一一八四年に、中原（大江）広元《ひろもと》を迎えて公文所別当《くもんじよべっとう》に、三善康信《やすのぶ》を迎えて問注所《もんちゆうじよ》執事《しつじ》としたことは、少なくとも一一八〇年よりは重要な画期たりうるわけだ。

加えて重要なのは、この時期、西日本で飢饉が進行しつつあったことである。私が治承・養和・寿永の飢饉と呼ぶ、長い飢饉状況こそが、平家における長承・保延の飢饉と同様の、武力要請の根拠となったのである。京都に食糧をもたらすためには、頼朝こそが最後の切り札だった。それがはっきりしたのが(b)の年、一一八三年である。

一一八三年――寿永二年十月宣旨

一一八三年に出された「寿永二年十月宣旨」は、朝廷が東国支配の公権を頼朝に移譲したもの、と考えられてきた。東国国家論のパイオニアである佐藤進一説は、この宣旨こそを最重視したのである。しかし、この宣旨の肝要は、京都の飢饉状況を打開するところにあった。そう論じたのが一九九八年の私の論文「都市王権と中世国家」だ。

十月宣旨とはいったい何だったのか。この点を徹底的に明らかにしておこう。じつは、一般に「十月宣旨」と呼び慣わされているその宣旨が、実際には「閏十月宣旨」であることは、あまり知られていない。専門家とて同じである。宣旨は十月と閏十月の二度出されているにもかかわらず、「閏十月宣旨」の内容をもって「十月宣旨」と呼んでいる中世史研究者が少なくない。

まずは、研究史をキチンと把握した方が良いだろう。これは、田中克行の注目した九条家重《じゆう》書《しょ》目録（九条家文書）から克明となるのだが、関連史料のうち一点のみを挙げれば、そこには次のように見える。

一結。［銘に云わく、　御書重宣旨、　東海・東山・北陸　寿永二・十。］

右に明らかなとおり、そもそも頼朝への授権《じゅけん》範囲は、十月十四日宣旨の段階では、東海道・東山道・北陸道だったことが、この九条家重書目録によって、確実となるのである。ところが、北陸道を実効支配している源義仲のクレームにより、翌月、「北陸」の二文字が削除された。すなわち、浅香年木《としき》の言うところの閏十月九日宣旨（延慶本《えんぎょうぼん》『平家物語』所収の十一月九日宣旨写を閏十月九日宣旨と見なす整合案、写真2－1）によって北陸道が削除されたのであって、十月の宣旨であ

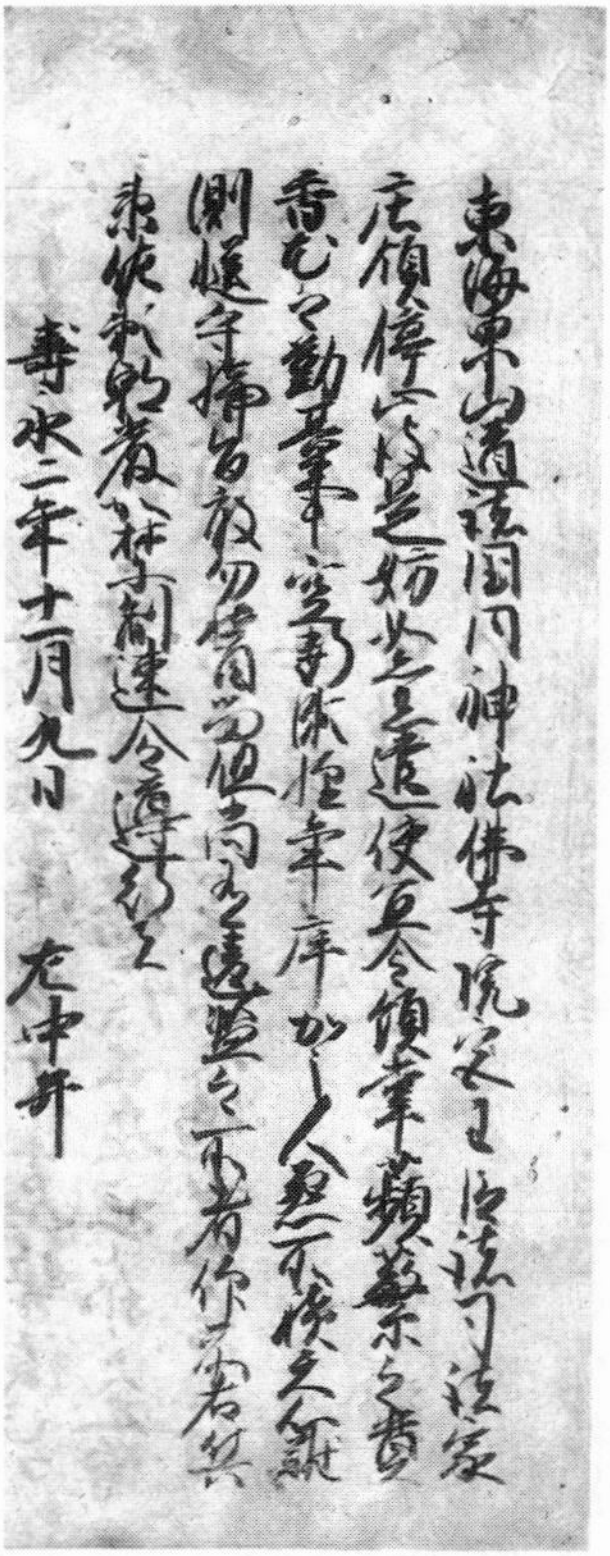

写真 2-1　浅香年木説の閏十月九日宣旨の根拠となる、十一月九日宣旨写
（大東急文庫所蔵・延慶本『平家物語』第四、47 丁ウラ）

れば、「北陸」の二文字が入っていなければならない。

十月十四日宣旨に北陸道が入った理由

つまり頼朝への授権が「東国支配権」となったのは二度目の宣旨の出た閏十月のことで、一度目の十月宣旨は「東国・北国《ほっこく》支配権」だったのである。ちなみに、十月十四日宣旨も閏十月九日宣旨も、宣旨そのものは今日伝来していない。右の延慶本『平家物語』の文書にしても、この通りの文面であった、とするには疑義が残るし、日付も九日以降であった可能性が高い。ただ、宣旨の一部は確実な史料に引用されているので、延慶本『平家物語』に拠らずとも、その概要を知ることができる。このように、引用の形でその内容を知ることのできる断片を「逸文《いつぶん》」と呼ぶが、閏十月宣旨の逸文は、たとえば九条兼実の日記『玉葉』〈以下、九条家本〈清書本〉による〉寿永二年閏十月二十二日条に、次のように見える。

また聞く、「頼朝の使い、伊勢国に来るといえども、謀叛《むほん》の儀にあらず。先日の宣旨にいわく『東海・東山道の庄公、不服の輩《ともがら》有らば、頼朝に触れて沙汰を致すべし』と云々。よってその宣旨を施行《しぎょう》せんがため、かつがつ国中に仰せ知らしめんがため、使者を遣わすところなり」と云々。

兼実が伝聞した情報が「　」内、その情報が引用している閏十月宣旨の逸文が『　』内である。宣旨の内容は『東海・東山道の庄公、不服の輩有らば、頼朝に触れて沙汰致すべし』というのだから、文字どおりには、東海道・東山道の荘園・公領の年貢収取《しゅうしゅ》がままならなければ頼朝に頼れ、という内容だ。

兼実がこの宣旨に関心が高いのには理由がある。何を隠そう、この宣旨の発給を推進したのが、じつは兼実その人だからだ。その根拠は先述した九条家重書目録の中にある。目録には、十月宣旨を写した「一通」に加え、十五カ国宛に出された官宣旨《かんせんじ》を写した「十五通」が挙げられている。

一通　宣旨案［端に云わく、まさに右大臣家をして元のごとく領掌《りょうしょう》せしむべき、諸国に在る所の御厨《みくりや》ならびに庄園、位田《いでん》、大番舎人《とねり》・庁宣《ちょうせん》等の名田《みょうでん》の事。］

十五通　御庄々諸国各別《かくべつ》宣旨案

越後国白川庄　尾張国の内杜庄《もりのしょう》　下総国三崎　伊賀国四ヶ処　伊勢国御厨ならびに家領等五ヶ処　武蔵国四ヶ処　若狭国二ヶ処　美乃《みの》国二ヶ処　伊豆国三ヶ処　能登国若山　加賀国二ヶ処　近江国位田ならびに大番舎人・庁宣等　遠江《とおとうみ》国尾奈《おな》御厨　常陸国三ヶ処　参川《みかわ》国吉良《きら》庄

官宣旨十五通に続いて記されるのは、見てのとおり東国・北国の十五カ国に及ぶ、右大臣家（九条家）領のリストである。ここには東海道・東山道に加え、はっきりと北陸道の家領《けりょう》が挙げられている。つまり兼実にとって、北陸道は、十月十四日宣旨に含まれていなければならなかったのであって、実際、十月宣旨に基づく官宣旨が、越後、若狭、能登、加賀の四カ国（傍線部）に出されていたことが、ここに明らかなのである。

「四方、皆塞がる」――飢饉と寿永二年十月宣旨・閏十月宣旨

したがって、九条兼実が閏十月宣旨の逸文を日記に残したのは、偶然ではない。自身の家領に密接に関わる問題だったからであって、義仲の横槍《よこやり》で北陸道が外れたものの、閏十月宣旨を実行に移す頼朝の使者がやっと伊勢国まで到来したことに、胸をなで下ろした、というわけだ。

ところで、十月宣旨・閏十月宣旨の二度の宣旨によって、荘園・公領の年貢収取がままならなければ頼朝に頼れ、ということが表明されたことは、朝廷が東国支配の公権を頼朝に移譲したに等しい。ゆえに佐藤進一は、この宣旨を頼朝の恫喝《どうかつ》の結果と見做したわけだ。これに対して、頼朝の恫喝が有効だった理由、つまり中央貴族・荘園領主の弱みとはなにか？を解明したのが私の研究であった。右に引いた閏十月宣旨逸文の四日前、『玉葉』閏十月十八日条は次のように言う。

このついで、件《くだん》の男云わく「四方《よも》、皆塞《ふさ》がる。中国《うちつくに》の上下しかしながら餓死すべしと。このこと一切疑うべからず。西海《よそ》においては謀叛の地にあらずといえども、平氏、四国にありて通ぜしめざるの間、また同じことなり。しかのみならず義仲の所存、『君ひとえに頼朝を庶《こい》

幾《ねが》い、ほとほとかれをもって義仲を殺さんと欲するか』の由、僻推《へきすい》を成すか。まさに告げ示すの人、有らんとするか」てえり。

「四方」すなわち四方国は畿外、「中国」は畿内の意である。畿外からの流通路が遮断され、畿内の者は身分の上下を問わずまったくもって餓死しそうだ、というのである。前章でも述べたように、「併《しかしながら》」は副詞だが、辞書には適訳がない。が、「まったくもって」と訳せばほぼ一〇〇%通る。

京都の飢饉の理由は、平家が四国にいて兵粮米を点定《てんじょう》し、畿内への流通がストップしているからだ。つまり「四方、皆塞がる」とは、畿内が壮大な兵粮攻めにあっているに等しい状況を指す。だから九条兼実は、八方塞がりならぬこの「四方、皆塞がる」なる語を、繰り返し日記に書きつけている。十月宣旨が出る直前状況の九月三日条は、次のとおりである。

およそ近日の天下、一日の存命の計略も無し。よって上下多く片山・田舎等に逃げ去ると云々。四方、皆塞がる。［四国および山陰道の安芸以西、鎮西等、平氏征討以前は通達するあたわず。北陸・山陰両道、義仲押領《おうりよう》し、院分已下《いげ》、宰吏《さいり》一切吏務するあたわず。東山・東海両道、頼朝上洛以前は、また進退するあたわず、と云々。］畿内近辺の人領、しかしながら苅り取られおわんぬ。段歩《だんぶ》残さず、また京中・片山、神社・仏寺に及ぶまで、人屋在家ことごともって追捕《ついぶ》す。そのほか、たまたま不慮の前途を遂ぐるところの庄公の運上物、多少を論ぜず、貴賤を嫌わず、みなもって奪い取りおわんぬ。この難、市辺に及び、昨今買売の便を失う、と云々。

図2-1　寿永2年（1183）9月、九条兼実の空間認識としての「四方、皆塞がる」

ここには「四方、皆塞がる」の内訳がより詳しく記されているので、これを図2－1にまとめてみよう。

ごらんのとおり、西国は平氏（平家）、日本海側は義仲が押えていて、流通がストップしている。「残る頼みの綱は頼朝のみ」とは言っても、頼朝がなんとかしてくれないことには、じつは東国からの物資でさえ、ままならない状況があった。たとえば賀茂別雷社《かもわけいかずち》（上賀茂社）の場合、次のような史料（後白河院庁《いんのちょう》牒《ちょう》）がある。

院庁牒《ちょう》す、賀茂別雷社衙《しゃが》。

早く、官兵ならびに国中の武士等の狼藉《ろうぜき》を停止《ちょうじ》し、庄民を安堵し、供祭《くさい》年貢物を運上せしむべき、社領遠江国比木《ひき》庄の事。

右、かの社司らの今月三日の解状《げじょう》を得《う》るにいわく、謹んで案内《あない》を検ずるに、去《さ》んぬる年の秋のころより、平家等の西海道を打ち塞がんがため、御米といい供祭といい、運上せしめざるの間、御相折《そうせち》の闕如《けつじょ》に及ばんと擬するのところ、社司等、東西を奔営《ほんえい》し、借上《かしあげ》物を借用し、今に御料闕乏《けつぼう》を支《ささ》う。しかして運上物を相待つの間、件《くだん》の平家を追討せんがため、官兵を下向せらるるのところ、かの御庄々の内、乱入狼藉の輩《ともがら》、御庄を損亡し、庄民等を亡散せしめ、御米を運上せしめざれば、社司等、いかなる術をもって、日供《にっくう》の御料を備進すべけんや。よって先日、在状を勒《ろく》し院奏を経《ふ》るの日、裁報有るに似たりといえども、分明の裁断を蒙《こうむ》らざるによって、重ねて言上せしむるところなり。ただし件の狼藉の事、大将軍に触れ申すのところ、おのおの狼藉有るべからざるの由、下知《げじ》せらるといえども、郎従・物取等中、かくのごとく狼藉を致すところなり。しかれば、かの大将軍のもと、件の狼藉を停め、残るところの御米、運上せしむべきの由、仰せ下されんと欲するものなり。望み請《こ》うらくは庁裁、早く件の乱入を停止《ちょうじ》すべきの由、庁の御下文《おんくだしぶみ》をかの御庄々に下され、土民等を安堵し、御米を進済せしめ、日供の御料を備進せしむれば、まさに憲法《けんぽう》の貴《たっと》きを仰ぎ、いよいよ万歳の御算を祈りたてまつらんと欲せんとす。てえれば、申し請う旨に任せ、官兵ならびに使者、相ともに庄内の狼藉を停止し、土民を安堵し、よろしく供祭雑物を運上せしむべきの状、牒送《ちょうそう》、件のごとし。衙《が》よろしく状を察し、件によりこれを行うべし。違失するなかれ。ことさらに牒す。

寿永三年二月七日　（署名略）

ここから、東海道の社領、遠江国比木荘（静岡県御前崎市）からの運上が「官兵ならびに国中武士等の狼藉」で滞ってしまっていた状況がうかがえるが、賀茂別雷社が当該社領からの運上物の確保に必死なのは、まさに傍線部、そもそも窮乏の発端が「去んぬる年の秋のころ」、つまり寿永二年九月ごろに遡り、「平家等の西海道を打ち塞がんがため」に、西からの運上が完全に途絶してしまっていたからである。それだけではない、右と同じ寿永三年二月七日付で、もう一通、ほぼ同文の後白河院庁牒（写真2-2）が残っていて、その文書で安堵対象となっている賀茂別雷社領が、北陸道の若狭国宮河庄・矢代浦（福井県小浜市）であった。つまりは、西が完全に塞がれた状況で京都の荘園領主が何とか確保したいのは、いきおい、東国（東海道、東山道）や北国（北陸道）からの運上物ということにならざるを得ない。「四方、皆塞がる」とは、ただ九条家だけの悩み、などでは決してなかったのだ。

そして、「四方、皆塞がる」＝飢饉というこの状況下にあって、唯一これを打開しうる最後の望みの綱こそ、さきの図2-1に戻れば、東国の頼朝だった、ということになる。その頼朝の行動をオーソライズするのがまさしく十月宣旨、閏十月宣旨であった。ただこの間、北陸道をめぐっては紆余曲折あって、先述したように、九月三日時点での兼実の認識では、義仲のテリトリーである北陸・山陰両道までを頼朝に与えるのは、いささか無理筋のようにも見える。が、北国（北陸道）の九条家領が義仲によって押領されている以上、何とかしたい。同じく北陸道に社領を持つ賀茂別雷社にしても、同様であったろう。つまり、北陸道を宣旨に含めてしまったのは頼朝の意思などではなく、先述したとおり、兼実を筆頭とする京都の荘園領主の働きかけによるもの

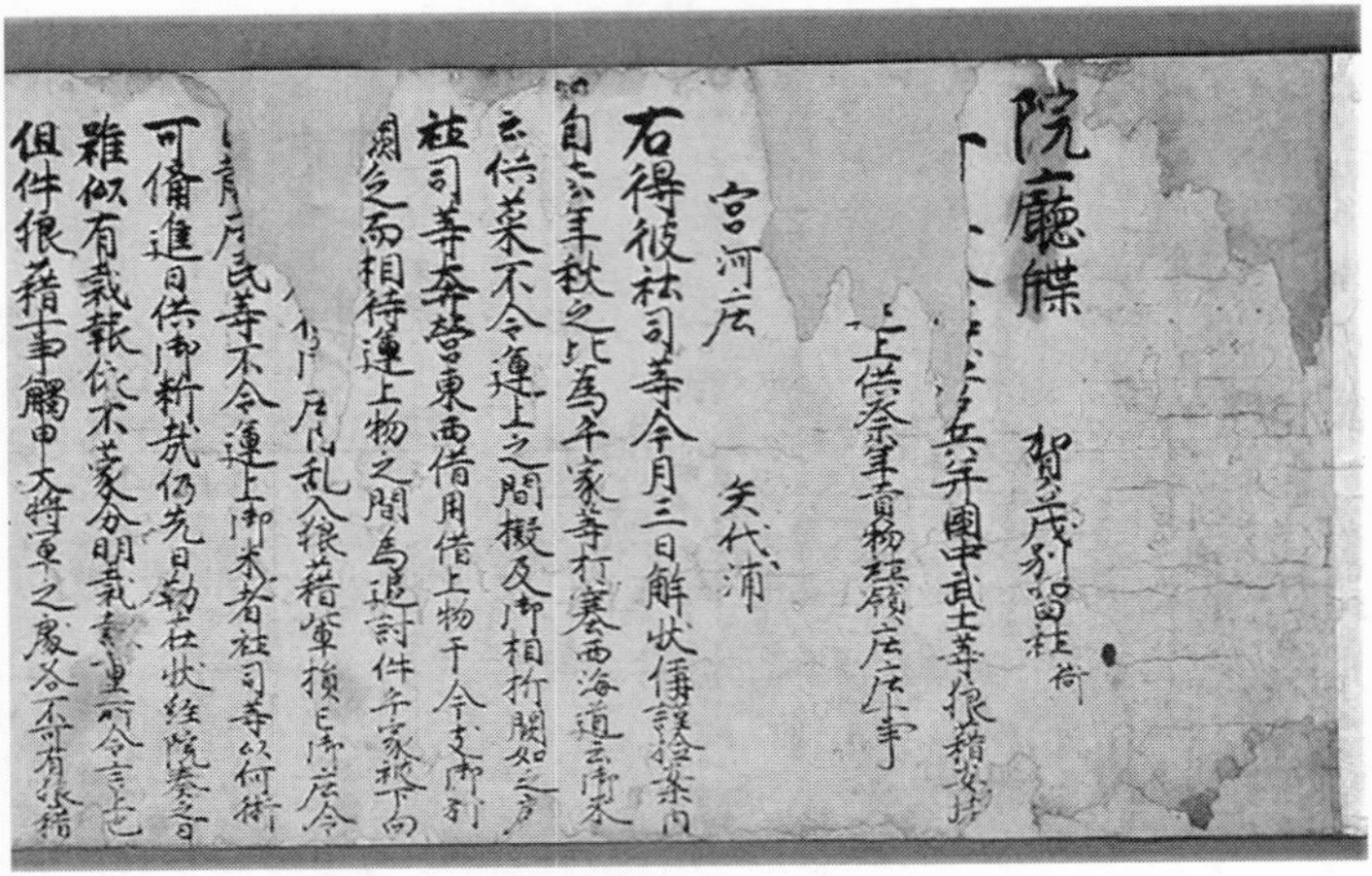

4 行目に「宮河庄・矢代浦」が見える

である。そして兼実の進言に沿う形で、結果として朝廷は、十月宣旨で北陸道の権限までを頼朝に与えてしまうことになった。が、当然、義仲は黙っていない。よって北陸道を除外した閏十月宣旨を、改めて出すことになった。これが十月・閏十月の二つの宣旨の真相なのだ。

ただし、寿永三年二月七日付の二通の後白河院庁牒を見る限り、頼みの綱の頼朝によって派遣された肝心の「官兵」たち、遠江国であれば安田義《よし》定《さだ》（同国守護）、若狭国であれば比企朝宗《ともむね》（同年正月の源義仲滅亡後に北陸道に入った勧農使）らの活動が、有効どころか、かえって運上物の流通を阻害してしまっていたようだ。後白河院に泣きついてこれを訴えるも裁断は煮え切らない。そこで再度訴えてようやく出してもらったのが、これら二通の院庁牒なのである。

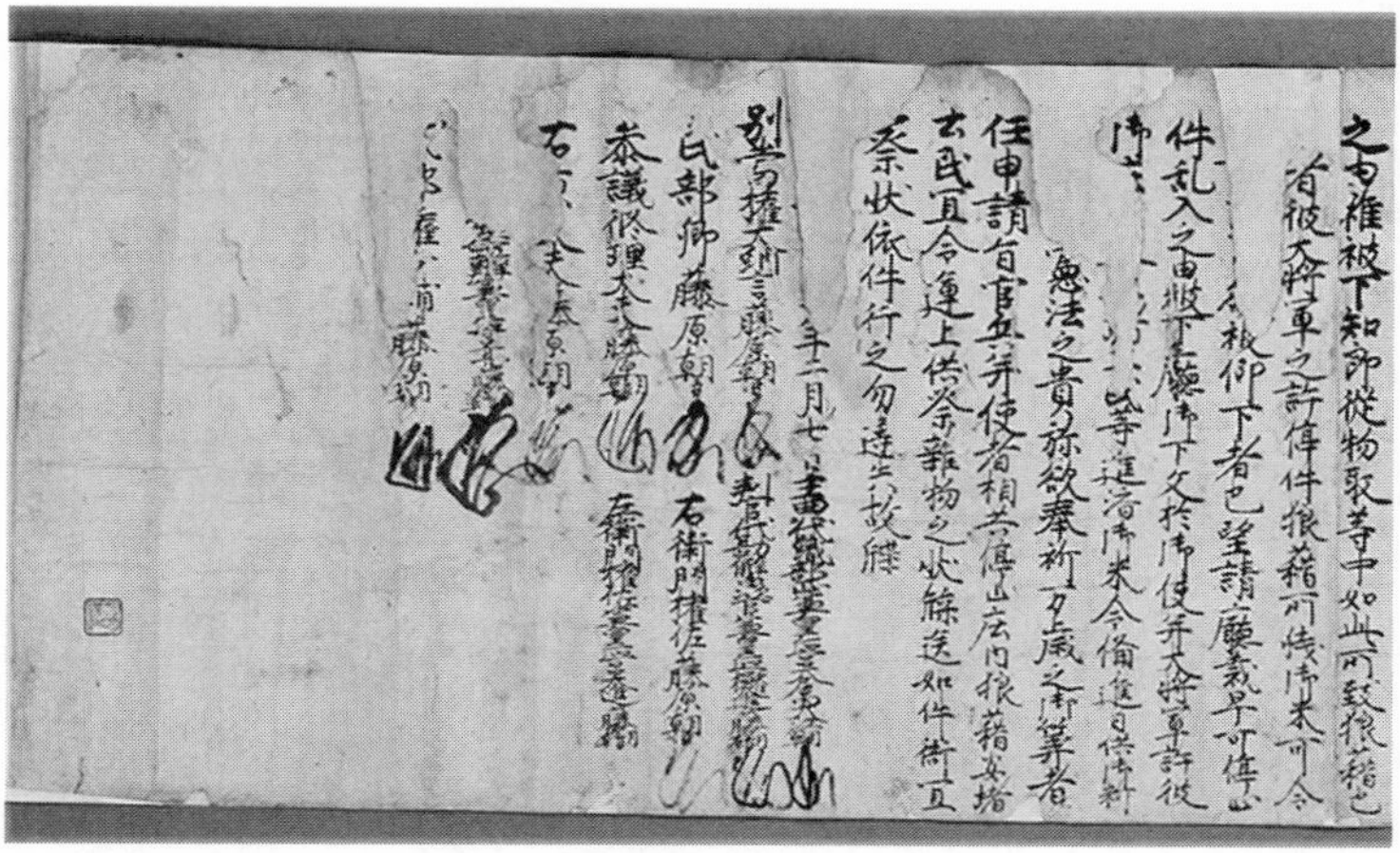

写真2-2　寿永3年（1184）2月7日後白河院庁牒（早稲田大学荻野研究室収集文書）

「大将軍」とは誰か

閏十月宣旨の翌年の状況を示す右の後白河院庁牒には、じつはもう一つ重大な問題が含まれている。あの長文の古文書の中段に、次のように書かれていることに注目いただきたい。

ただし件の狼藉の事、大将軍に触れ申すのところ、おのおの狼藉有るべからざるの由、下知せらるといえども、郎従・物取等中、かくのごとく狼藉致すところなり。しかれば、かの大将軍のもと、件の狼藉を停め、残るところの御米、運上せしむべきの由、仰せ下されんと欲するものなり。

賀茂別雷社が狼藉停止を実行に移してもらいたい実力者、「かの大将軍」とはいったい誰なのか、ということである。「おのおの狼藉有るべからざるの由、下知せらる」とあるのだから、武士たちに「下知」できる相当の人物。もしかするとこれは頼朝自身なのではないか？　そう考える読者がいても不思議ではない。だとすれば、建久三年（一一九二）を待たずして、この時すでに頼朝は将軍だったのか、と。

が、逸《はや》る気持ちを抑えて、次の史料、『玉葉』寿永二年閏十月十七日条を見ていただこう。

十七日、戊寅。天陰る。静賢《せいけん》法印密々告げ送りて云く、「昨日義仲参院し、申して云く、『平氏いったん勝ちに乗ずといえども、始終不審に及ぶべからず。鎮西の輩《ともがら》、与力すべからざるの由、仰せ遣わしおわんぬ。また山陰道武士等しかしながら備中国に在り。さらに恐るるに及ぶべからず』と云々。また『頼朝弟九郎［実名《じつみよう》を知らず］、大将軍として数万の軍兵を率い、上洛を企つるの由、承り及ぶところなり。その事を防がんがため、いそぎ上洛すべきなり。もし事一定たらば、行き向かうべし。不実たらばこの限りにあらず。今両三日のうち、その左右《とこう》を承るべし』と云々てえり。已上、義仲の申状《もうしじよう》なり」と云々。

後白河院近臣の静賢が兼実のもとに密々に伝えた義仲の申状によれば、「頼朝弟九郎［実名を知らず］大将軍として数万の軍兵を率い、上洛を企つる」との情報を受けた義仲が、もし本当ならこれを阻止せんと急ぎ帰洛し、後白河院のもとに参じた、というのである。つまり、当時「大将軍」と呼ばれるのは征夷大将軍だけではない。たとえば頼朝の弟九郎義経もまた「大将軍」と呼ばれうるのである。ちなみにこの時点で兼実は、九郎の実名「義経」をいまだ知らず、だからそう註記《ちゆうき》している。

じつは「大将軍」とは征夷大将軍に限らず、「追討使」やこれに准じる存在もまた「大将軍」と呼ばれえたことが、従来から指摘されており、右もそうした事例である。また一軍の将たる者、「大将軍」と呼ばれれば十分で、必ずしも「征夷大将軍」に任命されることに固執する必要がなかったことも、学界では新しい常識となりつつある。

そのことを踏まえた上でさきの二通の後白河院庁牒の「かの大将軍」に戻れば、じつはこれらの文書が出された寿永三年二月七日とは、まさに平家が潰走《かいそう》した一の谷の合戦の当日なのである。したがってこの「大将軍」もまた、平家追討使を指すことは、状況から見ても明白で、だとすれば範頼《のりより》か、義経か、ということになる。

ではその両名のうち、いずれなのか、と言えば、寿永二年十月宣旨、閏十月宣旨を係争地域に「施行《しぎよう》」する責任者、流通問題の担当者という点から、それは義経である、と答えることになる。

ティー・ブレイク～頼朝将軍任命をめぐる最新説

さてここからがいよいよ本題だ、というところなのだが、長丁場となるので、ここでいったんティー・ブレイクとしよう。フィンランド・ノルトクヴィスト社の「ティー・ヘヴン」シリーズから、その名も「賢者の紅茶」ではいかがであろうか。

で、薫り高いその紅茶を飲みながら、何の話をしようか、と言えば、まずはさきほどの『玉葉』の記事だ。「頼朝弟九郎、大将軍として数万の軍兵を率い」の「大将軍として」の部分は、もちろん別解として「大将軍となり」と訓読してもよいのだが、いずれにせよこれは、数万の軍勢の大将として上洛を企てている、というような単純な内容と見てよいのか。そこにはもっと含みがあるのではないか？　そこにいささかこだわってみよう、という壮大な〝脱線〟だ。

　そもそもこれは、義仲の言葉である。しかも、頼朝軍下向の実否のみならず、義仲自身、京都で本当に必要とされているのか、その存在意義までを確認したい、と要求する中での文言だ。疑心暗鬼と言ってもよいこの語調の背後にあるのは、その数日前、頼朝に東海・東山道の支配権を与えた、かの閏十月宣旨であろう。十月十四日宣旨から義仲に配慮して北陸道こそ省かれたとはいえ、頼朝への授権自体に不服であること、言うまでもない。だから義仲が、この宣旨をもって頼朝側の人物を、よりによって「大将軍」に任命するなんて！、と認識したとしても、おかしくはない。それゆえ、「大将軍として」ないし「大将軍となり」の言葉のニュアンスとしては、ただ単に数万の軍勢の大将として、ではなく、（噂によれば）「大将軍」に任命されて、ぐらいが含意されているのではないか――そんなふうに思うのである。

　そこからもう少し想像を膨らませてみると、頼朝、もしくは頼朝側の人間を征夷大将軍に任命しようという話は、この時点においてまったくあり得ない話ではなかった、ということに気づくことになる。

　というのも、延慶本をはじめとする『平家物語』諸本では、頼朝の将軍宣下を、建久三年（一一九二）ではなく、まさしく寿永二年（一一八三）八月としているからだ。ただし、これまでの研究では、二〇一四年刊行の『延慶本平家物語全注釈』にいたってもなお、『平家物語』の記事を虚構と断定し、いきおい議論は、この虚構がなぜ寿永二年八月という時期に挿入されざるを得なかったか、をめぐって展開されてきた。

そうした従来説に対する疑問は、大きく三点。

第一に、頼朝が寿永二年と建久三年の二度、征夷大将軍に任命された、という可能性が考えられていない。

第二に、『平家物語』の記述が事実か虚構か、を問うだけで、将軍に推挙する話はあったが、頼朝が固辞して話が流れた、という可能性が考えられていない。

第三に、七月二十八日に後白河院庁《いんのちょう》からの使者中原康定《やすさだ》（泰貞）が鎌倉に派遣されていることの理由を、説明しきれていない。

まず、第一の点だが、坂上田村麻呂の例を引くまでもなく、そもそも何度征夷大将軍に任命されても、一向に問題はない。にもかかわらず、どういうわけかこれまでの研究者は皆一様に、二者択一で考えてしまっているのだ。そこで当然出てくる疑問が第二の点だが、ここでも論者は相変わらず二者択一で、事実か虚構か、しか眼中にない。そこで私は、寿永二年にも推挙の話自体はあったのでは、と考えるわけだ。実際、この翌年にも将軍推挙の話は持ち上がっていて、『吾妻鏡』寿永三年四月十日条には「征夷将軍宣下有るべきかの由、その沙汰あり」とある。ならば、寿永二年にも推挙の話があった、としてもさほど突飛な話でもない。だが奇妙なことに、誰もその可能性を考えようとはしない。

寿永二年にも推挙の話自体はあった。そう考える上でカギになるのが、第三の点だ。じつは康定（泰貞）は、寿永二年七月から閏十月にかけて、三たび京―鎌倉間を往復しているが、虚構とされる延慶本『平家物語』の記事でも、使者は康定となっており、「兵衛佐征夷将軍の宣旨を蒙る事」の段につづくのは、「康定関東より帰洛して関東の事を語り申す事」である。内容自体は建久三年の素材も下敷きにされていることは、『延慶本平家物語全注釈』も指摘するとおりだが、残念ながら同注釈書では、実際に康定が京都と関東を往復した事実は把握していながらも、『平家物語』の将軍宣下を虚構と見做す以上、この康定派遣が何を目的としたものかについては沈黙している。

じつは、この点を説明しようとした最新の研究が岩田慎平論文であり、使者派遣の目的を「頼朝の復位といわゆる『寿永二年十月宣旨』にまつわる交渉、またその伝達であったと見られる」と推論している。だが、この見解には従えない。すでに私が明らかにしたように、十月宣旨の根拠となる「四方、皆塞がる」＝飢饉状態は、七月時点ではいまだ顕在化していないのであって、七月の使者派遣の理由を十月宣旨に直結することには、明らかに無理がある。

こうなれば、七月末の中原康定（泰貞）の鎌倉派遣目的が、義仲入京の背後で進められた、頼朝に対する将軍推任の打診であった、という可能性は、ただちに消し去るべきものではないことになろう。私が明らかにしたように、「十月宣旨」が基本的には経済政策であることを踏まえれば、「十月宣旨」の交渉が七月から始まった、と考えるのは、いかにも筋が悪い。

岩田の言う「頼朝の復位」、すなわち従五位下への復帰自体は十月九日のことであり、言うまでもなく伊豆の流人（罪人）に対し、何の前提もなく東国（・北国）支配の宣旨が出ることはありえないから、これと「十月宣旨」とをセットで考えてきた通説は、その限りでは間違いでない。

しかしながら、「十月宣旨」とセットでの復位以前に、秘密裏に征夷将軍としての頼朝の「復権話」が持ち上がっており、その話が流れた末の合意点が「十月宣旨」だ、と考えた方が、はるかにスマートな解釈だと思うのだが、いかがであろうか。そして、秋に入って急速に悪化した京都の飢饉状況こそが、一度流れた頼朝への授権話が実現した理由である、と。

え、ここで紅茶をもう一杯？　了解。では、同じシリーズの「雨の日の安らぎ」はどうだろう。現任校の初代ゼミ長が大変気に入ってくれた、これまた逸品だ。

スイーツはいかが？

話をつづけよう。康定（泰貞）は、後白河院の密命を受け、頼朝を征夷大将軍に任ずる用意のある旨を含んで、鎌倉へ下向した。もちろん手ぶらではない。手土産として補任状《ぶにんじょう》の土代《どだい》（草案）は当然できていて、それが次のようなものだったのではないだろうか。

左弁官下す、五畿内諸国。

まさに源頼朝朝臣《あっそん》をして、五畿内・東海・東山・北陸・山陰・南海・西海の征夷将軍たらしめんとする事。

右、左(右)大臣藤原朝臣兼実宣《せん》す、勅《ちょく》を奉《うけたまわ》るに、従四位下行前右兵衛佐《ぎょうさきのうひょうえのすけ》源頼朝朝臣をして、征夷将軍たらしむべし。てえれば、使よろしく承知せしめ、宣によってこれを行うべし。

寿永二年八月日　左《さ》大史《だいし》小《お》槻宿禰《づきすくね》

左大弁藤原朝臣

これは何を隠そう、従来虚構とされてきた、頼朝の将軍補任状そのものである。ただし読み下しに当たっては、延慶本『平家物語』では崩れている文字の配置を、あるべき位置に復元し、敬意を示す闕字は詰め、使二名（左《さ》史生《ししょう》中原康定・右史生同景家《かげいえ》）の名は省略して掲出している。さきの閏十月宣旨の場合と同様、延慶本『平家物語』所引文書には、内容や文言の不備が多々あることなど、もちろん承知の上だ。特に西日本まで対象とする点では、むしろ平家政権の得た仁安宣旨（六二頁）に近い。

さてこの補任状、厳密に書けば寿永二年八月日官宣旨《かんせんじ》が、単なる土代（草案）だったとすれば、これをわざわざ「虚構だ」などと言いたてる必要さえもないのである。文面までは作られたが実現しなかった、それが真相ではないのか。『吾妻鏡』の寿永二年巻が欠巻しているのも、十月宣旨が出た年だから、ではとうてい理由にはならないが、将軍推任話の不調のくだりを説明しきれずに作成を断念した、と考えれば、納得もいくというものである。

加えて、同じ寿永二年八月十八日に、朝廷が五百にものぼる平家没官領《もっかんりょう》の内、約百四十を源義仲に、九十を行家《ゆきいえ》に与えているのも、頼朝との交渉不調時の保険として、朝廷が両面で進めてい

表 2-2　寿永 2 年、義仲入京から義経伊勢到着までの対・頼朝交渉

7 月 28 日　源義仲入京。**同日、中原康定、関東へ向け出立（『百練抄』）→水面下で頼朝の将軍推任打診→不調。**

7 月 30 日　院御所議定。「三人の勧賞」審議。

8 月 10 日　勧賞の除目で頼朝外れる。

↓

9 月 3 日　兼実「四方、皆塞がる」＝飢饉状態が顕在化。
九条家領年貢確保のため、頼朝待望論。

↓

9 月末　中原康定、頼朝からの「3 か条」を携えて帰洛。

10 月 9 日　頼朝、従五位下に復位。

10 月 14 日　九条家領を多数擁する北陸道を含めて、一度目の宣旨。前日 13 日に中原康定関東下向（『玉葉』）。

閏 10 月（9 日）　義仲のクレームにより北陸道を除外した、再度の宣旨。13 日頃、中原康定関東下向（『玉葉』）。

閏 10 月 18 日　義仲 16 日参院の情報を 17 日に得た兼実は 18 日、再度**「四方、皆塞がる」＝飢饉状態を強調。**

閏 10 月 22 日　閏十月宣旨の施行者として、頼朝使（源義経）が伊勢国に到着した報を、兼実が記す。

たものと考えれば、頼朝将軍推任という手土産が受け取られなかった、という右の仮説は、かえってリアルなものとなろう。実際これよりさき、七月三十日の院御所議定《ぎじょう》の段階では、平家追い落としに功あった「三人の勧賞《けんじょう》」の第一に頼朝、第二に義仲、第三に行家が挙がっていたことを、九条（藤原）兼実の日記『玉葉』が伝えているが、川合康はその著『源頼朝』で、八月十日の実際の勧賞では「なぜか頼朝への行賞は見送られた」としている（二〇五頁）。川合は一連の背後に義仲の強硬な申し入れを読んでおり、それ自体はその通りであろう。だが、肝心の「なぜか」について、川合は答えていない。しかしながら、このティー・ブレイクの参加者であれば、もうおわかりであろう。七月三十日の「京官、任国、加給」といった表の審議がなされる二日前に、中原康定を鎌倉に派遣しての将軍推任交渉が、水面下では進められていたからである。だとすれば、八月十日の除目《じもく》に頼朝の名がないのも、当然ではなかろうか。

ただ、ならばなぜ『玉葉』に将軍推任の記事が残っていないのか、という疑問もないではない。だからこそこれは、水面下の動きを推理するという、〝茶飲み話〟なのだ。ただし、さすがの兼実だって、義仲の参院の話さえも伝聞でしか知らないのだから、『玉葉』に載っていないことが、この仮説の致命的な弱点だ、とまでは言えないだろう。何しろ、あれだけ九条家にとって重大な意味を持つ、十月十四日宣旨や閏十月(九日)宣旨でさえ、兼実はその当日の日記には、何一つ記していないのだから。

さて、あくまで将軍推任の打診自体はあった、という仮説に立った上での話だが、おそらく頼朝は、康定(泰貞)の持参したこの土代に言う「五畿内・東海・東山・北陸・山陰・(山陽脱か)南海・西海の征夷将軍」など、所詮は有名無実、名ばかりの職と、これを固辞、いや一蹴したのだろう。

だがそんな折、翌九月に入るや、畿内が「四方、皆塞がる」状態となり、将軍推任よりはるかに現実味を帯びた提案として朝廷側は、康定を十月十三日、再度関東に派遣して頼朝の支配権を東国・北国に絞った寿永二年十月宣旨、閏十月十三日頃には三たび康定を派遣して東国に絞った閏十月宣旨、を相次いで打診して、最終的に頼朝はこれを受諾。畿内への流通促進を名目に関東の武士を現地に送り込んだ、ということであろう。ただし、自らは鎌倉から動かず、その統括を弟義経に任せた。そう、お前こそ「大将軍」なのだ、と。

ところが肝心の「四方、皆塞がる」飢饉状態の解消については、翌年正月、源義仲滅亡後に至ってもなお、事行かない。そこで賀茂別雷社は後白河院に泣きついてこう訴えた、「かの大将軍」よ、何とかしてくれ、と。それがあの、二通の後白河院庁牒だったのである。

最後に補足を一点。従来、虚構、偽文書とされてきた延慶本『平家物語』所収の寿永二年八月日官宣旨を生かそうとした研究者に松島周一がいて、これを寿永三年正月日付の源義仲征夷大将軍任命宣旨とみなした。が、そこまで無理を犯さずとも、本書の説明のほうが、はるかに自然で説得的だと思うのだが、いかがだろうか。

さて、以上でティー・ブレイクは終わりとしよう。どうやら、話を元の文脈に戻す時が来たようである。

「大将軍」義経に付託されたミッション

二通の後白河院庁牒に「おのおの狼藉有るべからざるの由、下知せらる」と見えるとおり、武士たちに「下知」できる相当の人物、「かの大将軍」こそ義経だ、というのが、〝脱線〟前の話であった。

実際、武力を背景に流通を監視することが、この時点での義経の基幹任務であったこと、そして後白河院庁牒に見える「下知」の主体がほかならぬ義経であったことは、春日神社文書のなかにある、次の請文《うけぶみ》（請負う旨を約束する文書）からも明らかである。

（端書）「九郎御曹司《おんぞうし》請文」

垂水牧《たるみのまき》の兵粮米の事。諸国の兵粮米、停止しおわんぬ。下知つかまつり候いおわんぬ。御承《しょう》引《いん》有るべからず候か。よって庁の御下文二枚、これを進上し候。義経恐惶謹言《きょうこうきんげん》。

寿永三　　二月二十二日　　義経

出されたのは、二月二十二日、つまりは賀茂別雷社の事例の直後である。奈良の春日社もまた、京都の賀茂別雷社同様、社領摂津国垂水牧（大阪府）に兵粮米を点定されて困っており、一の谷の戦いに勝利したばかりの「大将軍」義経の「下知」に期待したのである。対して義経は、完了形「おわんぬ」を二度も繰り返す強い語調で、こう言うのである。同社領のみならず諸国の兵粮米を停止し、その旨を義経より「下知」済みだ、と。ただ、大将軍義経の「下知」だけでは不足と言うなら、と、院庁下文《いんのちょうくだしぶみ》二枚を春日社に進上し、兵粮米停止を確約した。それがこの請文の内容だ。

では、「かの大将軍のもと、件の狼藉を止め」と言われる「大将軍」義経の任務がどこまで遡るのかと言えば、それが寿永二年十月宣旨、閏十月宣旨である。九月以来の流通ストップ（飢饉状態）状況については、すでに見た二通の後白河院庁牒からうかがえるとおりだ。じつは、義経こそが、寿永二年閏十月九日宣旨を「施行《しぎょう》」し、飢饉状態を解決する責任者だったのである。

ここで、七三頁に引いた『玉葉』寿永二年閏十月二十二日条を、もう一度読み直してみることにしよう。そこには「頼朝の使い、伊勢国に来るといえども、謀叛の儀にあらず」「よってその宣旨を施行せんがため、かつがつ国中に仰せ知らしめんがため、使者を遣わすところなり」とある。この頼朝使者こそ、閏十月十七日条で義仲が危惧したところの「大将軍」、すなわち源義経なのである。日記の記主兼実が、ここで頼朝使者の名を明記していないのは、閏十月十七日条同様、二十二日の時点でもなお、義経のことを知らないからであって、じつはこののち十一月二日の段階でさえ、「九郎御曹司」の名に対し、「誰人や尋ね聞くべし」と註記しているほどだ。兼実が「九郎」を頼朝の弟だと認知するのは、じつに十一月七日条からなのである。

ではなぜ義経は、伊勢国に使者として派遣されたのか。ふたたび話の腰を折って恐縮だが、その話に進む前に、ここでいささか申し述べておきたいことがある。

思えばかつて、佐藤進一の寿永二年十月宣旨＝東国支配の公権移譲説に対しては、たった一通の宣旨で公権委譲や東国国家を論じることは不毛だ、などという批判が寄せられた。今日的には、私の研究によって、これら宣旨が、京都にとって「四方、皆塞がる」と表現するほかない、死活問題の末に出された、きわめてアクチュアルな選択であったことが明らかであるから、いまどき「たった一通の宣旨で……」と言う人などいないだろう、と思っていたら、どうもそうではないようである。そのような人に向かって、「え？　そもそも宣旨は一通ではなく二通だろう」などというツッコミを入れるつもりは毛頭ない。だが、これだけは言える。ある学説に対し「不毛」の一語で片づけることができてしまう人の言うことこそ、もっとも「不毛」である。

そもそも、たった一枚の紙切れで、などというのは、いかにも平々凡々たる発想だ。そのような発想の根柢には、なぜ文書による支配が可能なのか、という根源的な問いが欠如しているのである。これは、かならずしも、文書それ自体に宿ると信じられた力、ある種の物神信仰《フェティシズム》を過大視してそう言うわけではない。ただ宣旨が出ただけではなく、それを実現するための使者派遣、さきの後白河院庁牒で言えば、その執行力が期待されている「大将軍」義経の存在こそが、重要なのである。文書に書かれていることを実効あるものとするための、次なる行動、それこそが問われなければならない。

源義経はなぜ伊勢国に派遣されたのか

ではあらためて問おう。なぜ義経は伊勢国に使者として派遣されたのか、と。それは端的に言って、伊勢国鈴鹿関《すずかのせき》が、東海道から畿内への入口であったからだ。つまり寿永二年閏十月宣旨に従って、東海道の荘園年貢や物資を畿内に通すこと、その物資を強奪しようとする狼藉を監視するためである。まだ義経の名さえ知らない段階で兼実が「頼朝の使い、伊勢国に来るといえども、謀叛の儀にあらず」と書いているのは、やってきた「頼朝の使い」が本当に物資流通を実現してくれるのか、それとも「頼朝の使い」なる者自体が強奪者なのではないか、との不安があってのことであろう。その不安が解けたところで、どうやら「頼朝の使い」の伊勢入りはよい報せのほうだった、そう日記に記しているのである。

もとより伊勢・伊賀は平氏の一大拠点であって、第一章で述べた平忠盛がここを押さえて以降、その勢力下にある。だからこそ寿永二年十月宣旨、閏十月宣旨を実効あるものとする武力が必要となるのであって、まさにそれこそが、義経の伊勢・伊賀入りであった。繰り返すが、閏十月九日宣旨は、単なる紙切れ一枚ではないのである。義経はすでに、十月十四日宣旨が出る直前の、十月十一日の時点で、伊賀国に勢力を扶植しつつあった。東大寺文書に、次のような頼朝袖判《そではん》下文案がある。なおこの案文は、袖判の位置を含め、不正確に写されたと思しき箇所がいくつかあるので、それらを補正した上で読み下すこととする。

〈在御判〉

下す、伊賀国御家人。

早くかたがたの牢籠《ろうろう》を停止《ちょうじ》し、相違無く安堵せしむべき事。

平保行《たいらのやすゆき》

右、件《くだん》の輩《ともがら》、ことに当家に忠有らしむるによって、今においてはかたがたの牢籠を停止し、おのおのの所領、相違無く、早く安堵せしむべきものなり。かねてまた、同心の輩、同じくこの旨を存ずべきなり。ただし、見参《げざん》等のため参らしむることは、遼遠往反《おうへん》の間、定めてその煩《わずら》い有るべきか。よって九郎御曹司に入らしめたまえ。てえれば、おのおの付けたてまつるべきの状、仰《おお》するところ件のごとし。あえて違失すべからず。もって下す。

寿永二年十月十一日

源氏方に忠義ある平保行の所領を安堵するとともに、伊賀国で同様に頼朝に臣従を誓い、「見参に入りたい」者は、鎌倉まで参じるに及ばない、現地を任せている九郎御曹司、すなわち義経の見参に入ればそれでよい、との内容である。まさに頼朝の立場を現地で代行する権限をも、使者義経は付託されていたのである。そうした下準備のもとに頼朝は朝廷より十月宣旨、閏十月宣旨を得、義経にこれを実行させたわけだ。

一一八四年——源義経の検非違使任官

寿永二年閏十月宣旨は、畿内に物資をもたらし、〈都市王権〉を維持するためのもの、とする右の東島説に従うならば、それはまさしく、義経の擁する武力によって、はじめて実効あるものとなったのである。

とするならば、その義経がこのあと検非違使に就任するのは、不思議でもなんでもない。検非違使とは、まさに武力によって流通の非違を検察することを主要な職務としていたからである。そして、義経の検非違使就任は、寿永二年閏十月宣旨をタテに権力拡大を図る頼朝にとって、不都合なことなど何もない。翌元暦《げんりゃく》元年八月の義経の検非違使補任が頼朝の不興を買い、義経間の決裂に至ったなどとする、『吾妻鏡』地の文や、『吾妻鏡』も引く腰越状なる偽文書に依拠した通説は、まったく採りえない。

通説批判の手っ取り早い論拠として、当面二つを挙げておこう。

(1) 義経の検非違使補任のち十一月に、頼朝は義経に対し、西国所領を関東御家人たちに交付するための、強大な権限を与えている。つまり、この時点での頼朝・義経は信頼関係にあり、両者の関係が悪化するのは平家滅亡後である。

(2) 鎌倉幕府がのちに制定した御成敗式目三十九条には、「検非違使の官を求める御家人に対しては、理があれば幕府の推挙状なしにこれを認める」、という方針がはっきりと明記されている。つまり検非違使補任は、その後の鎌倉幕府の基本路線にも抵触しない。じつは義経の検非違使任官が頼朝の構想に抵触しない、とする東島の指摘（「都市王権と中世国家」ほか）は、保立道久や高橋一樹らによって援用されるなど、現在では通説の位置を占めると言ってよい。なお、呉座勇一の『陰謀の日本中世史』はこれを菱沼一憲が唱えた説とするが、研究史の整理として誤りであることに気づいたのであろうか、増刷分から私の論考が参考文献にクレジットされるようになったと聞く。

それでは、あらためて問おう。義経はいつ、またなぜ検非違使に任官する必要があったのか、と。それは、元暦元年（一一八四）七月、伊勢・伊賀国において次の事件が勃発したからである。

伊勢国、信兼《のぶかね》［和泉守］已下、鈴鹿山を切塞ぎ、同じく謀叛《（ママ）》しおわんぬ、と云々。

（『玉葉』元暦元年七月八日条）

そう、まさに予想された事態が起きたのである。本書を読んでこられた読者ならばおわかりのとおり、伊勢・伊賀の乱は、〈都市王権〉、食糧に窮する朝廷・中央貴族にとって、生死にかかわる重大事件である。逆に平信兼にしてみれば、鈴鹿関を切り塞ぎ、東海道から畿内への流通を止めることが最も効果的な戦術であった。義経はまさに、信兼らの乱を鎮圧するために、翌八月六日、検非違使に補任されたのである。信兼追討後の戦後処理＝反乱者の田宅私財を収公する「没官」刑の執行権限も検非違使に属していたので、義経は検非違使として戦後警衛も担当することが可能になったのである。

第2節　義経の結婚――一一八六年、鎌倉幕府誕生の前提②

日本列島の三分割――道州制的構想

じつは、義経を検非違使に任命させることは、頼朝の列島統治構想と深く関わっていた。それが、細長い日本列島の三分割である。

九条兼実は日記『玉葉』寿永二年（一一八三）八月十二日条に次のように記している。

大略、天下の体、参国史《さんごくし》か。西平氏、東頼朝、中国《うちつくに》すでに剣璽《けんじ》無し。

まさに日本列島が三国志状態だ、というわけである（図2-2）。この場合の「中国」とは、先述したとおり畿内を指す。古代天皇の即位宣命《せんみょう》には、「四方食国《よもおすくに》」＝畿外をして畿内に服属させる、といった修辞が織り込まれたが、いまやその「中国」では剣璽という神器《じんぎ》が失われ、おまけに「四方、皆塞がる」＝飢饉状態だ、というわけである。

図2-2　寿永2年（1183）8月の「三国志」状態

頼朝は、この「中国」の飢饉状況の死命を制する伊勢国鈴鹿関を弟義経に担当させ、翌元暦元年七月の平信兼の乱を平定させた。その戦後処理の過程で、八月八日、頼朝は、もう一人の弟範頼を鎌倉から京都へ向けて出発させた。『吾妻鏡』九月十二日条にはこうある。

十二日、戊戌。参河守範頼朝臣の去んぬる朔日《ついたち》の使者、今日参着して書状を献ず。去んぬる月二十七日入洛し、同二十九日追討使の官符《かんぷ》を賜り、今日「九月一日」西海に発向す、と云々。

九月十二日に範頼からの使者が書状を携えて鎌倉に到着した。その書状の日付は九月一日であり、それによれば、範頼は八月二十七日入京。二十九日に朝廷より追討使の太政官符《だいじょうかんぷ》を受け、九月一日、西海道（九州）へ向けて出発した。まずは京都でのミッション完了を、鎌倉の頼朝宛に報告したのである。

頼朝が弟たちに課したミッションとはつまり、関東を頼朝、畿内を義経、西海を範頼で分割統治することであり、つまりは道州制的な列島統治構想である。だからこそ頼朝は、義経を検非違使に、範頼を追討使に、それぞれ任じさせる必要があった。

義経の結婚

九月一日、京都から西海に向かった範頼の書状が、十二日、鎌倉の頼朝のもとに届くや、頼朝は、ただちに義経の婚姻の儀を挙行する決定を下す。その書状にはおそらく、範頼自身のミッション第一段階の完了に加えて、京都で義経がいかにフラストレーションを溜めているか、にも言及してあったのであろう。かくして頼朝は、範頼書状到着の翌々日には、義経のかねての婚約者、河越重頼《しげより》の女《むすめ》を、京都へ向けて出発させたのである。

十四日、庚子。河越太郎重頼息女上洛す。源廷尉《ていい》に相嫁《か》せんがためなり。これ武衛《ぶえい》の仰せによって、兼日に約諾せしむと云々。重頼が家の子二人、郎従三十余輩、これに従いて首途《かどで》す、と云々。

『吾妻鏡』に見えるこの「義経の結婚」を、頼朝に無断で検非違使に任官した義経を見張るスパイ、と捉えてきたのが従来の常識的歴史像だが、先述のとおり、義経の検非違使任官が頼朝の構想通りであることが明らかである以上、その常識は通用しない。

ではどう解釈すべきなのか。ポイントは範頼の西海下向だ。義経は畿内、範頼は西海、という頼朝の統治構想（図2－3）を聞いた義経はどう思っただろうか。おそらくは、自分こそが九州に下って平家を討つに相応しい、そう逸る気持ちを抑えられなかったのではなかろうか。それというのも、本来九州へは、義経が行くはず、だったのだ。遡って『吾妻鏡』七月三日条には、こうある。

> 三日、己丑。武衛（源頼朝）、前内府《さきのないふ》（平宗盛）已下平氏等を追討せんがため、源九郎主（義経）をもって西海に遣わすべき事、仙洞《せんとう》（後白河院）に申さると云々。

ここにはっきり明記されるように、七月三日時点では本来、九州下向は範頼ではなく、義経の予定だったのである。ところがこの直後、七月七日に起きた平信兼らの

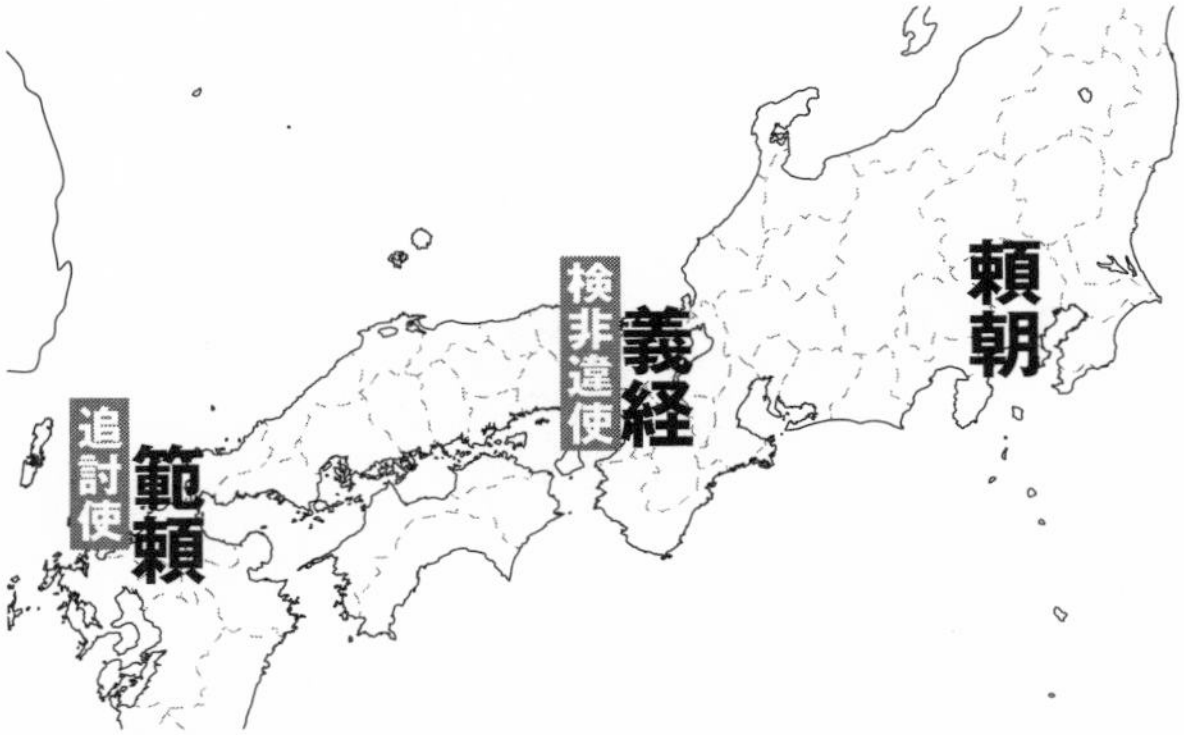

図 2-3　寿永 3 年（1184）9 月の列島三分割統治構想

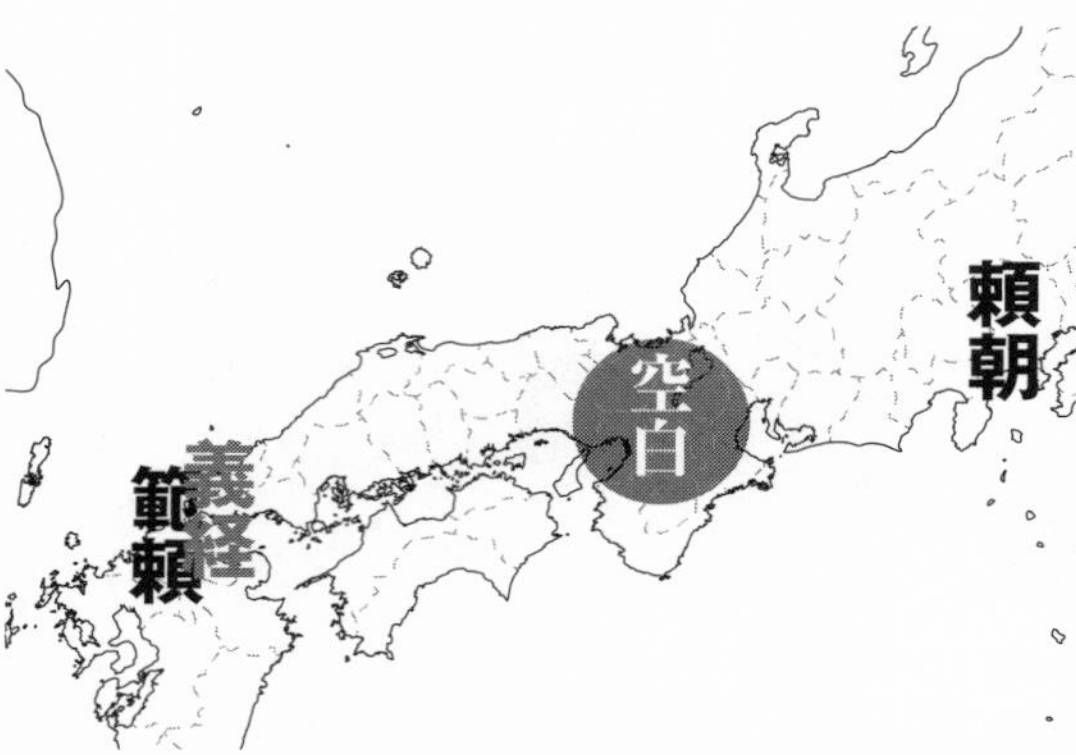

図2-4　「義経の結婚」によって避けられた畿内の空白状態

伊勢・伊賀の乱により、義経は乱への対応に忙殺されることになった。それゆえ九州は、範頼担当に変更となったのだ。

もうおわかりであろう。義経の抑えがたい衝動を別の方向へ向ける一大イベントこそが、「義経の結婚」だったのである。頼朝が範頼の書状を受け取ってすぐに、河越重頼の息女を京都に派遣していることからしても、範頼の書状に書かれていたであろう義経の心理状態には、ただならぬものがあったようだ。

頼朝にとって、いま義経に範頼を追って九州に行かれては困る。七月の信兼謀反に揺れる畿内近国の統治が空白状態（図2-4）となってしまうからだ。何しろ頼朝は、範頼の書状が届く三日前、九月九日付の書状で、京都における平信兼の旧領を「義経沙汰」として戦後警衛する旨、命を発したばかりなのである。なお当書状の日付は早い時点で失われており、島津家文書所収の写では「平家没官領」の書出し文言から四月六日と推定し、さらに「六」の字を、字形の類似から「十一」と誤断したらしく、「寿永三年四月十一日」付に仮託されている。が、四月では信兼の乱以前となって明白な間違いだ。よってここでは、最も原文書に近い前田本『東鑑抄《あずまかがみしょう》』九月九日条に従い、かつこれに日付を付して掲出しよう。

平家没官領《もつかんりょう》のうち、
京の家地《やち》の事。
いまだその沙汰を致さず。よって一所といえども、人に宛て賜わざるなり。武士面々にその沙汰を致す事、まったく下知《げじ》せざる事なり。所詮　院の御定めによるべきなり。信兼領においては、義経沙汰なり。
九月九日　　　　　　　　　　　　　御判

この時まさに、「信兼領においては、義経沙汰なり」だったのである。義経には畿内の戦後警衛という、重い任務を担ってもらわねばならぬ。そのねぎらいこそが、急遽挙行された「義経の結婚」だったのである。

一一八五年——義経というジレンマの克服

義経を検非違使に任じさせて信兼謀反の戦後警衛を委ね、労をねぎらう婚姻の儀を執り行った時点で、頼朝・義経兄弟の関係に翳《かげ》りはない。それどころか兄弟は蜜月状態で、義経結婚から二か月後の元暦元年十一月十四日、頼朝は、宇都宮朝綱《ともつな》・小野成綱《しげつな》ら関東御家人に対する西国所領の給付を行うに際し、義経の「沙汰し付け」、すなわち義経を通じて交付するよう、命じている。これはきわめて強大な権限であって、「義経沙汰」の範囲が、平信兼の旧領に限らず、西国にまで拡大されたことを意味している。『吾妻鏡』はこう記す。

十四日、己亥。左衛門尉《さえもんのじょう》朝綱・刑部丞《ぎょうぶのじょう》成綱已下、所領を西国に充て賜うの輩《ともがら》これ多し。よってその旨を存じ、面々沙汰し付けらるべきの由、武衛、今日御書を源廷尉の許《もと》に遣わさる、と云々。

つまり頼朝の脳内は、列島三分構想よりももっと大胆に、東は頼朝、西は義経というような、列島二分構想へと、書き換えられるまでになっていたのである。

ところが翌元暦二年（一一八五）三月に壇《だん》ノ浦で平氏が滅亡するや、両者の蜜月関係は終わることになる。両者の関係が冷え込むのはこの時点からであり、くどいようだが、義経が検非違使になったから、などではない。

ではなぜ関係が冷めたのか。平家滅亡が成就して義経が不要になったからだろうか。そう考えてもおおむね間違いではないとはいえ、問題の核心にはまだ遠い。問題の核心に迫るには、平家滅亡後の頼朝の構想において、義経がなぜ邪魔なのか、を説明できなければならない。

頼朝の構想は次の二点である。

㈠ 反乱の起きた伊勢国を足掛かりに、全国の荘園・公領に、謀反防止を名目に恒常的に地頭を設置したい。

(二)　荘園・公領に武士を配備する名目を、朝廷への反逆から頼朝への反逆へと解釈変更したい。

まず、(一)から説明しよう。地頭を設置するきっかけとなるのが、伊勢・伊賀の乱であり、その権限は、この地を戦後警衛する義経に属していた。私が命名した「義経沙汰」没官領とは、義経が反逆者の所領を占領してその地を警衛し、また警衛を名目として、武士たちに所領分与することのできた土地である。つまり「義経沙汰」没官領は、地頭職《じとうしき》設置への第一ステップであった。

要は、「伊勢国は、前に反逆者が出た土地だ。ふたたびそのようなことが無いように、地頭が見張ってやるから、お前らは用心棒代を払え！」ということだ。

このことが通用するようになれば、次なるステップは、「反逆者が隠れているのは伊勢国だけではあるまい。諸国でそのような可能性のあるところには漏れなく地頭を配備すべきである！」ということになる。

たしかにきっかけは、実際に起きた反逆事件での戦後警衛であった。それゆえに義経の存在は重要だった。だがもはや戦後警衛ではなく全国への恒常的配備となれば、義経という存在に依存する制度（「義経沙汰」）である必要はない。

それどころか、義経という存在に依存したシステムである限り、頼朝の政権は朝廷の番犬であることを超えられない。そこがジレンマであった。

義経を検非違使に任官させ、文字通り朝廷への反逆として反乱所領を「没官」することは、伊勢・伊賀の乱の段階ではたしかに必要だった。実際には頼朝への反逆であっても、それを朝廷への反逆であると標榜し、戦後警衛を正当化するために、検非違使義経が必要だったのである。だとすれば頼朝の次なる構想㈡は、まさにこのジレンマを克服するための義経排除、これ以外にはない。

義経の排除は、元暦二年六月八日から十三日にかけて断行された。

①大夫判官（義経）沙汰にてしらせ給う所知ども、いまはしらせ給うまじ。これより人にたび候わんずるに、（後略）
（元暦二年六月八日源頼朝袖判御教書案《みぎょうしょあん》、彰考館本多田院文書）

②源二位（頼朝）状云く、謀反《むへん》の輩の所知・所帯、他人に改替し、計《はか》らい置くべし、と云々。
（『百練抄《ひゃくれんしょう》』六月十二日条）

③廷尉（義経）に分かち宛てらるるところの平家没官領、二十四箇所、ことごとくもってこれを改めらる。
（『吾妻鏡』六月十三日条）

これが、私の言うところの「義経沙汰」没官領の停廃であるが、義経から取り上げた所領二十四カ所のうち二カ所は、その翌々日の六月十五日、惟宗《これむね》（島津）忠久《ただひさ》に「地頭職」として再配分された。それが、佐藤進一『古文書学入門』でもおなじみの、あのもっとも有名な頼朝袖判下文だ（写真2-3）。

義経という存在に依存した戦後警衛＝「義経沙汰」にかわり、これからは地頭を恒常的に設置する、という方針転換の宣言が、ここになされたのである。

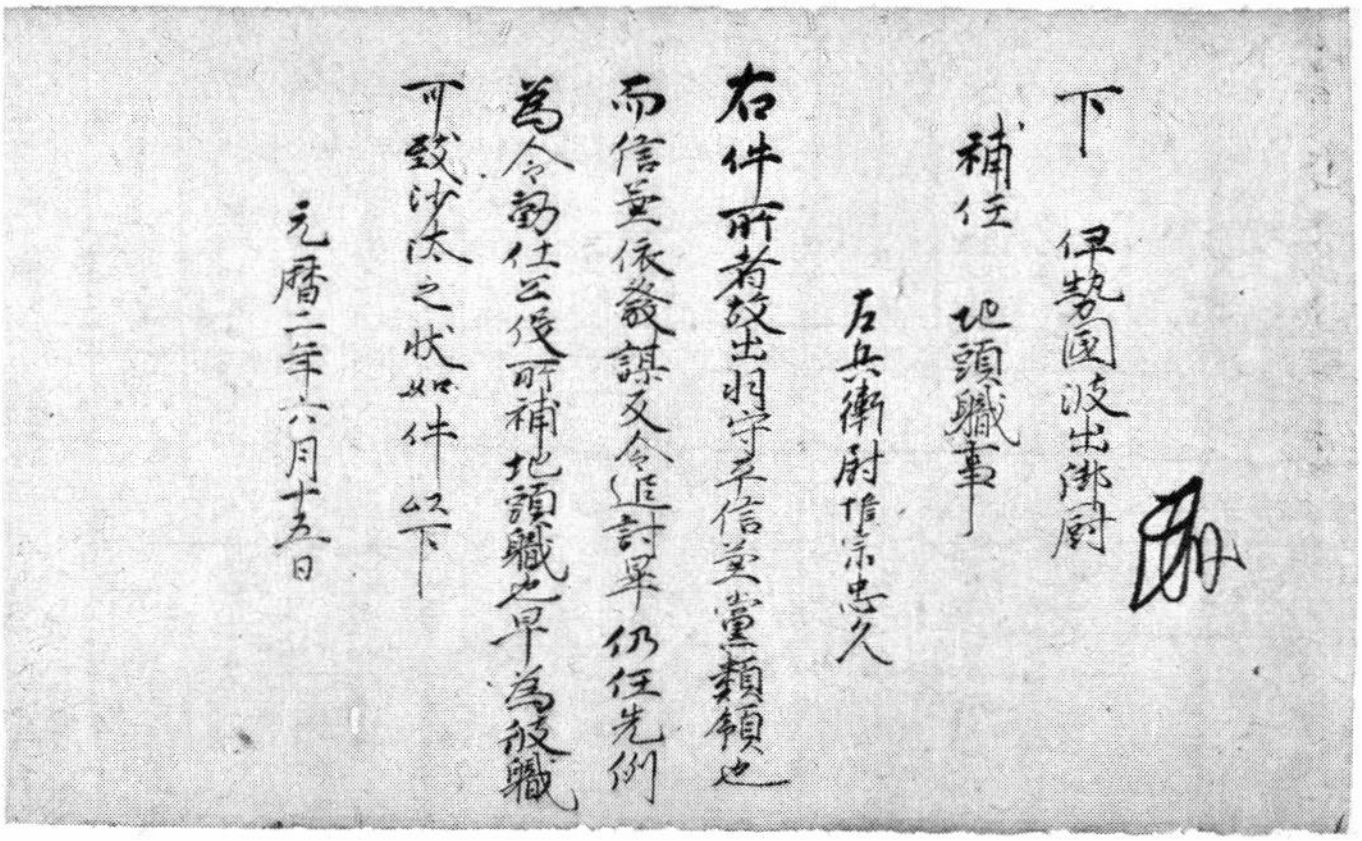

下　伊勢国波出御厨
補任　地頭職事
左兵衛尉惟宗忠久
右件所者故出羽守平信兼党類領也
而信兼依発謀反令追討畢仍任先例
為令勤仕公役所補地頭職也早為彼職
可致沙汰之状如件　以下
元暦二年六月十五日

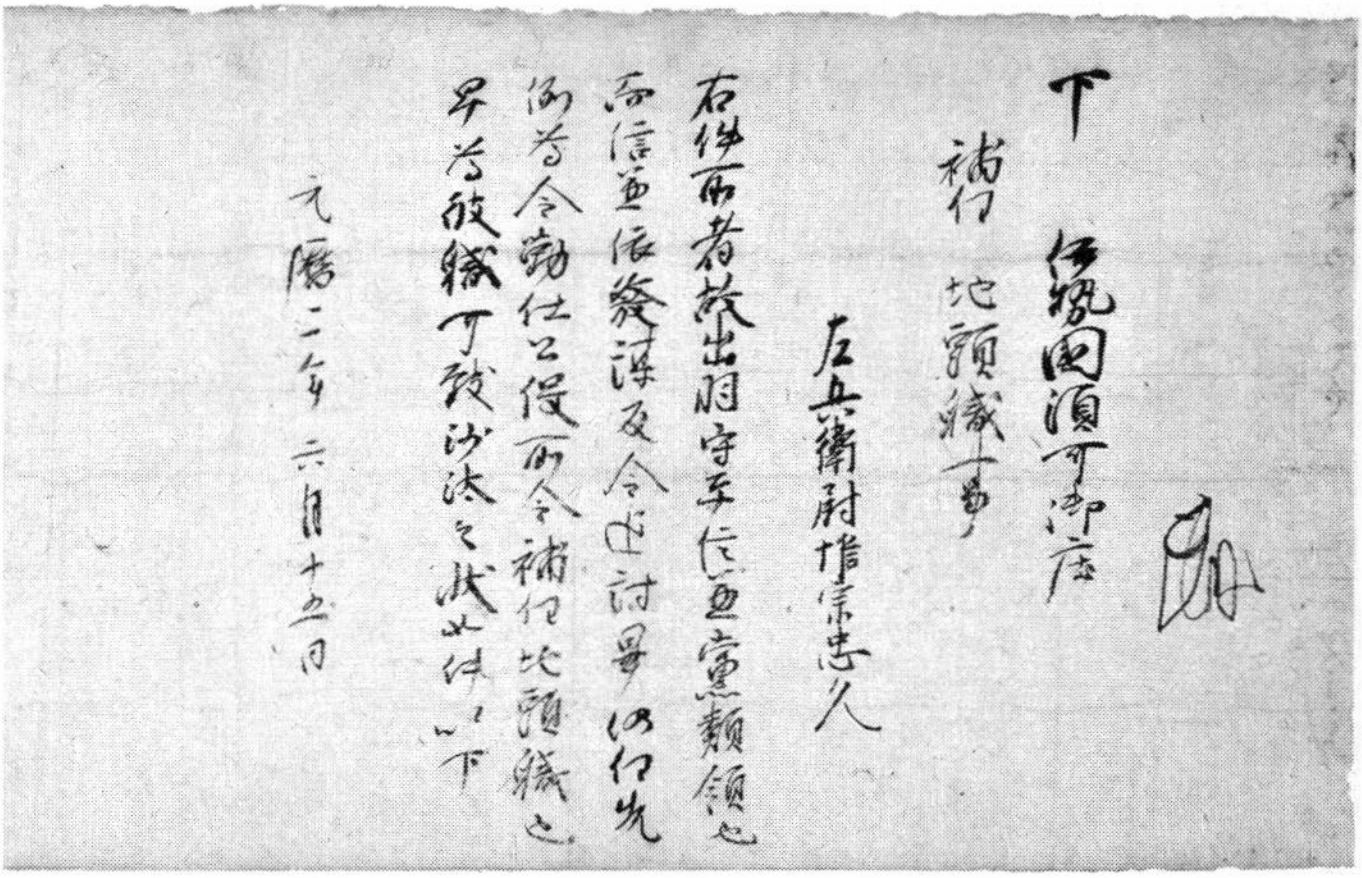

下　伊勢国須可御庄
補任　地頭職事
左兵衛尉惟宗忠久
右件所者故出羽守平信兼党類領也
而信兼依発謀反令追討畢仍任先
例為令勤仕公役所令補任地頭職也
早為彼職可致沙汰之状如件　以下
元暦二年六月十五日

写真 2-3　2 通の元暦 2 年（1185）6 月 15 日源頼朝袖判下文（島津家文書、東京大学史料編纂所所蔵）　いずれも本文の 2 行目に「謀反」の字が見える

さて、ここで一点注意をしておきたいのは、伊勢国波出御厨《はてのみくりや》・須可庄《すかのしょう》を含むこれらの所領が、決して義経領だったのではない、という点である。「義経沙汰」没官領とは、義経の下にプールされ、義経に武士たちへの交付権が委ねられた所領だった。単純に義経領だったとする河内祥輔説に対し、「義経沙汰」没官領である、とする東島説は、検非違使研究の泰斗丹生谷哲一《にうのやてついち》によって「東島氏の理解がもっとも的確」と位置づけられており、また、ただちに分配されず幕府によって暫定管理される点を重要、と見る菱沼一憲らの研究によっても議論が継承されているのが現状だ。ただ一方で、この文書に再三論及しているはずの川合康が、これらの議論に一切のコミットをせず、ただ沈黙を続けているのは、不審と言わざるを得ない。

議論を戻そう。「義経沙汰」から地頭職補任への一大転換の論理は、その五カ月後、頼朝・義経が完全に決裂した状況下での、いわゆる地頭職奏請《そうせい》の場面にもくっきりと表れることとなった。『吾妻鏡』文治元年(一一八五)十一月十二日条に見える、中原(大江)広元建策がそれである。

今日河越重頼所領等収公せらる。これ、義経縁者たるによってなり。その内、伊勢国香取五ケ郷、大井兵三次郎実春これを賜う。(後略)

右の地の文に続いて引用される、広元建策の論理構成は、次のようになっている。

① (伊勢国における右の事例を踏まえた上で……) 世上、
② 「梟悪者《きょうあく》」の反逆がいまなお絶えず、

③ またそれに対処する武士についても、その都度送り込むこれまでの方法（義経沙汰）では、

④ かえって人々の煩い・国の費えを招いている。

⑤ それゆえ、その手段に替えて、国衙・荘園ごとに、その地を守護する地頭職（例＝大井実春）を恒常的に設置する方法が望ましく、これを申請すべきである。

かくして義経というジレンマの第一ステップは克服された。

「義経沙汰」没官領としての多田行綱所領

なお、さきにも引いた通り、六月十三日の二十四カ所一斉停廃に先行して、すでに八日の段階で停廃に着手された「大夫判官沙汰《たゆうはんがんさた》」所領、すなわち「義経沙汰」没官領があった。摂津国の多田行綱領である。この所領の場合も、やはり停廃の二日後、大内惟義《これよし》に給与された。その際、多田の家人の処遇について、次のように見える。

よろず、この所の家人どもをも、いまは御家人としてあんどせさせ給いて、かん院だいりの大番《おおばん》をせさせ給うべく候。

（元暦二年六月十日源頼朝袖判御教書案、彰考館本多田院文書）

この史料は、従来の大番役研究ではそれなりに有名な史料なのだが、三田武繁《さんたたけしげ》や木村英一など近年の有力な論者に至っても、右のニュアンスを読み違えてきたといってよい。これは決して、

源頼朝が閑院内裏《かんいんだいり》の大番を引き継ぐことで、それ以前に平家が有していた王権守護者としての地位を継承した、というような史料ではないのである。ただ、多田の旧臣たちを御家人に取り立て、閑院内裏の大番でもさせておけ、と命じているにすぎない。つまり、右の文言を含む六月十日付文書の全体が、よく読めていないのではないか。

この文書は、頼朝の袖判を得たうえで、大内惟義に対し「これよりくだらせ給え、と候わざらんに、御下向候まじきよし候なり。そのこころをえておわしますべし」とする点にこそ主眼があるのであって、そこが読み切れていないのである。伊勢・伊賀・京都の「義経沙汰」没官領停廃にともなう事後処理を委ねられた大内惟義には、摂津の多田問題の処理のため、なお在京してもらう必要があるのであって、いったん出した関東への下向命令は凍結する、というのがこの文書の趣旨なのだ。閑院大番を御家人役とする指令、などでは決してない。

「義経沙汰」没官領の停廃問題は、あくまで頼朝が朝廷権威をいかに脱ぎ捨てるか、という問題なのであって、これを、事もあろうに〝王権守護者としての頼朝〟像の根拠として用いる、ある種の権門体制論的解釈は、まず史料の読みにおいて無理であろう。

一一八六年——鎌倉幕府の自立宣言

とはいえ読者には、なお一つの疑問が残るかもしれない。それは、頼朝の構想㈡が朝廷権威からの離脱だとすれば、地頭設置に勅許を得ようというのは矛盾ではないのか、と。

そう、いいところに気が付かれた、とまずは申し上げたい。じつはそこにこそ、義経というジレンマを克服するための第二ステップがあり、それが乗り越えられた時点を私は、〈鎌倉幕府の誕生〉、自立宣言と捉えているのだ。そのタイミングこそ、文治二年（一一八六）、いわゆるイイヤロウである。

まずは、文治二年六月二十一日付頼朝奏状を吉川本『吾妻鏡』によって引いてみよう。なお誤写と思われる用字は修正して掲出する。

> 天下を澄清《ちょうせい》せんがため、院宣《いんぜん》を下され、非道を糺断《きゅうだん》し、また武士の濫行《らんぎょう》を停止《ちょうじ》すべき国々の事。
>
> 山城国　（以下三十六カ国略）
>
> 右、件《くだん》の三十七ケ国は、院宣を下され、武士の濫行《らんぎょう》、方々《かたがた》の僻事《ひがごと》を糺《ただ》し定め、非道を正理《しょうり》に直さるべきなり。ただし、鎮西九ケ国は帥《そちの》中納言殿御沙汰なり。しかれば件の御進止《しんじ》として濫行を鎮められ、僻事を直さるべきなり。また伊勢国においては、住人梟悪の心を挟《さしはさ》み、すでに謀反《むへん》を発《おこ》しおわんぬ。件の余党、なおもって逆心直さず候なり。よってその輩《ともがら》を警《いまし》めんがため、その替の地頭を補《ぶ》せしめ候なり。そもそもまた国の守護の武士、神社仏寺以下諸人領、頼朝の下文《くだしぶみ》を帯せず、由緒なく自由に任せこれを押領す。もっとも驚き思し給い候ところなり。今においては院宣をかの国々に下され、武士濫行・方々の僻事を停止せられ、天下を澄清せらるべきなり。およそ伊勢国に限らず、謀叛《むほん》人居住の国々、凶徒の所帯跡には地頭

を補せしめ候ところなり。しかれば庄園は本家・領家所役《しょやく》、国衙《こくが》は国役《くにやく》・雑事《ぞうじ》、先例に任せ勤仕《ごんし》せしむべきの由、下知せしめ候ところなり。おのおのこの状を悉《つく》し、公事《くじ》を先として、その職を執行《しぎょう》せしめ候わんは、何事かこれに如《し》かんと候いおわんぬ。もしその中に、本家の事を用いず、国衙の役を勤めず、ひとえにもって不当ならしめ候わん輩をば、下され候に随《したが》い、その誡《いましめ》を仰《おお》せ加えしむべく候なり。なかんずく武士等の中には頼朝も給わず候えば知り及ばず候の所を、あるいは人々寄附と号し、あるいは由緒無きの事をもって押領せしむる所々、その数多く候の由、承り候。もっとも院宣を下され、まずかくのごときの僻事を直さるべく候なり。また、たとい謀叛人の所帯として地頭を補せしむるの条、由緒有りといえども、停止すべきの由、仰せ下され候所々においては、仰せに随い停止せしむべく候なり。院宣いかでか違背し候わんや。この趣をもって、奏達《そうたつ》せしめ給うべきの由、帥《そちの》中納言殿に申さしむべきなり。

文治二年六月二十一日　　　御判

右の傍線部分に着目するなら、その論理構成は、次のとおりである。

① 伊勢国では、

② 「梟悪者」の反逆がいまなお絶えず、

③ よってそれに対しその都度武士（たとえば河越重頼）を送り込む仕方に替えて地頭（たとえば大井実春）を補任することで対処してきたが、

④ そもそも武士たちが、頼朝に無断で自由押領を働くことなど、驚きでございましょう。
⑤ それなら院宣によって武士たちの非法を取り締まって下さい。
⑥ もちろん伊勢国以外に設置した地頭たちの非法についても、同様に院宣で取り締まって下さい。

読者はこれをどう読まれるだろうか。これを頼朝の朝廷、後白河院側への譲歩、屈服と見做してきたのが通説である。

たしかに一見すると朝廷側に全面降伏しているように見えるが、これを字面だけで捉えていては、歴史像はいまだ奥行きあるものとしては見えてこない。例えば⑤の語調を変えると、どのようなニュアンスになるか、ちょっと考えてみていただきたい。

そう、「それなら院宣によって武士たちの非法を取り締まって下さい」とは、言外に「……やれるものならね」が含意されているのである。この頼朝の言葉を、額面通り受け取るとするなら、それは相当間の抜けた話であろう。

つまりこれは、朝廷への屈服どころか、頼朝の自信の表れであって、事実上の頼朝自立宣言、すなわち鎌倉幕府誕生の瞬間なのである。

一九八七年度東京大学「日本史」入試問題第二問

武士の非法を取り締まることができるのは、院宣ではなく、頼朝自身である。こう考えた場合にただちに想起されるのは、いまから三十年以上前に出題された、とある大学入試問題である。

以下の文章とグラフを読み、設問A、Bに答えよ。

治承四年（一一八〇）、源頼朝が伊豆国に、義仲が信濃国に兵を挙げた。早速、平氏は追討使を東国に派遣するとともに、奥州の藤原氏、越後国の城《じょう》氏と連絡をとり、彼らに頼朝・義仲の追討を託した。やがて城氏は信濃に入り、義仲と戦って敗れるが、以後、東国は全くの戦乱状態に陥った。元暦元年（一一八四）になると、頼朝は北陸道にまで支配圏を伸ばし、所々に鎌倉から地頭を送りこんでいった。

グラフは、城氏の根拠地の一つであった摂関家の荘園、越後国白河荘の作田数の変化を、建久八年（一一九七）に荘官が荘園領主へ提出した報告書から作成したものである。作田数とは、荘園領主が年貢・公事を収納する基準となる田数のことで、治承四年に限って報告のないのは、城氏がすべて兵糧米にとってしまったからである。

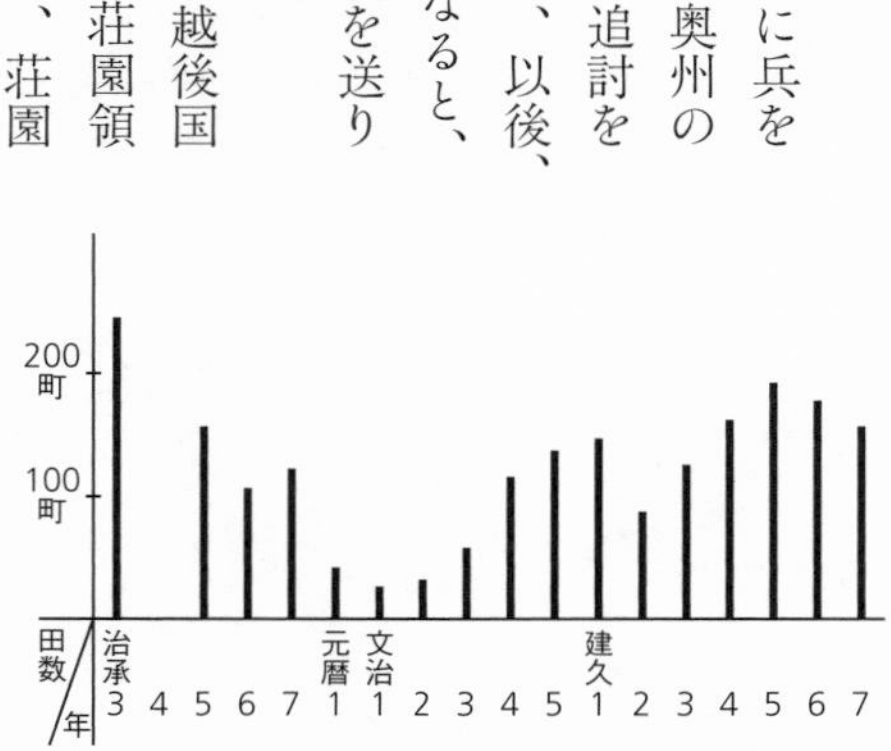

設問A　朝廷は治承五年に養和、翌年に寿永と改元したが、報告書では治承の年号がそのまま使われている。それは何によると考えられるか。二行以内で答えよ。（註、一行は30字）

設問B　グラフから荘園と東国武士団との関係を読みとり、そこに見出される武家政権の成立の意義を考え、五行以内で記せ。

じつはこのグラフにかんしては、ちょっとしたサブ・ストーリーがあって、東大入試として出題された翌一九八八年、五味文彦の著書『鎌倉と京』に収録された。そして、当時学部三年生であった私とその同輩たちは、なんと夏の定期試験でこの問題を解かされることになった。その時どんな答案を書いたか、はさておき、いまあえて設問Bの答案を書き直すならば、このグラフからうかがえる、文治二年（一一八六）以降の作田数のV字回復は、頼朝の権力が朝廷に屈服したから、などでは決してなく、まさしく鎌倉幕府の誕生、すなわち、ただ戦争を繰り拡げ敵領を奪うだけの私権力から、現地の秩序維持をコントロール下におく公権力へと脱皮したことを物語るもの、となるだろう。

ティー・ブレイク～謀反から謀叛へ

ここで、久しぶりにティー・ブレイクとしよう。今回は赤いパッケージが印象的な、「皇帝の花嫁」はいかがだろうか。これも、折に触れて飲みたくなる紅茶だ。さて、私が一一八六年を画期と見る理由については、以上の説明でも十分と思われるのだが、あえて屋上屋《おく》を架すことにしたい。それが研究者としての誠実さだ、と考えるからである。それは私が、四半世紀前の論文「都市王権と中世国家」で、先にも見た文治二年六月二十一日付頼朝奏状を画期として、次のよ

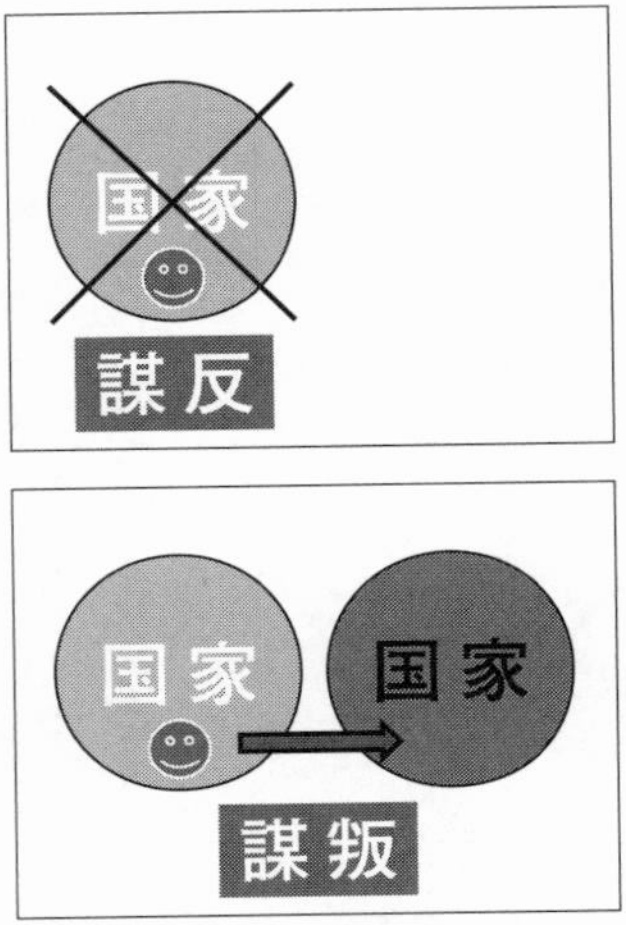

図2-5　律における謀反と謀叛

うに述べた点である。いかにも若書きの、それこそ国語の入試問題には出せそうもない、生硬な文体については、あらかじめご容赦いただきたい。

鎌倉幕府が「謀反《むへん》」＝朝廷の論理に依拠しつつそれを揚棄《ようき》し、「謀叛《むほん》」という形で新たな国家反逆罪の編制を試みた——文治二年（一一八六）六月におけるその転回こそが、鎌倉幕府国家化の転換点と言うべきであった。

そもそも「謀反」と「謀叛」とは、古代の律の規定ではまったく別の犯罪であり、単一国家内で起きる国家転覆計画が「謀反」、複数国家間で起きる離反計画が「謀叛」である。これをわかりやすく図示すると図2-5のようになる。

『春秋左氏伝《さしでん》』の用例を分析した小倉芳彦が指摘するように、「叛」とは「二」と同義であり、二心を抱くには、二つの国家が必要である。つまり、頼朝が義経を検非違使に任じさせ、朝廷の権威を背景に反逆者を討滅してきた第一段階での反逆行為には、単一国家を前提とする「謀反」の語がふさわしく、「義経沙汰」没官領を廃し、朝廷とは別なる権力としての自立を志向した段階では、複数国家を前提とする「謀叛」の語が相応しい。そしてその画期こそ、まさしく文治二年六月だ、と論じたのである。

批判と応答

じつはこの議論に対しては、古澤直人《なおと》より批判を頂戴している。古澤の批判はきわめてフェアなもので、現今の中世史学界のなかでは畏敬すべき存在であり、『日本の起源』その他の著作でも、古澤の所説に多くを学んでいる旨、表明してきている。

その古澤は結論部分で次のとおり述べる。

以上、東島氏の魅力的な立論に対して疑義を提示した。本章の考察にもかかわらず、氏の立論はありうる仮説の一つとして成立可能の範囲にあると思われるが、確認された結論としては受け入れがたいものである。個々の史料をつなぎ合わせる論理の巧みさにはかけねなしに感心するのだが、個別の事例の意味づけにやや無理を感じるのである。

（『中世初期の〈謀叛〉と平治の乱』二九七頁）

じつを言えば、現在の私も、この論文のうち、「謀反から謀叛へ」の議論にかんしては、「個別の事例の意味づけにやや無理を感じる」点では同感である。だからこそ、この議論は本題から切り話してティー・ブレイクの話題としたのである。その「無理」とは、「謀反から謀叛へ」の転

表 2-3　源頼朝文書における「謀反」と「謀叛」

No.	年　月　日	文　書　名	謀反/叛人名	表記	出　　典
①	寿永 2(1183)・11・13	請文案	源義仲	謀叛	九条家文書 201
②	寿永 3(1184)・2	言上状写	東国・北国	謀叛	吉川本『吾妻鏡』2 月 25 日条
③	寿永 3(1184)・3・1	下文写	平家	謀叛	吉川本『吾妻鏡』
	同上	同上	源義仲	謀反	同上
④	寿永 3(1184)・4・23	御教書写	志太義広	謀反	吉川本『吾妻鏡』
⑤	元暦 1(1184)・8・13	袖判下文写	常陸国奥郡輩	謀叛	塙文書・『楓軒文書纂』37
⑥	元暦 2(1185)・6・15	袖判下文	平信兼	謀反	島津家文書＝波出御厨
⑦	元暦 2(1185)・6・15	袖判下文	平信兼	謀反	島津家文書＝須可御庄
⑧	文治元(1185)・12・6	言上状写	(平信兼ら)	謀反	『玉葉』12 月 27 日条
	同上	同上礼紙状写	源行家・義経	謀反	同上
	同上	同上添付折紙状写	源行家・義経	謀反	同上
×	文治 2(1186)・2・欠	伝・下知状案	(平家)	謀叛	醍醐寺文書 4 函
⑨	文治 2(1186)・5・5	袖判下文案	源義経・行家	謀反	崎山文書
⑩	文治 2(1186)・5・6	書状案	源義経・行家	謀反	崎山文書
⑪	文治 2(1186)・6・20	下文写	(平信兼ら)	謀反	吉川本『吾妻鏡』文治 3 年同月同日条
⑫	文治 2(1186)・6・21	奏状写	(平信兼＝既成事実)	謀反	吉川本『吾妻鏡』
	同上	同上	(一般化文言)	謀叛	同上
⑬	文治 2(1186)・6・29	下文写	平家資	謀叛	吉川本『吾妻鏡』
⑭	文治 2(1186)・閏 7・2	書状写	平家	謀反	吉川本『吾妻鏡』
⑮	文治 2(1186)・8・5	書状写	豊西郡司弘元	謀反	吉川本『吾妻鏡』
⑯	文治 2(1186)・8・9	下文写	平家・平家方人重実	謀反	『諫早家系事蹟集』1
⑰	文治 2(1186)・8・11	袖判寄進状写	源義経	謀叛	『手鑑(摸写)』
⑱	文治 2(1186)・11・24	請文写	平氏	謀叛	吉川本『吾妻鏡』
⑲	建久元(1190)・11・2	御教書写	山田重隆・高田重家	謀反	吉川本『吾妻鏡』
⑳	建久 2(1191)・5・3	言上状写	源義仲	謀反	吉川本『吾妻鏡』
㉑	建久 3(1192)・6・3	前右大臣家政所下文写	平知盛	謀反	『正閏史料外編』1
㉒	建久 3(1192)・9・12	将軍家政所下文写	志太義広	謀叛	吉川本『吾妻鏡』
㉓	建久 3(1192)・9・18	将軍家政所下文案	鎮西住人	謀叛	八幡宮関係文書 22, 宇佐八幡宮古文書
×	建久 3(1192)・10・22	伝・御教書案	平家	謀反	島津家文書, 御文書廿五通, 一之巻

出典：東島誠「都市王権と中世国家」(『公共圏の歴史的創造』所収)

回を、頼朝文書上の用例（二十五点のうち、六点は史料批判により除外）を集積した表2－3（元の論文では「表1」）で説明しよう、とした点に尽きる。今から思えば、表など作らなくとも議論できたし、表を作ったがゆえに、捏《こ》ねなくてもよい理屈を捏ねた事例もあって、古澤の批判を頂戴することになった、というのが、現在の率直な所感である。

古澤の労作の主張点はきわめてシンプルで、『玉葉』をはじめとする当時の史料において、「謀叛」と「謀反」の用例上の区別はなかった、という点に尽きる。だが「謀叛」と「謀反」が当時において誤用・混用されていることは、そもそも私自身が同論文中で述べているとおりで、先刻承知のこと。それどころか、古澤が重視する『玉葉』についても、私は引用の際、地の文の用例に関しては、容赦なく「謀叛《（ママ）》」などと傍註していて、兼実のリテラシーでは「謀反」と「謀叛」の用法の区別がついていないことも、これまた先刻承知の上である。私がこの表で『玉葉』を取り上げたのは、あくまで引用史料（頼朝文書）に限定したものであって、引用史料と地の文を区別しないで用例を集積した古澤の分析とで結果が異なるのは、ある意味当然であろう。ちなみに私は、『玉葉』を宮内庁書陵部所蔵の清書本（その写真帳）で校しているが、古澤は意外にも底本を示していない。用字分析なのに、その信頼性をどう担保しているのかが不明である点は、惜しまれる。

そもそも私がその論文で試みたのは、数多ある誤用・混用の山に埋もれてしまって、誰も見向きもしなかった有意の断片を抽出し、失われた歴史像を復元することである。だから、それへの批判として、誤用・混用の山がこれだけある、と提示されても、それはそうだろう、と答えるほかはない。古澤論文の目的は、「魅力的な」パーツをふたたび屑籠《くずかご》に戻すことの表明であって、古澤自身は、独自の歴史像を代案として提示しているわけではない。

そこで以下、古澤のフェアな批判を受け容れつつも、現時点でなお有意と思われる事柄を、述べておくこととしよう。

(1) まず重要な点は、寿永二年閏十月宣旨以前には、頼朝は「謀反」であれ「謀叛」であれ、その文書中で用いたことがなかった、という点である。これは閏十月宣旨によって、頼朝が伊豆国の流人という立場を完全に脱したことと、時期がぴったりあう。

(2) 次に重要な点は、写真2-3に掲げた、もっとも確実な頼朝下文において、伊勢国の事件が「謀反」と書かれていることである。そもそも検非違使義経に執行が委ねられた「没官」とは、「謀反」「謀大逆」の付加刑（本人に対する本刑に付加される刑）ではあっても、「謀叛」には付加されないのが、律の規定である。このような厳格な用語法は、当時において少しも一般的ではなく、むしろ京下りの実務官僚でなければ出来ない発想である。

(3) その実務官僚とは、疑いもなく（のちに明法博士《みようぼうはかせ》となる）中原（大江）広元であり、この「謀反」の用例は、寿永三年に中原広元という、京下りの官人をブレーンに迎えたことで実現した。

(4) 文治二年六月の言上状による自立宣言以降は、「謀反」「謀叛」の区別にあえて意を払う必要もなくなるため、「謀叛」の表記が主流となる。

(5) ただし幕府の法典『御成敗式目』が編纂されるに当たっては、法曹官僚が「謀反」「没官」をうっかり使用することなどありえず、注意深く差異化して、「謀叛」「没収」の語が用いられている。

(6)「謀反」から「謀叛」へ、は、あくまで法曹官僚の入れ知恵による鎌倉幕府の自他認識の発露とその変化、というべきもので、そもそも当時の人びとの共通認識ではないし、また幕府がその用語法の使用を対外的に標榜したり、使い分けを命じたわけでもない。

これが、古澤の評した「ありうる仮説の一つとして成立可能の範囲にある」「魅力的な立論」のうち、現在の視点から見ても無理のない部分であろう。そして現在の私にとっては、それで十分、という気がする。コトバへの関心という点では、『〈つながり〉の精神史』で「交通」や「勧進」といった言葉の「抜け殻」に注目したように、法曹官僚が用いた厳格な用語法が、意図せずして「抜け殻」化していく過程に興味がないわけではないけれども。

以上で、ティー・ブレイクは終わりにしよう。「謀反から謀叛へ」という私の旧説について現在の理解を述べた次第である。議論の冒頭、「私が一一八六年を画期と見る理由については、以上の説明でも十分かと思われるのだが、あえて屋上屋を架すことにしたい」と述べたように、「謀反から謀叛へ」を議論の中心に据えずとも、一一八六年を画期と見ることは、現状もっとも説得的だ、と考える私の主張は、いささかも揺るがない。

〈オオヤケ〉の多元化

では、話を「謀反から謀叛へ」の前に戻そう。

一一八六年、鎌倉幕府の自立宣言の意味するところは、朝廷の相対化である。表面上院宣を尊重するポーズをとるものの、実質的に現地の紛争解決は武士に依存するしかない。紛争解決を公家法に委ねるか、武家法に委ねるか、という中世における〈オオヤケ〉の多元化の端緒が、まさにここにあるのである。問題は、花綵《かさい》状《はなづな》の列島で生じたこの〈オオヤケ〉の多元化を、どう捉えるか、だ。

朝廷への「謀反」「没官」と並立する幕府への「謀叛」「没収」を、あくまで朝廷のそれより下位のものと見れば粗悪な権門体制論、相似のものと見れば良質の権門体制論、等価のものとみれば東国国家論となる。良質ならまだしも、粗悪な権門体制論と一線を引きたい人は、「二つの王権」論などと、面倒くさい言い方をするわけだが、良質な権門体制論と良質な東国国家論は十分に対話可能なのだ。

公家も武家も、そして寺社勢力も、荘園制という同一の経済システムに依拠しているから相似形となる、それが中世である。それは構造の単一性であって、国家の単一性では決してない。構造が単一であるから、様々なレヴェルで、法制史家新田一郎の好んで用いる言い回しを用いれば、それこそ局所的なレヴェルで〈オオヤケ〉が誕生し、十五世紀後半には、笠松宏至《ひろし》の言う、「時の公方」なる時限的な〈オオヤケ〉さえも、中世には存在しえた。それゆえ私は、「日本型オオヤケの超え方」という一文で、要は多元的に存在する三角形の秩序（＝ヒエラルヒー）の頂点をそれぞれオオヤケと呼んだのが中世である、と説明した。

奥州幕府構想と〈いくつもの幕府〉

〈オオヤケ〉の多元化とは、必ずしも東国／西国というような、地域性を前提とするものではなく、それこそ多様な次元で生じえたのだが、さきに述べた頼朝の列島三分構想、一種の道州制的発想からもおわかりのように、ある程度の地域性をもって誕生したこともまた否定のしようがない。頼朝の時代、十二世紀末の時点で、頼朝のみならず、列島の各所に広域の「地域的軍政府」の樹立を目指す動向が生れ出でた現象を〈いくつもの幕府〉と呼んだのが、第一章でも紹介した入間田宣夫である。その入間田は、平泉を拠点とする奥州藤原氏が、頼朝と決裂した義経を推戴して「奥州幕府構想」を打ち立てていたとする。文治五年（一一八九）閏四月三十日、義経の奥州衣川《ころもがわ》での自尽によって、それは「構想」に終わったが、これを斉藤利男のように「北方世界を領土とする自治王国」のように、東北の特異性と見るべきではなく、保立道久が論じるように、国土高権、すなわち国土に対する支配権が分割される動きが、同時代に列島の各所で生起した、そうした現象と捉えるべきだ、と入間田は強調している。

義経を推戴する動きは、頼朝の自立宣言の翌年、『吾妻鏡』文治三年（一一八七）十月二十九日条の地の文に、この日没した藤原秀衡《ひでひら》の遺言として見える。吉川本により引用しよう。

今日、秀衡入道、陸奥国平泉館《たち》において卒去《しゅつきょ》す。日に日に重病、少《すこ》しきなる恃《たの》みにより、それ以前、伊予守義顕《よしあき》、大将軍として国務せしむべきの由、泰衡《やすひら》以下に遺言せしむ、と云々。

伊予守義顕とは、改名した義経のことである。義経を推戴せよ、とする秀衡の遺言の、より詳細な情報は、伝聞ながら、九条兼実の日記には次のように記される。

ある人云わく、「去んぬる年九、十月のころ、義顕奥州に在り。秀衡隠れてこれを置く。すなわち十月二十九日秀衡死去の刻《きざ》み、兄弟和融のため［兄、他腹の嫡男なり。弟、当腹の太郎と云々。］、他腹の嫡男をもって当時の妻を娶《めと》らしむ」と云々。「おのおの異心有るべからざるの由、祭文《さいもん》を書かしめおわんぬ。また義顕、同じく祭文を書かしめ、義顕をもって主君となし、両人給仕すべきの由、遺言有り。よって三人一味し、頼朝を襲うべきの籌策《ちゅうさく》を廻《めぐ》らす」と云々。

（『玉葉』文治四年正月九日条）

秀衡は死に際し、「他腹の嫡男」国衡と「当腹の太郎」泰衡の兄弟を「和融」させるべく、自らの「当時の妻」を国衡室として、兄弟を義理の親子関係とし、「祭文」つまり誓詞を取り交わさせた。さらに義顕（義経）もまた誓詞を書き、「義顕をもって主君となし、両人給仕すべし」というのが秀衡遺言の中身であったという。そしてこの三人が「一味」し、頼朝を襲う籌策を廻らしている、というのが、兼実が「ある人」から得た情報であった。

さきの『吾妻鏡』に見える「大将軍」を、秀衡がかつて任じられた「鎮守府将軍」の後継者と見るか、それとも「大」の語にこだわって征夷大将軍に準えるものと見るべきか、であるが、同時代の語例からすれば、「大将軍」は総大将ぐらいの意で用いられるのが、当事者にとっての現実感覚であったろう。すなわち「大将軍」の「大」とは「オオヤケ」が大きな「ヤケ（家）」であるのと同様、他に対する優越関係を示すものであって、英語で言えば形容詞の比較級、転じて最上級の意で用いられた。櫻井陽子が明らかにしたように、建久三年（一一九二）の頼朝が「征夷大将軍」となることにこだわりをもっておらず、ただ「大将軍」たらんとしたように、である。

第3節　正当性の更新と「幕府」呼称の誕生

主従制の二つのモデル

武士を束ねるには、相手より大きい存在であることが必要であった。源頼朝や義仲が、そして奥州における義経が、武士たちによって推戴されうるのは、いわゆる「貴種《きしゆ》」だったからである。その限りでは、清和源氏たることが「正統《しようとう》」たることの源泉となりえたとする俗説も、まんざら間違いではない。輩下の武士たちを束ねるだけならば、相手より圧倒的に大きければ十分であり、武士たちは圧倒的に大きな主君と主従関係を結ぶことを喜び「御家人」となった。

では、そもそも主従制とは、どのような社会関係なのだろうか。図2－6を見てみよう。十名の従者がいたとして、上図は1対10、下図は（1対1）×10の関係を示す。

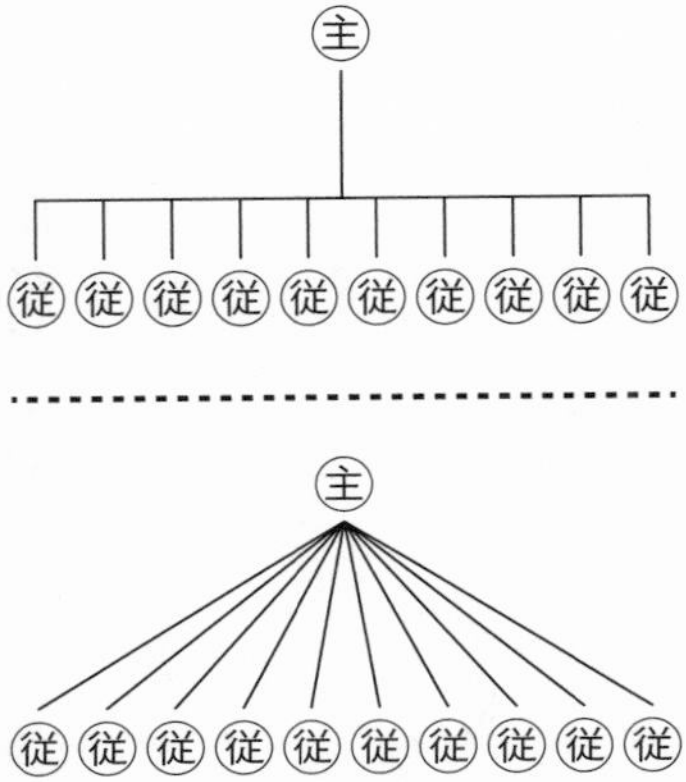

図2-6　1対10と（1対1）×10

この二つのモデルを念頭において、治承四年（一一八〇）八月、頼朝が伊豆で挙兵する直前のシーンを、吉川本『吾妻鏡』によって確認してみよう。

義仲もアツいが頼朝もアツい

そのシーンを記す八月六日条は次のように描かれている。便宜上、三つの段落に分けて掲出しよう。

六日丙戌。邦通・昌長等を御前に召し、卜筮《ぼくぜい》有り。また十七日寅の剋《こく》をもって兼隆を誅せらるべきの日時と点じおわんぬ。

その後、工藤介茂光《もちみつ》・土肥次郎実平《さねひら》・岡崎四郎義実《よしざね》・宇佐美三郎助茂《すけしげ》・天野藤内遠景《とおかげ》・佐々木三郎盛綱《もりつな》・加藤次景廉《かげかど》以下、当時経廻する士の内、ことに御旨を重んじ、身命を軽んずるの勇士等各《おのおの》一人をもって、次第に閑所に召し抜き、合戦の間の事を議せしめたまう。いまだ口外せずといえども、ひとえに汝を恃《たの》むにより、仰せ合わさるるの由、人ごとに慇懃《いんぎん》の御詞を竭《つく》さるるの間、皆、一身抜群の御芳志を喜び、面々に勇敢を励まんと欲す。

これ、人において独歩の思いを禁ぜらるるといえども、家門草創の期に至り、諸人の一揆を求めしめたまう御計《はからい》なり。しかれども、真実は密事なれば、北条殿の外、これを知る人無しと云々。

さて、ここから何が読み取れるだろうか。

まず確認しなければならないのは、右の記事を収めた『吾妻鏡』は、鎌倉時代後期の編纂史料である、という点だ。とはいえ、編纂史料だから鵜呑みにできない、記述内容を疑うべきである、などと言いたいのではない。むしろそれは、いかにも史料の読めない者の言い種《ぐさ》である。じつは、『吾妻鏡』ほど、一度美味しい史料はない。何しろ、編纂者が用いた原史料の情報と、編纂当時の思考との二つが、一挙に得られる史料なのだから。そして図らずも右の引用部分は、武士の主―従の結合について、二つの異なる考え方が垣間見える、何とも興味深い箇所なのだ。

まず注目いただきたいのは、第三段落の「これ、」以下である。この部分こそ、編纂者の批評部分であり、「これ、」の前後では、書かれていることがまるで違う。

「これ、」以前の第二段落部分から浮かび上がるのは、いかにもアツい頼朝像である。頼朝は「身命を軽んずるの勇士」を一人ずつ閑所に呼んで、「まだ誰にも言っていないことだが、おまえだけが頼りなので挙兵の話をしたんだ」、と口説くのである。ここにあっては、主―従の関係は、1対1《パーソナル》であることに、かけがえのない意味がある。「勇士」たちが狂喜乱舞した、というのも想像に難くない。これは図2―6で言えば下図のほう、（1対1）×10の関係である。

この恋愛にも似た主―従の感情は、たとえば『平家物語』の「木曽の最期」のシーンなどでおなじみであろう。義仲は言う。「義仲六条河原でいかにもなるべかりつれども、なんじがゆくえの恋しさに、おおくの敵の中をかけわって、これまではのがれたるなり」、「義仲都にていかにもなるべかりつるが、これまで逃れくるは、汝と一所で死なんと思うためなり。所々で討たれんよりも、一所でこそ打死をもせめ」。まさに文学史上名高い名セリフだ。そう、これらのシーンから垣間見える主―従関係とは、あくまで1対1の濃密な関係なのである。

『吾妻鏡』編纂者の批評

だが、第三段落、「これ、」以降の批評部分において、『吾妻鏡』の編纂者はこのように言う。「真実においては密事」であって、北条殿、すなわち北条時政《ときまさ》のみが知るのだ、と。これは何とも意味深だ。要は、頼朝は挙兵の目前、武士たちを糾合《きゅうごう》するために、「おまえだけが頼り」と一芝居打ったのだ、と言うのである。

「二度美味しい」とはまさにこのことである。こう編纂者が記すことによって、少なくとも編纂者の時代の主―従の結合とは、下図のような1対1のものであってはならず、上図のようなものでなければならなかった、ということが、浮かび上がってくるのである。だからこそ、「人において独歩の思いを禁ぜらる」べきところを、あえて頼朝は1対1で「おまえだけが頼り」と一芝居打ったのだろう、などと推論するのである。「家門草創の期に至り、諸人の一揆を求め」るには、それもやむを得ないことだった、と考えているわけだ。つまり、鎌倉後期の編纂者の思考では、1対1はイレギュラーでしかない。

重要なのはその点であって、「いまだ口外せずといえども、ひとえに汝を恃むにより」という口説き文句が実際に頼朝の口から語られたのか、だとか、その台詞は本心からだったのか芝居だったのか、などということは、まあどうでもよいことである。むしろ重要なのは、『吾妻鏡』が編纂された鎌倉後期社会に、一方では1対1の主従関係像が美しく造形し直されていたこと、そして他方では、その虚構性を剔出《てきしゅつ》するドライな視線が並存していた、ということである。

頼朝と義仲の分岐点

『吾妻鏡』が編纂に用いた原史料においては、頼朝と対面した工藤介茂光以下の武士たちのリストが存在したことは、おそらく間違いない。が、その対面の場面が本当に1対1で、なおかつ実際にあったのかどうかまでは不明である。また仮に、『吾妻鏡』どおり、1対1で主従関係が結ばれたのだとしても、それは頼朝一人に可能だったわけではない。例えばさきに見た義仲である。1対1、社会科学の巨人ヴェーバーの用語を使えば〈人格的《パーソナル》〉に主従関係を結ぶという点において、義仲は頼朝から大きく劣るものでない。しかしパーソナルな支配は、武士を束ねるには有効だが、それはヤクザの親分のようなものであって、それだけでは公権力たりえない。頼朝が中原（大江）広元をはじめとする京下りの官人を必要とし、文書で人を支配するという技術を習得する必要があったのは、そのためである。すでに見た通り、頼朝にとって、対朝廷関係上、義経の存在も大きかった。そしてつまるところそれが、頼朝と義仲の分岐点なのだ。パーソナルな支配の枠組みにとどまったか、それを超え出ようとしたか、である。呉座勇一は近著『頼朝と義時』で、頼朝一人ではなし得ぬ領域を義時が担った、とする理解を示したが、後年の頼朝政権の説明としては、妥当とすべきであろう。

法や機構などの〈非-人格的《インパーソナル》〉な支配の重要性に目覚めた点こそが、頼朝が成功した要因であったとするなら、元暦元年（一一八四）十月に裁判機構として問注所が設置され、京から招かれた三善康信が執事の職に就いたことをもって、鎌倉幕府確立の一つの画期と見做すことにも、一理がある。ただし初期の問注所はあくまで頼朝が親裁《しんさい》したので、インパーソナルに機能したとは言いがたいのであるが。

三槐荒涼抜書要――果して征夷大将軍でも征東大将軍でもどちらでもよかったのか？

頼朝と義仲の話が出たついでに、例の話にも言及しておこう。第1節のティー・ブレイクの続編だ。飲み物は各自用意してほしい。

例の話とは、二〇〇四年に発表された櫻井陽子の論文「頼朝の征夷大将軍任官をめぐって」のことである。櫻井論文は歴史学界に衝撃を与え、下村周太郎はじめ、多くの研究者がこれに追随した。以後、どの歴史の本を開いても同じ話を読まされ、いささか食傷気味の読者も多いことと思う。が、お茶でも飲みながら、しばらくお付き合いいただこう。

櫻井が紹介したのは、藤原（中山）忠親《ただちか》の日記『山槐記《さんかいき》』建久三年（一一九二）七月九日条・十二日条の逸文（国立公文書館内閣文庫所蔵『三槐荒涼抜書要《さんかいこうりょうぬきがきよう》』＝江戸時代の写本、**写真2－4**は九日条）であり、そこから導かれた新知見は、①寿永三年、源義仲が任じられたのは「征夷大将軍」ではなく、「征東《せいとう》大将軍」であった、②源頼朝は「大将軍」を望んだのであって、「征夷大将軍」を望んだわけではない、③朝廷では、「征夷」、「征東」、「惣官」、「上将軍」等から「征夷大将軍」を選んだ、④頼朝は「征夷大将軍」を除目・勅任で与えられた、の四つに及ぶ。

　このうち①、義仲が任じられたのは「征夷大将軍」ではなく、「征東大将軍」であった、とする点では、第1節のティー・ブレイクの最後に触れた、松島周一説の成立する余地がなくなり、

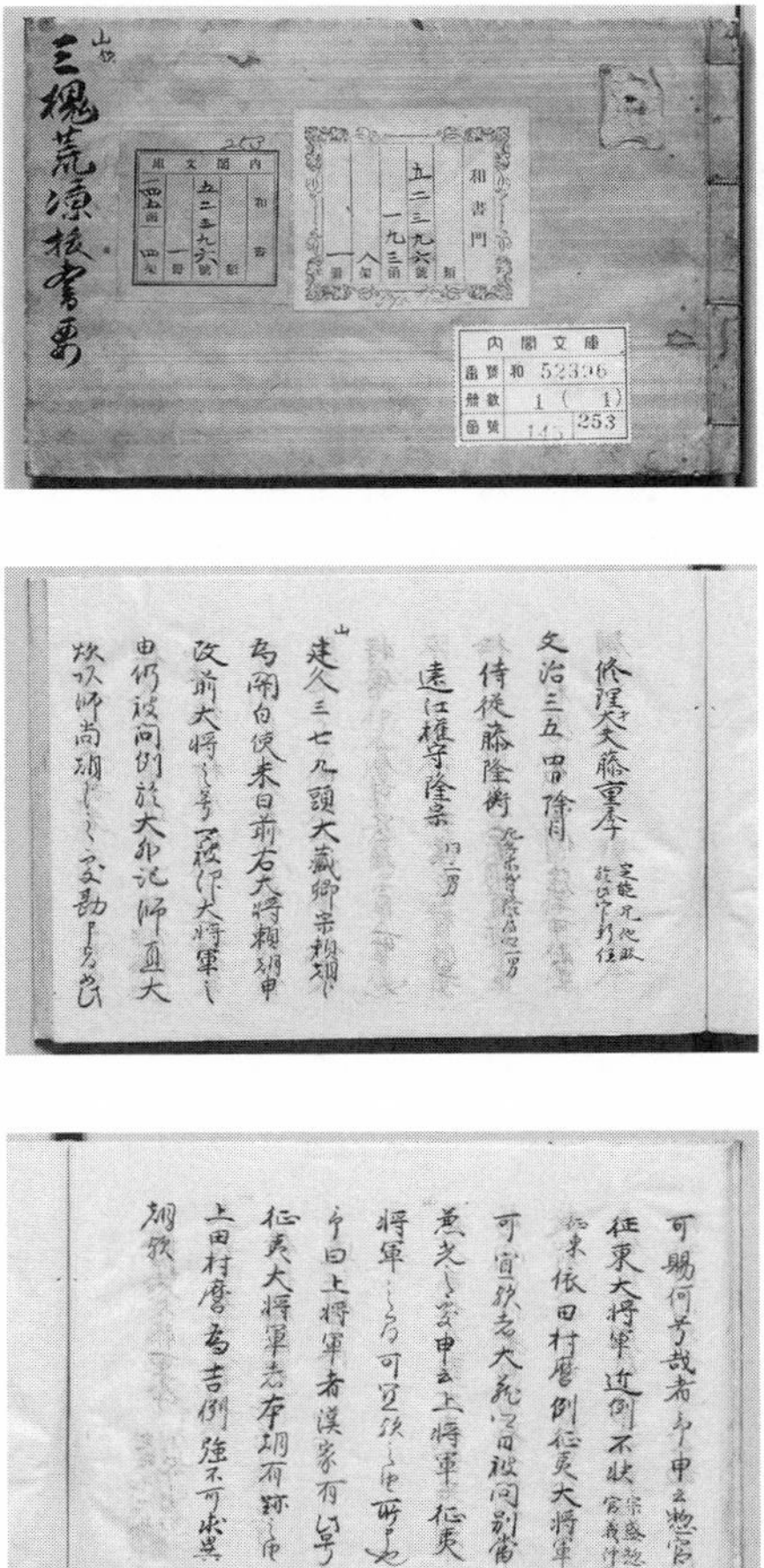

写真2-4　『三槐荒涼抜書要』（国立公文書館内閣文庫所蔵写本）　下段の2行目に「征東大将軍」と見える

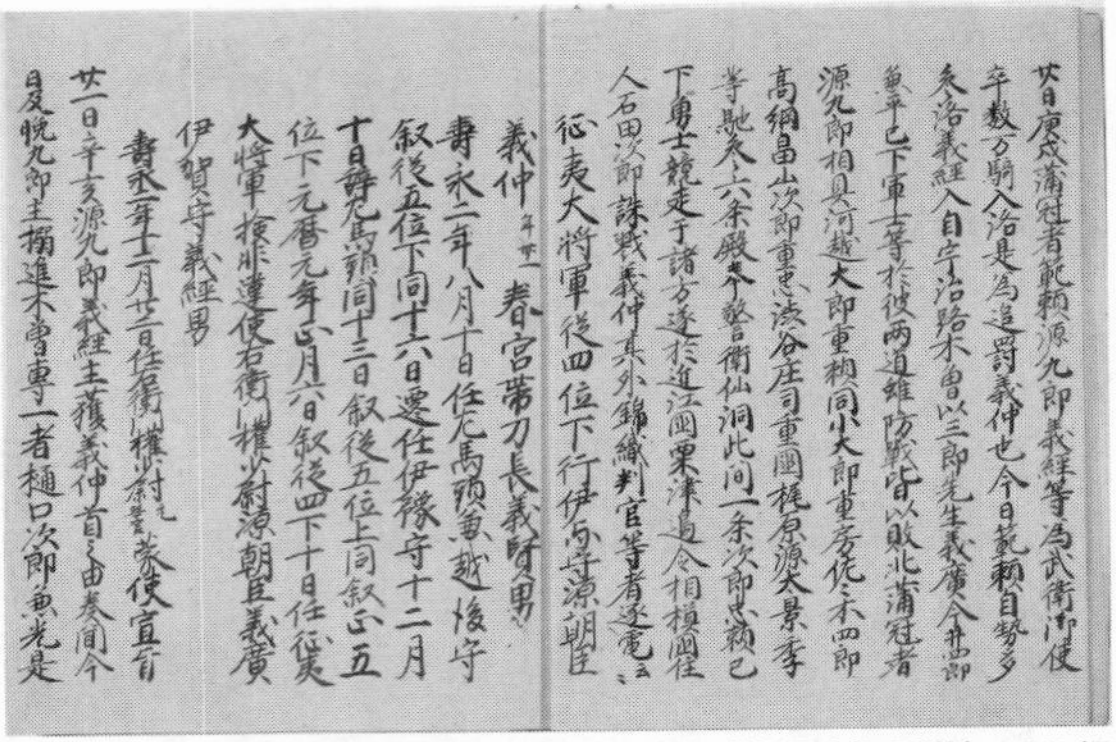

写真2–5　吉川本『吾妻鏡』（吉川史料館〔岩国市〕所蔵）　10行目に「征夷大将軍」と見える

あれはやはり頼朝の将軍推任文書だったのだ、ということになる。

ただし、『吾妻鏡』がこれを「征夷大将軍」としている点について、所詮は編纂物だから、などとヘラヘラしている人がいるとしたら、それって一つ覚えの常套句《クリシェ》だろう、と言うほかない。本件についても、虚構として退けられた『吾妻鏡』の記述で注目すべきは、寿永三年正月十日条の「地の文」にみえる「征夷大将軍を兼ぬ」なのではない。むしろ二十日条の方であることは、最低でも確認すべきだ。二十日条には、編纂者の書いた「地の文」だけではなく、「原史料」が用いられており、そこにははっきりと「征夷大将軍」と見え、用字については『吾妻鏡』諸本において一致する（**写真2–5**は吉川本『吾妻鏡』）。じつは義仲の大将軍在任を示す唯一の直接的な史料は、この『吾妻鏡』所引の原史料文書だけであり、『玉葉』の「征東大将軍」は数日後の伝聞、『三槐荒涼抜書要』すなわち『山槐記』に至っては、八年半後の記憶である。『吾妻鏡』十日条の「地の文」は、二十日条所引文書をもとに作文されたもの、と考えるのが妥当であろう。

ならば私は、義仲は「征東大将軍」ではなく「征夷大将軍」だった、と言いたいのかと言えば、そうではない。『吾妻鏡』の編纂に用いられた原文書が存在したことが確実である以上、これを「征夷大将軍」とするのは、そこに編者の意図的な曲筆《きょくひつ》がある、ということである。櫻井は、平将門の乱時の藤原忠文《ただふみ》征東大将軍任命を征夷大将軍の先例として挙げている点を錯誤と見なし、『吾妻鏡』の編者にとっては、「征東」であろうが「征夷」であろうが「大した違いはなかったというべきであろうか」とするが、それには異を唱えたい。

本章のタイトルに「正しくは東関幕府」とあるように（詳細は後述）、じつはモンゴル襲来以降の『吾妻鏡』編纂当時、「東関」の政権であることがことさらに強調されたのである。のちに堀《ほり》越《ごえ》公方足利政知《まさとも》が「征東将軍として朝敵を関東に攻む」（『碧山《へきざん》日録』寛正《かんしょう》元年五月七日条、政知については第三章参照）とされたのと同様、『吾妻鏡』編者にしてみれば、義仲に「征東」を冠することは、「東関」の政権を標榜する以上、自らを「朝敵」と位置づけることになる。つまるところ自己否定になるのだから、当然避けたかった、ゆえに曲筆した、ということではなかろうか。征東大将軍藤原忠文の先例についても、「征夷」の先例に含めてしまえば、〈仮想朝敵〉のなかに自らは含まれないから、何ら問題はない。いや、それ以上に重要なのは、一二八〇年、弘安の役直前に、元が日本侵攻のために「征東行省」を設置していることだ。東関の政権にとって、国内的にも国外的にも「征東大将軍」では平仄《ひょうそく》が合わない、都合が悪い、だからこの語は用いない、という一点において、『吾妻鏡』編者の記述は一貫しており、これを単なる錯誤と見る櫻井説には従えない。

ちなみに、②頼朝は「大将軍」を望んだのであって、「征夷大将軍」を望んだわけではない、とする点については、すでに杉橋隆夫の批判があり、「大将軍」なら何でもよい、と考えたかどうかは疑問とし、寿永年間の義仲＝征東に対する頼朝＝征夷の対抗意識を強調している。ただし、もしもそのような言い方が可能なのであれば、朝廷にとっては、寿永二年八月に頼朝＝征夷の線で失敗した上で、翌三年正月、義仲＝征東にしたのだ、というほうが、事の順序に適っているだろう。

以上で、ティー・ブレイクの続編をお開きとしよう。

北条氏の正当性

さて、〈正統《しょうとう》〉たることと〈正当性〉とを区別しようという本書が注目しなければならないのは、源氏が三代で滅亡した後、政権の中枢を担った北条氏である。北条氏は、倒幕を目指す護良親王が蔑《さげす》んだように、伊豆国在庁官人《ざいちょうかんじん》を出自とする血統上の理由から、そもそも主従制的支配の頂点となるべき正統性を欠くと見做された。それゆえ佐藤進一が『日本中世史を見直す』で指摘したように、統治権的支配の分野に活路を見出すほかなかった。だからこそ、評定衆《ひょうじょうしゅう》の設置＝合議制を〈正当性〉根拠に据える必要があった。ちなみに、〈正統《しょうとう》〉を論じた南北朝期の著作、北畠親房《ちかふさ》の『神皇《じんのう》正統記』が、右の反‐北条氏言説とは一転、北条泰時を支配の〈正当《せいとう》性〉のレヴェルで高く評価していることもよく知られている。

しかし一方、ヤクザ集団が公権力へと脱皮するにあたって、法や機構などのインパーソナルな支配、佐藤の言う統治権的支配が必要だといっても、鎌倉幕府が武士たちの政権である以上、主従制的支配は廃止することができない。むしろそれは不断に更新されていく必要があった。だからこそ鎌倉幕府は、源氏の血統が実朝暗殺で途絶えて以降も、尼将軍北条政子を経て、摂家将軍、皇族将軍を京から招聘《しょうへい》する必要があった。時に摂家将軍・皇族将軍は北条氏の傀儡《かいらい》で、実権はなかったなどと説明されることがあるが、鎌倉へと下る将軍の一行は、武家政権の原風景ともいうべき富士《ふじ》巻狩《まきがり》の地を貫通する足柄路《あしがらみち》を通り、当時一般的となっていた箱根路が用いられなかったことから見ても、あくまで武家の棟梁、主従制的支配の頂点として迎えられたのである。また将軍自体に権力がなかったとしても、九条頼経や宗尊親王がそうであったように、それは容易に反－北条氏勢力の結集極となりえた。長く鎌倉にいることで、将軍は北条氏にとって十分厄介な存在となったのである。だからこそ、ほぼ二十年サイクルで将軍を京都に送還し、新たな将軍を迎える、という慣習もまた創出されたのである。

評定衆の設置

北条氏を中心とする幕府政治、いわゆる執権政治は、一一九九年に源頼朝が没して以降、源氏将軍の外戚として権力を得ることを通じ、また一二一三年の和田合戦にいたる他氏排斥の権力闘争を経て確立していった。だが、武家の世界が、貴種である鎌倉殿とパーソナルな主従関係を結ぶことに強く規定されていたため、それだけでは権力の正当性を欠いていた。このため北条は、その権力の正当性の根拠として、法や合議制を必要とした。

一二二一年、後鳥羽上皇らが北条義時追討の院宣を発して、幕府軍に大敗した承久の乱は、かつて幕府草創期に構想されつつも未完に終わっていた、〈源義経を頂点とする東国御家人の西国支配〉構想が、ようやく実現したことを意味し、幕府は西国支配の拠点として六波羅探題《たんだい》を設置した。また承久の乱後は、北条義時、北条政子、中原改め大江広元らの、幕府草創期の有力者が没するという、世代交代期にあたり、乱後執権に就任した泰時は、執権の地位のバッファーとして連署《れんしょ》を設置し、一二二五年には有力御家人十数人からなる評定衆を設置した。鎌倉幕府飛躍の画期となる承久の乱は、乱に勝利したことで全国支配の正当性が得られた、とするごとき通俗的説明は誤りなのであって、そうではなく、乱に勝利し、東国のみならず西国をも管下に収める全国的権力となったことによって、あらたに正当性の説明責任が生じた、と考えるのが妥当であり、それゆえ合議機関として評定衆を設置する必要があった、と見るべきであろう。

そして重要な点は、主従制的支配の源泉が、将軍の送還—招聘のサイクルで更新されていく必要があった以上に、北条氏は幕府支配の正当性をも不断に更新していく必要があった、ということである。一二三〇年におきた寛喜の飢饉は、まさにそうした北条氏の政治力が試される、絶好の機会となった。何を隠そう、御成敗式目をはじめとする幕府法の整備は、磯貝富士男が早くに指摘したように、じつはこの飢饉なしにはありえなかったのである。

寛喜の飢饉と人身売買法

十三世紀の前半は温暖期と寒冷期が交替し、一二三〇年代前後は、極度の寒冷化により生産条件が悪化し、飢饉・凶作が頻発した。これが寛喜の飢饉（一二三〇―一二三二）である。荘園制の末端で土地を請け負って耕作していた下級農民たちは、春には倉を構える富裕な上級農民から出《すい》挙《こ》米（種籾）の利息付貸付を受けていたが、飢饉によって秋の収穫時に返済不能に陥った。生活が立ち行かなくなり、このため自身や「妻子眷属《けんぞく》」を、債務のかたに「身曳《みび》き」すること、つまり富裕な農民の下人《げにん》（隷属農民）となるほかなかった。一方、何人もの下人を使役する富裕な農民も、経営の悪化により、下人を他の農民に低廉で沽却《こきゃく》（売却）するなどした。

そもそも「人倫売買（人身売買）」の禁止は、朝廷も幕府も、理念としては掲げていたが、飢饉時には無力である。北条泰時の主導する鎌倉幕府は、朝廷より踏み込んだ利息制限を設定するとともに、伊豆国（静岡県東部）などでは、泰時自ら債務の保証人となって富裕者に食糧や種籾を拠出させるなどの「徳政」も実施した（図2―7）。

しかし、これらの施策には限界があり、このため

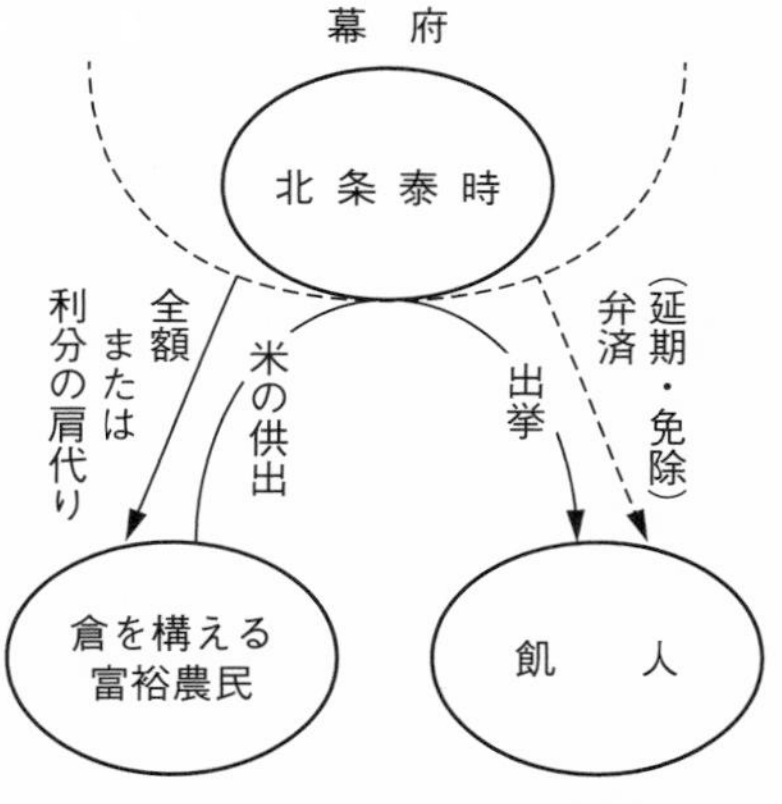

図2-7　泰時による債務者・債権者双方の保護

幕府は人身売買を公認する政策へと転換した。「およそ人倫売買の事、禁制ことに重し。しかれども飢饉の年ばかりは免許せらるるか」という疑問形、自問自答、すなわち苦渋の選択は、過酷な飢饉にあって、身を売ることがかろうじて生存を可能にする手段であった、という現実を、あくまで時限的に肯定するものであり、ただし飢人《きにん》を主人が「下人」化することの正当的根拠としては、飢人に対する「養育の功労」こそが必要とされた。つまり鎌倉幕府の人身売買公認策は、むしろ人間の生存にかかわる〈人権感覚〉さえ、そこに見出しうるものであった。

ならば、幕府が人身売買を公認することで、すべては収まったのか、と言えば、じつはそうではない。短いサイクルで変動する気候条件の緩和により、飢饉状態からいくぶん回復すると、今度は飢饉時に低価格で売買された下人を、当時の価格で買い戻そうとする動きが発生し、下人の帰属をめぐる訴訟が頻発することになる。一二三九年の鎌倉幕府の単行法令（追加法）のいくつかは、こうした状況への対応原則を策定したものであり、寛喜の飢饉が悪化した翌一二三二年に、五十一条からなる御成敗式目（貞永式目）が制定されるのも、飢饉という社会の極限状況に直面し、社会の安定を法の整備によって実現しようとする、新しい政治原理の誕生とみることができよう。御成敗式目は、一二一五年にイングランドで制定されたマグナ・カルタのように、王の権力を制限する〈法の支配〉を実現するまでにはいたっていないが、百姓の居留《きょりゅう》の自由（逃散《ちょうさん》の権利）や、女性が養子をとって所領を譲与する権利など、斬新な条文をも擁している。特に式目四十二条は、「居留においてはよろしく民意に任すべきなり」として、中世史上、「民意」という言葉が用いられた稀有の例であることも、特筆しておきたい。

弱者の生存と人権感覚

北条泰時は下人の生存（史料用語としては「養育」）の確保を優先するために、法文中で自問自答しつつ、人倫売買（債務奴隷化）を時限的に許可する、という苦渋の選択を行った。

政権が人身売買を公認した、などというと、時に「信じられない」という反応が返ってくるが、この反応には二重の残念さがあって、一つは、すでに述べた泰時の思慮の奥行きが見えていないという点。そして今一つは、「信じられない」と反応したあなた自身が生きるこの時代にあって、日本社会はなお人身売買を撲滅しえていない、という事実に気づいていない点である。

米国国務省が毎年六月前後に出す人身売買報告書（近年訳語が「人身取引報告書」に変更された）では、日本社会は長年評価が低く（二〇〇四年まで＝第二階層・監視リスト、二〇〇五―二〇一七年＝第二階層）、二〇一八―二〇一九年にはようやくこの水準を脱したか、と思われたが、二〇二〇年にはふたたび第二階層＝国際基準達成に向けて努力中、という国際評価へとランク・ダウンしてしまっているのが現状だ。この事実を想起するなら、むしろ右に見た泰時の思慮は、〈人権感覚〉とは近代固有のもの、とする通念をさえも揺さぶってくれるのではないか。

なお、二〇一八年十一月二十四日に東京大学で行われた史学会第百十六回大会の公開シンポジウム「『奴隷』と隷属の世界史」の諸報告においても、現在の奴隷史研究では、単純な支配と抑圧の構図、自由人と奴隷の二分法では説明できないことが強調されており、自由人と奴隷の境界の揺らぎが、奴隷制を支える原理の内部からも生じうることが、多様な事例から紹介されている。それは、たとえば単純労働ではなく自由人の業務を代行することを通じて、であったり、自由人と奴隷を差異化する徳目を奴隷が体得することを通じて、であったり、実に多様である。もちろん、一方で厳然たる支配と抑圧の歴史が見落とされてはならないことなど、言うまでもない。だが、単純な構図を採ることで、かえって見えなくなる問題もある、ということを肝に銘じなければなるまい。

北条泰時の事例もまた、何が正当な政治か、という模索の過程から生まれた、債務奴隷化を時限的に許容してでも弱者の生存を優先する、という苦渋の選択＝人権意識の芽生えとして見ることで、まったく違った歴史像が立ち上がってくることであろう。

正当性は不断に更新し続けなければ維持できない――北条時頼の直面した危機

法制史家笠松宏至が「日本前近代法史上の鬼っ子」とまで呼んだ執権政治の合議制。それは、「鬼っ子であるだけに余計《よけい》それが大事」とする、笠松の盟友石井進の註釈を待つまでもなく、両者の師佐藤進一が切り拓いた〈合議と専制〉の問題、すなわち戦後の民主化を内面化した歴史学的問いを継承するものであった。佐藤進一は、鎌倉幕府の歴史を、将軍親裁―執権政治―得宗専制の三段階、すなわち、専制―合議―専制と描き出したが、東国国家論にあって権門体制論にないのは、じつはこの合議制へのこだわりだ。ちなみに、この「鬼っ子」については、執権政治一般を「鬼っ子」と見るよりも、北条泰時の時代を「例外的状況」と見做す論者に佐藤雄基《ゆうき》がおり、近年、佐藤進一の問題意識を精確に読破した上でその三段階論を批判し、十三世紀中葉の北条時《とき》頼《より》の時代、寛元・宝治《ほうじ》の政変の前後で分かつ二段階論を唱えている。佐藤進一説を書き換えることで何が見えてくるかは、なお課題と言うべきだが、泰時よりも時頼期を重要と考えている点は注目されよう。

ただ、私が強調したいのは、「鬼っ子」か「例外的状況」かどうか、は必ずしも重要ではない、という点だ。むしろ合議が専制へと転じてしまう北条氏の躓《つまづ》きを抉《えぐ》り出すという、佐藤進一の主題の核心部分を継承しつつ、合議とはかくも脆《もろ》いもの、すなわち正当性とは不断に更新し続けなければ維持できないもの、とする視点だ。こうした視点は、古代史研究において石母田正を継承せんとする、古尾谷《ふるおや》知浩《ともひろ》の仕事から学ぶところが大きい。

正当性とは不断に更新し続けなければ維持できないものである、とするならば、北条氏の直面した第一の危機を見事に乗り越えた泰時以上に興味深いのは、やはり時頼である点に疑いはない。

執権北条時頼の政治もまた多難であった。北条氏の直面した第二の危機は、「宮騒動《みやそうどう》」とも呼ばれる名《な》越《ごえ》光時《みつとき》の乱、すなわち、前将軍九条頼経を反・北条氏嫡流《ちゃくりゅう》の結集核として擁する、抵抗勢力との対峙である。騒動の結果、時頼は、寛元四年（一二四六）七月に頼経を京都に送還、抵抗勢力を一掃し、翌年の宝治合戦での三浦泰村討滅などを通じて専制化した、というのが通説だ。が、一方では専制化と全く相矛盾するかのような、徳政路線、合議制路線をも、時頼は選択した。建長元年（一二四九）、引付衆《ひきつけしゅう》を設置し、御家人訴訟の迅速・公正化を図るなどして、その正当性を確保しようとしたのはそのためであり、ここが、のち引付を廃止して御家人を抑圧した貞時の専制政治との、最大の相違点だ。

なお、宮騒動の後、頼経の父九条道家が失脚したその後釜として、公武両政権の調整役である「関東申次《もうしつぎ》」となったのが、西園寺《さいおんじ》実氏《さねうじ》だった。美川圭《みかわけい》はこれを、従来将軍が握っていた同職の指命権を得宗家が剝奪したもの、と見做したが、一方森茂暁《しげあき》は、朝廷への正使はあくまで将軍直臣であるから、得宗家は必ずしも公家政権との交渉権を把握しきっていなかった、としている。

しかし、いずれの説明にも共通する点として、将軍か得宗か、といった、権力争いとして一連の出来事を見てしまうと、より重要な点を見落としてしまうのではないか。なにしろ、前将軍頼経が京都に送還されても、その子頼嗣は依然として将軍なのであって、将軍という制度自体を廃止することも、あるいは北条時頼自身が将軍に就くことも、できたわけではないのだから。ならば時頼は、この事態に、どう落とし前を付けたのか。それが問題だ。

朝廷に制度改革を要求する、ということ——正当性の逆輸出

その答えはズバリ、公家政権の側にも制度改革を要求した、ということである。つまり、幕府とは「将軍」を推戴するもの、という現行制度それ自体に手を付けられないのなら、自らの目指す北条氏政治の正当性の論理が、幕府内に留まらない〈普遍性〉を持つものであることを明らかにすればよい。そう考えたわけだ。

じつは、時頼の思考で何より興味深いのは、一連の騒動を機に、北条氏自身の正当性根拠である「評定衆」を、朝廷に〝逆輸出〟しようと考えた点であろう。幕府のみならず、朝廷にあっても、合議制こそがスタンダードたるべきだ、というわけだ。かくして宮騒動という政治的危機を乗り越えた時頼は、なんと一方の公権力である朝廷に対して、幕府同様の「制度改革」を要求したのである。寛元四年十一月、後嵯峨《ごさが》院政下に、関東申次西園寺実氏らをメンバーとして設置された、「院評定衆《いんのひょうじょうしゅう》」である。

ちなみに、私がこれを「逆輸出」と表現するのは、もともと合議自体は、たとえ形式的で、初めから結論ありきのものであったにせよ、そもそも朝廷だって「陣定《じんのさだめ》」という合議をやっていたからである。そのあたりの詳細は美川圭『公卿《くぎょう》会議』に詳しいが、ここで興味深い点は、既存の制度で改革が進まないのなら、新たな合議機関を設置するよう要求する、という、改革の手法そのものである。なにしろ、こっちに「評定衆」があるのだから、そっちにも創れ、というのだから。まさに、時頼流の公正《フェアネス》の押し売りだ。単なる圧力というより、本気で改革が必要だ、と思っていた節さえある。そして、その理想に実情が追随できていたかどうかはともかく、少なくともこんな形で外部組織にまで政治改革を要求したのは、北条時頼が初めてであろう。

もちろん、朝廷側にも院評定を設置するメリットはある。近藤成一《しげかず》が推論するように、所領相《そう》論《ろん》のような、敗訴側の怨恨《えんこん》を買いそうな訴訟案件は天皇が関与しない方がよい、とする観念が存在し、天皇ではなく院主催での別の会議（院評定）で扱った方がよいと考えられた、とする見方もある。が、これは出来てしまった合議組織の使い途であって、あくまで結果論であろう。

実際、抵抗勢力の一掃の一方で、時頼は努めて公正たらんとした。時頼の公正性への志向は、渡来僧蘭渓道隆《らんけいどうりゅう》・兀庵普寧《ごったんふねい》との交流を通じた禅への帰依によるところが大であったろう。建長五年（一二五三）の建長寺（神奈川県鎌倉市）創建は、まさにその象徴であり、正嘉《しょうか》二年（一二五八）の飢饉に際しては、「国のため、民のため」祈禱が行われ、大蔵経《だいぞうきょう》が読誦《どくじゅ》された。また遊行《ゆぎょう》する時衆《じしゅう》によって広められた時頼回国伝説に象徴される民政への関心、慈善救済を旨とする叡尊《えいそん》・忍性《にんしょう》ら律宗僧との交流、さらにはその象徴としての鎌倉大仏の建立、というように、同時代の宗教的課題に積極的にコミットしようという姿勢が顕著だ。ただし、時頼に提出された日蓮の『立正安国論《りっしょうあんこくろん》』は、地震・疫病・飢饉の原因を浄土教流布に求め、法華《ほっけ》信仰への回帰を説いたが、これについては採択されなかった。

海賊から悪党へ

二〇一九年十一月二十七日の記者会見の場で、時の官房長官菅義偉《すがよしひで》は、国の税金を使って首相安倍晋三が主催した「桜を見る会」に、反社会的勢力とみられる人物が参加していた、と野党が追及している点について説明した際、「『反社会的勢力』は様々な場面で使われ、定義は一義的に定まっているわけではない」（朝日新聞デジタル）と発言した。このことは、政府が「反社」の定義を曖昧にすることで、安倍首相への批判を回避しようとしているとして、批判を浴びた。ただ私はこの報道に接して、なぜ野党は、マスコミは、「では菅さん、あなたを反社と呼んでもいいわけですね」と突っ込みを入れなかったのだろう、といささか不審に思ったものである。「私は反社ではない」ということを証し立てるには、「反社」を明確に定義するほかないからである。

さて、鎌倉幕府が、当時の社会にとっての反社会的勢力と目した存在を、法の上で明確に「悪党」と定義づけたのが、一二六〇年前後のことである。この過程で、「海賊」行為を行う者は、名実ともに幕府法によって「悪党」と名指しされることとなった。

「海賊」問題については、本書の読者であればすでにご存じのとおり、第一章では、都市王権論に基づき、海賊停止問題こそが平家政権の画期となったことを述べた。

では、この「海賊」問題について、鎌倉幕府ではどう位置づけられていたのか、と言えば、三十年ほど時代をさかのぼり、北条泰時の制定した御成敗式目（一二三二年）を見れば、第三条の冒頭に次のようにある。

一つ。諸国守護人奉行の事。

右、右大将家の御時定め置かるるところは、大番催促、謀叛《むほん》・殺害人《せつがい》（付けたり、夜討《ようち》・強盗・山賊・海賊）等のことなり。しかるに近年、（後略）

守護の職掌《しょくしょう》した、いわゆる「大犯三箇条《たいぼん》」の根拠となる条文だ。ふた昔ほど前までの学校教育の場では、「大番催促」を三箇条の一つとして数えてきたが、今日的には、新田一郎の紹介した三箇条書きの文書によって、この三箇条が、①謀叛、②殺害、③夜討・強盗・山賊・海賊を指すことについては、西田友広による守護の検断権研究を経て、すでに学界の常識となっている。式目段階では「大犯三箇条」だったものが、鎌倉後期には「付けたり」部分が第三条へ格上げにされるほど、「海賊」を含むこの③が「重犯」と見做されるようになった、とそんな風に言うことも、あるいは可能かもしれない。

だが他面「海賊」自体は、③で挙げられる四犯罪のうちの一つに過ぎないものとなった、という点についても、見逃すべきではなかろう。というのも、平安時代以来、朝廷の出した公家新制では、「海陸盗賊」のごとく、海賊こそが真っ先に挙げられていたのであって、これに比すれば、泰時以降、成熟した鎌倉幕府にとって、「海賊」問題はもはや最優先事項ではなくなっていた、ということにもなるからである。すなわち、「海賊」問題は、都市王権マターから、いわば治安維持マターへと移行したわけだ。

さらに、近藤成一も指摘するように、御成敗式目の前年に朝廷が制定した、寛喜の公家新制（一二三一年）において、「諸国に仰せて海陸盗賊を追討せしむべき事」とする条文が建てられたのが、じつは公家新制における「海陸盗賊禁遏《きんあつ》条項」の最後となった。かわって鎌倉幕府が制定した弘長《こうちょう》の武家新制（一二六一年）がこの条項を摂取し、ゆえに近藤は、弘長の武家新制の意義をことさらに強調する。

さて、以上の〈摂取〉過程を通じて、いやがうえにも幕府法に浮上したのが、「悪党」なる語である。「国々の悪党」が蜂起して大犯③を行っている、とする問題が幕府法に登場したのが、正嘉《しょうか》二年（一二五八）九月の追加法である。折しも正嘉の飢饉と時期が重なるが、これは悪党が飢饉の原因、というよりは、飢饉の結果、と見たほうがよいであろう。西谷地晴美《にしやちせいび》・田中大喜《ひろき》の研究によれば、この飢饉で幕府は、逃亡した下人の帰属をめぐる訴訟の不受理を決めた。「悪党」問題で手いっぱいということであろうか。

もちろん、「悪党」的現象それ自体は、それ以前にも遡るわけだが、にもかかわらず、幕府がある社会勢力を明確に「悪党」と名指しして、法に明記したという事実は、たしかに鎌倉幕府史上の重要な画期と言えるだろう。そして、一二六一年と言えば、国内のみならず国境を越えた次元でも、新たな危機が迫りつつあった時代である。

第三の危機としてのモンゴル襲来

北条氏の直面した第三の危機、それがモンゴル襲来である。モンゴル襲来が、さきにみた第一、第二の危機と異なるのは、それが大規模な軍事動員を必要とした点だ。そもそも合議制という統治権的支配権でもって現在の地位を確保している北条氏には、将軍のように主従制的支配権に基づいて御家人を指揮する権限はない。したがって、関東御教書《みぎょうしょ》という様式の文書によって、将軍の意思を各国の守護に執達《しったつ》し、国内の御家人指揮に当たらせる必要がある。しかし御家人だけでは不十分だ。「本所一円地《ほんじょいちえんち》の住人」というような非御家人、御家人支配の及んでいない地域の住人までを動員する挙国体制でなければ、到底太刀打ちできない。つまり北条氏は、もはや幕府内部の支配の正当性論理でもっては事態に対処できない事態に直面することになる。この第三の危機に対処したのが、安達泰盛《やすもり》であり、彼の行った政治改革を弘安徳政と呼ぶ。

それに至る経緯を、村井章介《しょうすけ》らの事実整理に基づきながら、やや遡った時点から説明してみよう。事態の発端は、東アジアをめぐる情勢が変化したことによる。一二一六年、契丹《きったん》人が朝鮮半島に侵入し、一二一九年、高麗武人政権は、モンゴルの援助を得て契丹人を撃退した。ところが一二三一年には、モンゴルが高麗の侵略を開始する。一二六〇年にはフビライが即位。この年高麗は、モンゴル新皇帝フビライに降伏することになる。先に述べた日蓮が『立正安国論』を北条時頼に呈したのは、この年のことである。

一二六六年、日本国内では将軍宗尊親王が京都に追放された。同年モンゴルは高麗に道案内を命じ、使節を派遣するも、対馬沖で引き返すことになった。一二六九年には、高麗使者が、激怒するフビライの国書を大宰府《だざいふ》にもたらすが、日本側はこれを黙殺した。一二七〇年には、モンゴルの前に高麗武人政権が終焉。高麗の軍隊三別抄《さんべつしょう》に民衆が呼応して、モンゴルに屈伏した王室に対して反乱を起こし、モンゴル・高麗軍に抵抗した。一二七一年、日本朝廷は、三別抄から援軍要請を受けるも最終的には沈黙。フビライは同年、国号を元《げん》と定めた。

こうしたなか一二七二年、国内では北条氏政権内部の抗争である二月騒動が勃発し、若き北条時宗は、政治的危機に直面。以後、北条氏の内紛を収拾した安達泰盛の実権が強まる契機となった。この年幕府は、九州武士を博多湾岸に動員する異国警固《けいご》番役《ばんやく》を設けて防戦体制を強化した。

しかしながら一二七三年にはついに三別抄が鎮圧され、翌七四年十月、フビライは日本遠征を開始。二万八千人（うち高麗軍約六千人）を派兵した（文永《ぶんえい》の役《えき》）。かくして幕府は、「国中の地頭・御家人」のみならず、その支配下にない「本所一円地の住人等」をも動員する命を守護に下して抗戦し、元軍は撤兵した。

翌七五年、幕府は九州の各国に命じて異国警固番役の勤番体制を強化するとともに、フビライが派遣した使者杜世忠《とせいちゆう》らを鎌倉龍口《たつのくち》で斬首した。さらに日本遠征の拠点となった高麗を攻撃する「異国征伐」の動員令を出し（計画自体は中止）、七六年には、九州の領主たちの負担によって博多湾岸に石築地《いしついじ》を築造した。

一方の元は、一二七八年、中央ビルマのパガン朝の攻撃を開始し、翌七九年には南宋を滅ぼした。さらに八〇年には日本征討のため高麗に征東行省《せいとうこうしよう》を設置し、八一年五月、日本遠征を開始した（弘安の役）。今次の派兵は蒙・漢・麗合同軍四万人（うち高麗軍一万人）、旧南宋軍十万人に及んだが、七月末の暴風によって、壊滅した。

とはいえ、元の脅威が消えたわけではない。フビライは、ヴェトナムに傀儡《かいらい》国王を置くなど、第三のモンゴル襲来の危機が消滅したわけではなかった。

こうした情勢下で着手されたのが、一二八四年、北条時宗没を契機とする、安達泰盛主導の政治改革、すなわち弘安徳政であった。具体的には、異国降伏祈禱への報償として九州の主要な神社の社領回復をはかり、九州の名主職《みようしゆしき》の安堵、御家人取立てによって本所一円地の武家領化が進められた。つまり、大きな負担が課された九州地方に重点的に保護を加えることで、政権としての正当性を確保する必要があったのである。

日本国の統合と正当性の競合――「東関幕府」の登場

モンゴル襲来に際し、神々は龍の形をとって日本の国土を守護した――そうした信仰のもとに、龍の棲む「日本図」が描かれ、「日本国」概念のもとに統合する意識が勃興した。黒田日出男《ひでお》をはじめとする中世史研究者は、おおむねそう考えているようだ。しかしそれは、半面の事実に留まる。一方でモンゴル襲来は、幕府と朝廷という複数の公権力の正当性が競合し、また大覚寺統《だいかくじとう》と持明院統《じみょういんとう》の両統迭立《てつりつ》という、王統が分裂する状態をも生み出したからである。すなわち、安達泰盛の弘安徳政が展開する一方で、朝廷では、本郷和人が論じたように、亀山天皇が訴訟制度の改革、徳政興行に着手した。譲位後の院政下でも、院評定衆の改革、『弘安礼節』の制定を行った。亀山院政の改革路線は、一方では幕府に、他方では持明院統に対する対抗意識のもとに行われたのである。

そして、このような統合と競合の二つの動きの象徴として生まれてくるのが、京都・鎌倉という二つの王権の所在地を「花洛《からく》・柳営《りゅうえい》」の対概念で呼ぶ、新たな慣習の登場である。モンゴル襲来を機として、鎌倉中末期に「天下泰平・国家安寧《あんねい》」の祈禱が盛んに行われるようになる中、「花洛・柳営の安全」「花洛・柳営の安寧」を祈願する定型文言が登場し、じつは鎌倉幕府を「幕府」「柳営」の語で呼ぶようになるのも、モンゴル襲来以降のことであった。弘安七年（一二八四）五月、三十八箇条からなる「新御《しんご》式目《しきもく》」を発布し、安達泰盛が弘安徳政を開始したさなかの同年八月、北野社《きたのしや》が一切経書写のための費用を勧進するための文書には、次のように見える。

かねてまた頃年《けいねん》の際、異国襲来す。諸神ども天誅に底《いた》り、我が神露験《ろけん》無きにあらず。蓋《けだ》し、東関幕府の宿賽《しゆくさい》により、西鎮《ぜいちん》両箇の所領を寄せらる。ここに兼但対帯《けんたんたいたい》の助成有らば、いよいよ蛮夷窺窬《きゆ》の災難を攘《はら》わんか。

右の史料は、第一章第1節でも紹介したものだ。俗に、「鎌倉幕府」なる呼称は当時なかった、などと言われるが、とんでもない。元寇《げんこう》を通して鎌倉幕府は、名実ともに「東関幕府」（あるいは「東関柳営」とも）との呼称を獲得し、朝廷と競合しつつ、日本を統合する一翼としての位置を得るに至る。かつて海津《かいづ》一朗が「得宗・治天《ちてん》専制」と呼んだ、当該期の国家権力の並存形態は、研究上の概念としてだけでなく、「花洛・柳営」という、同時代の呼称としても確認しうるのである。

安達泰盛と民主主義

弘安徳政、安達泰盛の着手した改革は、かつての北条泰時、北条時頼による徳政路線の正当なる後継者というべきものであったが、泰盛自身は改革開始の翌年には命を落とすことになる。一二八五年、安達泰盛が平頼綱《よりつな》によって滅ぼされるという、いわゆる霜月《しもつき》騒動（弘安合戦）の勃発である。この騒動における安達泰盛の評価をめぐっては、研究史上、興味深い変遷をたどっているので、これを図2-8に示しながら説明してみよう。

まずは①通説的構図である。安達泰盛は一般御家人の代表者であり、平頼綱は北条氏の御内人《みうちびと》であり、いわば北条氏利害の代表者であって、その衝突と考えるのが、かつての通説であった。つまり、霜月騒動とは、まさに戦後歴史学の最大の課題であった民主主義的意思決定がいかに可能か（あるいは不可能か）をめぐる問いであったのである。ところがこの戦争に頼綱が勝利したことにより、執権政治の合議制は北条氏の専制へと大きく旋回していくことになる――それがかつての通説であった。

ところがこれに異を唱えたのが②村井章介説である。安達泰盛は、一見すると一般御家人の利

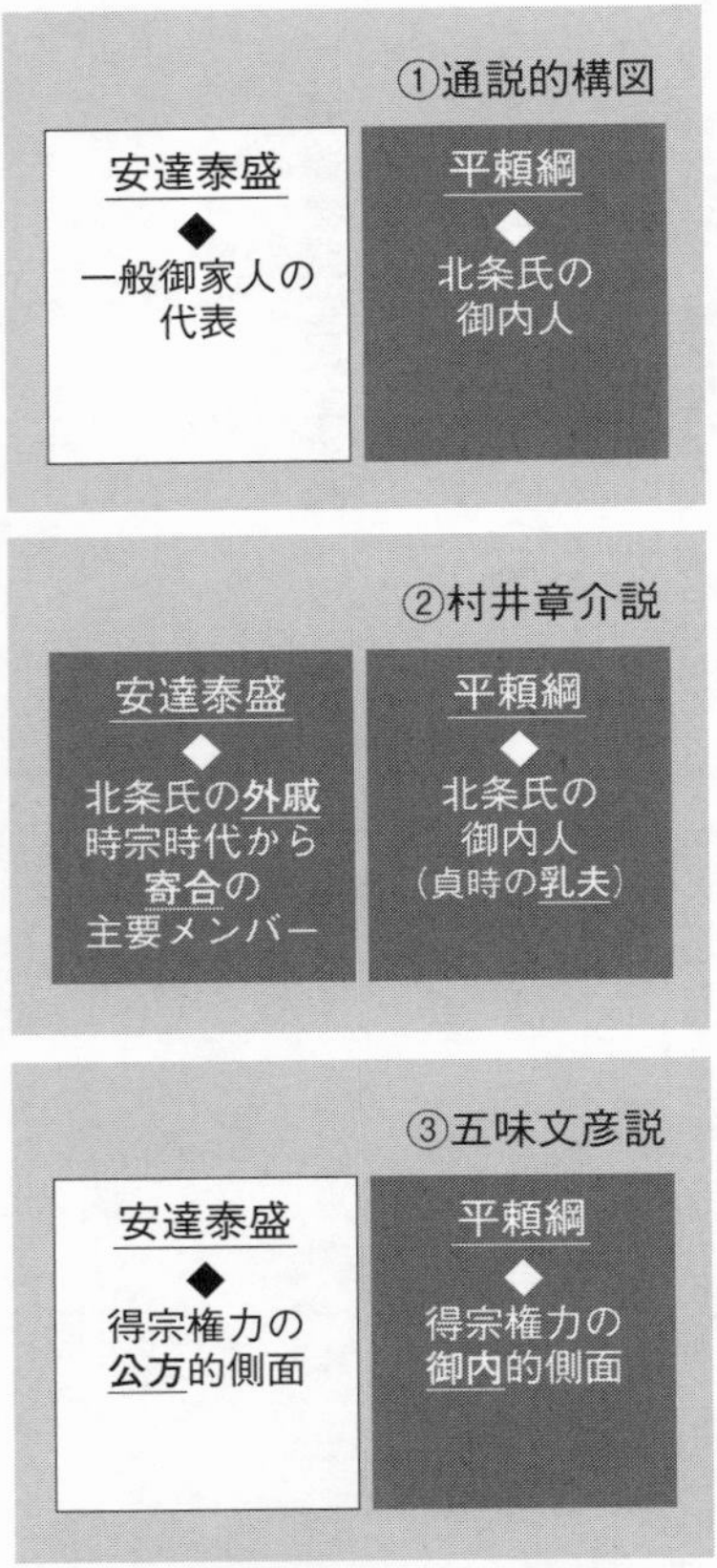

図2-8　霜月騒動における安達泰盛評価の変遷

益代表者に見えるが、とんでもない。泰盛は北条氏の外戚であり、北条時宗時代から寄合の主要メンバーである、と村井は指摘した。つまり泰盛はその実、北条氏の権力とベッタリの人物ではないか、だから彼を民主主義の旗手のように祭り上げるのはおかしい、というのである。この村井の議論については、石井進のコメントが興味深い。曰く「ちょうどあの頃の大学紛争の議論の組み立てとそっくり」(『中世の人と政治』一〇頁)、つまり、全共闘世代に共通する思考の型がはっきりと刻印されている、というのである。もちろんこれは、村井自身の履歴や信条がそうだ、という話ではないのであって、世代的な話法の問題であること、言うまでもない。

ともかくも村井の指摘したとおり、泰盛は所詮、北条氏権力の内部の人間に過ぎない、という言い方もできる。しかし本書で述べてきたように、弘安徳政によって外部に開かれたオープンな改革路線を開拓してきたこともまた、事実である。この二つをどう矛盾なく説明すればよいのか。

そこで登場するのが、③五味文彦説である。①通説的構図と②村井章介説のイイトコ取りをして、安達泰盛が北条氏権力の内部者であるとする②を踏まえつつ、北条氏権力自体に公方的側面と御内的側面が内包されていて、泰盛は前者を代表する、と整理したのである。

ともあれ、安達泰盛は平頼綱に敗れ、改革は一年半で頓挫した。かわって登場した頼綱の政治は、と言えば、これが大変な恐怖政治で、三条実躬《さねみ》がこれを、「城《じょう》入道(安達泰盛)誅せらるるの後、彼の仁(平頼綱)一向執政、諸人恐懼の外、他事なく候」(『実躬卿記』永仁元年四月二十六日条)と評したことは有名である。頼綱はかくして専横を極めた。

ただし幕府は、一方で、フビライが三度目の日本征討中止を宣した一二八六年には、鎮西御家人の訴訟処理などを目的として鎮西談議所を設置し、ついで一二九三年三月には鎮西探題を設置（一二九六年六月説もある）してもいるので、頼綱専横下であっても、弘安徳政路線は一定程度堅持されたことは、付け加えておかねばなるまい。また細川重男が指摘したように、史料上に初めて「寄合衆」の語が現れ、それまで私的な会合にすぎなかった寄合が公的機関になったのも、平頼綱専横下のことである。

専制化は可能なのか？

その頼綱の専横に終止符を打つことになったのが、正応六年（一二九三）四月、関東を襲った正応＝永仁《えいにん》の大地震であった。この地震は相模西北部を震源とするM7・1の地震と推定されており、鎌倉の建長寺が倒壊し、二万三千人以上の死者が出たとする史料もある。この大地震の混乱のさなか、頼綱は、子息飯沼資宗《すけむね》（助宗）を将軍に擁立するクーデターを企てた（平禅門《へいぜんもん》の乱）、として、北条貞時によって誅殺《ちゅうさつ》された。これを「一種の集団ヒステリー状況のなかの極度の疑心暗鬼」の所産であるとして、関東大震災（一九二三）時の朝鮮人・社会主義者虐殺事件との共通点を指摘する見解（峰岸純夫）もある。

かくして得宗貞時の政治が開始されることになり、永仁へと災異改元された直後の十月には、徳政路線の象徴と言うべき引付を廃止して、新たに執奏《しっそう》を設置。裁判の最終的判断を貞時ひとりが握り、専制は頂点に達したかに見えた。ただし専制は安定的とは言えず、引付はまもなく復活されることとなった。

さらに永仁五年（一二九七）五月に出された、いわゆる永仁の徳政令の場合も、同様の顚末をたどることとなった。すなわちこの法令は本来、①越訴《おっそ》（判決内容の過誤への再審請求）の停止、②御家人所領の質入・売買の禁止と「以前沽却《こきゃく》の分」の本主への返付、③利銭出挙《すいこ》関係の訴訟の不受理、を骨子とするもので、御家人保護策どころか、じつは御家人抑圧策であった。しかし御家人の反発によって大半は撤回されることとなり、結果的に②の後半、「以前沽却の分」の本主への返付、という御家人に有利な条項のみが残されることとなった。

つまり、原・永仁徳政令は、モンゴル襲来を乗り切って専制化へ舵を切った北条貞時の御家人抑圧策であったが、正当性根拠を欠いたため、換骨奪胎を余儀なくされたのである。得宗専制も、御家人無視の形ではその権力を維持できず、そこに、統治権の頂点には立てても主従制の頂点には立てなかった、北条氏政治の特質があった。

正統性を欠く権力の正当性

鎌倉幕府、否、東関幕府の時代を振り返るならば、その黎明期の正当性は、平家政権と同じく「都市王権」、すぐに飢える都市、京都の流通回復を可能にする武力要請に基づくものであった。ただし、誰が権力の正当性を「了解」「認知」するのか、と言えば、頼朝待望論は既存の権力、朝廷や荘園領主の意向であって、必ずしも「民意」ではない、という点は重要である。「飢饉」

を日記に記す支配者層にとって、飢饉とは、年貢などの貢納物《こうのうぶつ》が京都に上ってこない、という以上のものではない。

成立期に「武力」を買われて権力を確立した武家の政権にとって、いったん安定してしまえば「正当性を示し続けなければならない」とは限らない。平常時の支配の正当性を支えているのは、正統《しょうとう》性のような伝統的支配である。ただ北条氏の時代に限っては、足利氏や徳川氏の時代とは異なって、自らは将軍でない、という点で正統性根拠を欠いていたため、権力を伝統化することは難しく、常に「正当性を示し続けなければならない」という意識に縛られ続けた、とは言えるだろう。とりわけ飢饉・災害や外圧・内乱のような非常時にあっては、その能力を問われることとなる。寛喜の飢饉における泰時の徳政、「民意」への関心や御成敗式目・追加法による「法に基づく支配」、危機を克服した専制君主時頼の合議へのこだわり、元寇に際しての安達泰盛の弘安徳政、等々である。

あらためて確認すれば、本書は「都市王権」がどの時代も常に重要な論点だった、と主張する本ではない。そうではなく、時代の変遷とともに、そのウェイトが下がり、権力を伝統化したり（正統性）、正統性の欠を「法に基づく支配」で補ったりと、他の要素が組み合わされて行く過程を追う本である。が、突如として起きる飢饉・災害時には、都市王権としての幕府の質が試される場合があり、これを定点観測することで、権力の質の変遷も追うことができる。実際、足利将軍家の時代にも大きな飢饉に見舞われるが、その様相は、鎌倉幕府、否、東関幕府の時代とは異なっている。その相違点に留意しながら、第三章に進むことにしよう。

第三章

足利将軍家の時代——二つの変動期と正当性の変容

「ヴェーバー主義」なんてものは存在しない

北畠親房は『神皇正統記《しょうとうき》』で文字どおり〈正統《しょうとう》性〉を論じたが、それに留まらず、権力の〈正当《せいとう》性〉一般に関心を持ち、「かの泰時あいつぎて徳政をさきとし、法式をかたくす」として、北条氏の合法的支配を高く評価した。第三章を始めるにあたって、本書の「はじめに」でも述べた「伝統的支配」と「合法的支配」の問題を交通整理しておこう。なぜなら、昨今の研究では、この点が愕然とするほどグチャグチャだからである。

もっとも議論の初発の段階では、混乱していたわけではなかった。「足利将軍家の時代」を語る上で避けて通れないのが、第二次世界大戦後の歴史学を牽引し、多大の影響力を遺した中世史家、佐藤進一である。その佐藤が、半世紀以上も前の一九六〇年に建てた理念型《りねんけい》（分析のためのモノサシ）が、「主従制的支配」と「統治権的支配」であり、この二つの理念型を建てることによって、権力分析が格段に深められることとなった。佐藤の学説が〈生きた言説〉たりうるのは、「室町幕府」の開創期に、足利尊氏《たかうじ》が「主従制的支配」を掌握し、弟直義《ただよし》が「統治権的支配」を掌握したことを解明したから、ではない。もしも佐藤学説をそのようなものと理解するなら、それは〈死んだ言説〉でしかない。むしろ、「統治権的支配」に見えるものが決して「主従制的支配」から自由でないこと、つまり属人的でない、法に基づく支配がこの日本社会にあっていかに困難か、という同時代的な問いをそこに読み取って、はじめて佐藤学説は、〈生きた言説〉として、われわれの心を揺さぶるのである。

にもかかわらず、佐藤以後の歴史学は、「主従制的支配」と「統治権的支配」を分別収集のゴミ袋のように用いてきた。分析のために先だって用意するモノサシと、分析結果を分別するゴミ袋の区別ができない人、これを批判したのが『立命館文学』六六〇号の拙稿「『幕府』論のための基礎概念序説」であり、立命館大学人文学会のサイトからダウンロードして読むことができる。世の中にはそそっかしい人がいて、この論文は、理論家が実証家を批判したものだ、とする珍妙なネット評論に遭遇したこともある。

ならばこう提言したい。まず手始めに、理論VS実証の対立構図で思考することをやめませんか？と。なぜなら、真実はただ一つ。本当に史料の読める人は、理論書だって苦も無く読みこなせるし、大学入試問題程度の現代文が理解できない歴史家の史料読解力など、タカが知れているからである。何なら、実証主義者とは史料の読めない人のことを指し、理論家とは理論の不得手な人を指す。そう言い切ってもよいだろう。理論だから、実証だから、他方が読めない、というのは、ゴマカシだ。重要なのは理論か実証かではない。「読める」か「読めない」かなのだ。しなやかな思考のできる多くの人にとって、理論と実証の垣根などない。

が、にもかかわらず、理論VS実証の構図は、この業界にあまりに深く根を張ってしまっているように思われる。「あの人は理論家だから……」などと言う人は、その理論家がまさか自分よりもはるかに史料が読める実証家であっては困る、という心理を告白したも同然である。自らのプライドを傷つけかねないその存在は邪魔であり、見なかったことにしておいた方が、精神衛生上好ましい。だから、自分の居場所を確保するためにも、理論と実証の世界は截然《せつぜん》と分けておきたい、となるのだろう。あれは、あっちの側の人の言っていること、というように。

このように言うと、理論と実証のどちらも必要、そのバランスこそが重要だ、などと言いだす人も出てきそうである。だが、私の言いたいことはそういうことではない。理論VS実証の構図で説明すること、それ自体を否定しているのであって、バランスなどはどうでもよい。

そして、何より重要な点は、以上の主張が、そもそも私の独創でも独善でもない、ということだ。そろそろ理論VS実証の構図で考えることをやめませんか、そう明言したのが、二十世紀を代表する歴史家、『中世的世界の形成』の著者として知られる石母田正である。石母田は、「あれは、あっちの側の人の言っていること」というような態度を、明確に「歴史家たちの住むせまい世界の特殊性」と呼んで批判した。石母田は、実証史家に向かって理論が必要だ、と主張したのではない。理論に拠らずとも分析概念は必要だ、と主張したのである。この分析概念、分析のためのモノサシを、社会科学の巨人マックス・ヴェーバーは「理念型」と呼んだ。

もう一度言おう。「理念型」とは分析に先だって用意するモノサシ、つまり差分を測定する道具であって、分析結果を分別する道具、ゴミ袋ではない。ただそれだけの、至ってシンプルな事柄である。だから、もしも「ヴェーバー理論」だとか、「ヴェーバー主義」などと、いかにももったいぶった言い方をする歴史家に遭遇したら、十分に警戒すべきだ。その人はモノサシをゴミ袋だと思っている人かもしれないのだから。

中世史家佐藤進一とヴェーバー

佐藤進一は、二〇一七年十一月九日、百一歳の誕生日を目前に永眠した。佐藤が「主従制的支配」と「統治権的支配」という理念型を用いて問おうとしたのは、先述したとおり、属人的でない、法に基づく支配がこの日本社会にあっていかに困難か、という同時代的な問いであるから、当然その問題意識は、二十世紀の社会科学の巨人、マックス・ヴェーバーの言う、伝統的支配に見られるパーソナルな要素と合法的支配に見られるインパーソナルな要素の問題に重なってくる。

それゆえ、もしも石母田はマルクス主義者、佐藤は実証主義者、などと短絡する者がいるとすれば、それは、一九六〇年という時代の状況が、同時代の学問知をどのように規定していたかについて、そもそもよくわかっていないからであろう。両者は、この年の十一月、立場を越えて『中世の法と国家』を共編で出した〝盟友〟なのであって、著名な佐藤学説はまさに、同書中に収められた論文「室町幕府開創期の官制体系」で提起されたものなのである。そして、両者が東京市ヶ谷の喫茶店で行っていた会合を通じて共有したものこそ、六〇年安保闘争当時のもっともホットな学問的話題と言うべき、〈支配の正当性〉という問題であった。世良《せら》晃志郎《てるしろう》訳の『支配の社会学I』の刊行が、一九六〇年七月であることは、知らなかったではすまされない。

戦後歴史学を牽引した佐藤は、日本史上、法や合議で物事を決すること、合法的支配の可能性とその挫折、すなわちその不可能性という問題を、終生問い続けた。可能性よりも不可能性を問うことが、学問の根柢にあるのであって、合法的支配が〝実現〟していたことを問う議論、などでは決してない。したがって合法的支配に伝統的支配が入り込むことは、論理矛盾でも何でもないし、むしろそれこそが佐藤の追究したかった根本問題である。にもかかわらず、そのような基本姿勢すら読み取れない者たちが、やれ矛盾だ、破綻だ、などと騒ぎ立て、佐藤批判をしたつもりになっているのが、歴史学界の現状なのである。石母田正の言う「水準の低い歴史学界」「歴史家たちの住むせまい世界の特殊性」は、かくしていまも醜態をさらし続けているのだ。

「室町幕府」、本書で言う「足利将軍家の時代」について論じる、ということは、これまでの研究者が小手先で批判し、乗り越えたつもりになっている、佐藤進一の学問を、本当の意味で乗り越えなければならないことを意味しているのである。

第1節　鎌倉末期〜南北朝期の転換

民族史的転換

十四世紀、すなわち鎌倉末期から南北朝時代を指して「民族史的転換」と呼んだのが、一九八四年の網野《あみの》善彦《よしひこ》である。網野は、マルクス主義の社会構成史に見られる発展段階説を進歩発展史観と批判する一方で、それとはまったく違う歴史の切り方を提案し、そのターニングポイントとして、十四世紀を指摘したのである。それは、日本の歴史を従来のように四分するのではなく、二分するという、実に大胆な主張であり、この新しい歴史認識は、盟友の石井進や勝俣鎮夫とも共有されるところであった。

しかしながら、この時点の網野には見えていなかった大きな問題点があった。皮肉にも、歴史の二分法を取る限り、この十四世紀以降、現在に至る歴史は、必然的に前進を続けていることになるからである。いまだ〈終わり〉が見えていない、という点において、そこには網野が批判したはずの、進歩発展史観の亜種と言わざるを得ない性格が残されていたのである。網野もまた時代の児《こ》と言うべきであり、実際、一九八〇年代は、なおも明るい未来を実感できた時代であった。しかるに二十世紀末に至るや、網野は社会状況の変動に鋭敏に反応して歴史の二分法をやめ、歴史をライフサイクルに例えて四分するようになった。曰く、「人類社会の歴史を人間の一生にたとえてみるならば、いまや人類は間違いなく青年時代をこえ、壮年時代に入ったといわざるをえない」（『「日本」とは何か』冒頭部）というのである。人類の歴史の有限性、いつかは終末を迎えるものであることが、ここに初めて強烈に意識されるに至った。

ただ今日から見ると、釈然としない感覚もないではない。「進歩発展」を疑わず邁進《まいしん》してきた「青年時代」への根源的な反省に立つ、率直な歴史観でありながら、そこには暗さも閉塞感もなく、どこか希望に満ち溢れた歴史観でもあるからである。網野の言うとおり、一九四五年の原爆投下以降、「壮年時代」に、半世紀をかけてようやく差し掛かったのだとすれば、壮年時代のさき、人類社会の歴史には、まだじゅうぶんに豊かな時間が残されている、ということになる。これは人類の「終末」の片鱗すら見ることなく、二十一世紀の初頭に自身の「終末」を迎えることのできた世代の、特権的な語りにも見えてしまう。

そうした思いもあって、私はここで、網野が放棄したはずの「民族史的転換」のほうに、あえてこだわりたいと思う。網野善彦の変貌自体、極めて重要なことと認めた上で、それでもなお、かつて網野が論じた十四世紀、南北朝時代を歴史の大きな転換点と見る、ということである。

時代の前提条件

近年の、新しい気候変動研究に依拠するならば、一三二〇―三〇年代をピークとして急激な温暖化が進み、ここに生産条件の一定の回復が見られる。伊藤啓介の言う、「『大飢饉』のない十四世紀」である。この時代に先行する十三世紀後半は寒冷化の時代であり、生産力低下による米の相場の地域間格差が生まれた。その相場の差を荘官や流通業者たちが自らの利益拡大に利用して、一二八〇年代には、米の商品化による流通構造の変動がもたらされた、という。

こうした条件を背景として、温暖化の進んだ十四世紀に、農業分野では二毛作が発展し、商業分野では遠隔地交易が発展して、ここに割符《さいふ》による決済など、いわゆる信用経済が本格化する。また一方、前代の苦難の時代には、平等性（浄土系）と自由（禅宗）の探求、社会的弱者の救済（律宗）など、十四世紀の転換を支える思潮が展開しており、ここが「民族史的転換」たる所以であろう。鎌倉末期の建長寺船派遣も、災害復興の思想と結びついた貿易船であった。

加えて十四世紀を彩るのは、東アジア規模で歴史が大きく動いている、という点である。実際十四世紀後半には、この変動が一気に地表に噴き出して、東アジア各地で王朝の交替が相次ぐことになる。こうしたことから私は、南北朝時代を世界史的視座から三つの画期をもって時代区分することを提唱している。

①一三四九—五〇年。足利尊氏・直義の二頭政治終焉（観応《かんのう》の擾乱《じょうらん》）。浦添《うらおそい》《うらしー》按司《あじ》察度《さつと》が中山王《ちゅうざんおう》となり、新王朝（察度王統）を開く。

②一三六七—六八年。東西の公方足利基氏・義詮《よしあきら》が相次いで没し、足利義満《よしみつ》政権誕生。朱元璋《しゅげんしょう》、皇帝に即位し、明《みん》王朝創建。

③一三九二年。南北朝合一。李成桂《イ・ソンケ》、王位につき、朝鮮王朝創建。

従来、この分野を牽引してきた村井章介は、一三四三年、一三六三年を区分の画期と見たが、右の①②で区切ったほうが、より見通しの良い歴史像が得られる、と自負している。

建武政権の「正統」と宋学

では、権力の正当性、という本書の基調をなす観点から見た場合、いわゆる建武《けんむ》政権、後醍醐天皇はどう位置づけうるか、ということを論じておく必要があろう。もちろんこの場合、元弘三年（一三三三）に六波羅探題の陥落、鎌倉幕府の滅亡を経て、六月に後醍醐天皇が京都に復帰し、護良《もりよし》親王を征夷大将軍とした、などということは、「幕府」とは何か、を問う本書では、さほど重要ではない話である。

時計の針は一三三三年よりも、もう三年、隠岐配流以前の一三三〇年まで戻す必要がある。先述したとおり、一三二〇―三〇年代をピークとして温暖化が進み、列島の生産条件は回復する。しかし京都の飢饉は、必ずしも生産地の回復とは連動しない。そこが、第一、第二章で述べてきた、都市王権の宿命的構造だ。「簡単に飢える消費都市」京都の経済構造には変化がないどころか、むしろ、流通に関銭《せきせん》を課す新関の乱立により、京都への物流条件はさらに悪化することになる。気候変動によって生産地が「『大飢饉』のない十四世紀」となっても、それは京都では通用しない、ということである。

京都では、米商人が食料の流通量、物価をコントロールできるまでになっており、こうした条件下で起きたのが一三三〇年の元徳《げんとく》の飢饉である。後醍醐天皇は検非違使別当に近臣四条隆資《たかすけ》を任じ、飢饉対策を展開することで最初の正当性を得んとした。

しかし、新しい公権確立のためには、信頼関係がベースとなるため、政策には近臣登用など人格的統合の面が強化された。著名な綸旨《りんじ》による個別安堵法も、こうした志向の一部と見ることができ、この点が後醍醐の恣意性として批判の根拠ともなった。

一方、何が「正統《しょうとう》」か、については、日本思想史上の「正統と異端」に関する議論、丸山眞男が「O《オー》正統性」と呼んだorthodoxyの問題に加え、歴史学の分野では、日本社会における「易姓革命」の不可能性と、その根柢にある強固な「種姓《しゅせい》観念」の存在を指摘する、村井章介の重要な論考がある。

私自身は、日本社会のネガを描き出す村井説の問題意識それ自体は継承しつつも、分析結果自体には同意できない点もあって、むしろ、宋学《そうがく》受容の複数性の問題として捉えるべきである、と考えている。そもそも『孟子』の革命説をめぐっては微妙な問題があり、宋代には大義名分論的な『孟子』排撃の風潮がある一方、当の朱熹《しゅき》自身は「正統」を論じながらも「大義名分」の熟語自体は用いず『孟子』も否定しない。また後醍醐没後に『神皇正統記』を書いた北畠親房の「正統」とは、朱子学のそれではなく、南宋の天台僧志磐《しばん》の手になる『仏祖統紀《ぶっそとうき》』だという説が有力である。したがって後醍醐のその後の変革は、反『孟子』的名分論からの正統を標榜して皇帝専制を志向し、これへの対抗勢力は、(鎌倉後期の「四書」講読盛行、『孟子』受容を基盤とする)『孟子』的徳治を根拠にこれを批判した、と見るべきであろう。持明院統の花園上皇による「王家の恥」との後醍醐批判、また『太平記』が後醍醐を「亜聖」と貶《おとし》めた記事に見る足利直義の介入等がそれであり、吉田定房《さだふさ》、北畠顕家《あきいえ》奏状のように、政権内部からも批判が出た。すなわち、宋学の複数の波と仏法との混淆《こんこう》が、南北朝動乱の基調である。

かくして宋学の受容は、それを機として正当性を軸に歴史が批評として叙述される風潮を生んだ。これが決定的に重要な点である。そして、その叙述に介入・参入することで、社会学者モーリス・アルヴァックスの言う、同時代の〈集合的記憶《コレクテイヴ・メモリー》〉をも修訂可能とする、新しい正史のスタイルが誕生した。これが『太平記』であり、『難《なん》太平記』と通称される今川了俊《りょうしゅん》の異議申し立てから近世の太平記読みにまで至る、思想史上の画期をなすもの、とみなさなければなるまい。

第2節 〈統治権的支配〉とは何か――足利将軍家の正当性

室町幕府論の活況と陥穽

目下、室町幕府論が活況を呈している。しかし、すでに第一章、二章でも述べたように、おそらく鎌倉幕府は「鎌倉幕府」と呼んでよいが、室町幕府を「室町幕府」と呼ぶのはおよそ正しくない、という結論に逢着《ほうちゃく》しうる。近年「公武統一政権」が盛んに論じられ、論者によってはすでに「室町幕府」に替えて「室町政権」の語を用い始めている者もいるが、そうした状況を踏まえても、もはや「室町幕府」という概念は必要ないのではないか、それが、第三章のタイトルを「室町幕府」としなかった理由である。

「〇〇幕府」なる、近年増産中の用語は、入間田宣夫の「奥州幕府構想」のように、〈いくつもの幕府〉の可能性が存在しえた、十二世紀末という時代を切り取るための造語としてならば生産的であるし、それは東国国家論の文脈における鎌倉幕府の場合も同様である。しかし、政権の礎を築いた足利直義であれば、次のように言うはずだ。

建武式目条々

鎌倉元のごとく柳営たるべきか、他所たるや否やの事。

右、漢家本朝、上古の儀、遷移《せんい》これ多く、羅縷《らる》に遑《いとま》あらず。季世《きせい》にいたるまで、煩擾《はんじよう》あるにより、移徙《いし》《わたまし》容易ならざるか。なかんずく鎌倉郡は、文治右幕下《うばつか》はじめて武館を構え、承久義時朝臣天下を并呑《へいどん》す。武家においてはもっとも吉土と謂《い》うべきや。ここに禄多くして権重く、驕《おご》りを極めて欲を恣《ほしいまま》にし、悪を積みて改めず、果して滅亡せしめおわんぬ。たとい他所たりといえども、近代覆車《ふくしや》の轍《てつ》を改めざれば、傾危《けいき》何の疑い有るべけんか。それ周・秦《しん》ともに崤函《こうかん》に宅するなり。秦二世にして滅ぶも、周八百の祚《そ》を闢《ひら》く。隋・唐同じく長安に居するなり。隋二代にして亡ぶも、唐三百の業を興す。しかれば居処の興廃、政道の善悪によるべし。これ人凶にして宅凶にはあらざるの謂いなり。ただし、諸人もし遷移せんと欲せば、衆人の情《こころ》に随《したが》うべきか。

政道の事

右、時を量《はか》りて制を設く。和漢の間、いずれの法を用いらるべきか。まず武家全盛の跡を逐《お》い、もっとも善政を施さるべきや。しかれば宿老《すくろう》・評定衆・公人《くにん》等、済々《せいせい》たり。故実を訪《とぶ》らわんにおいては、何の不足あるべきや。古典に曰く、「徳はこれ嘉政なり。政は民を安んずるにあり」と云々。早く万人の愁《うれ》いを休んずるの儀、すみやかに御沙汰あるべきか。その最要あらあら左に註《しる》す。（後略）

右のとおり、建武式目冒頭は、「鎌倉元のごとく柳営たるべきか、他所たるや否やの事」という、足利直義の自問自答から書き起こされている。鎌倉は「武家においてはもっとも吉土と謂うべきや」としつつも、北条氏が滅亡に至った経緯を踏まえ、中国故事に照らしながら「しかれば居処の興廃、政道の善悪によるべし。これ人凶にして宅凶にはあらざるの謂いなり」とし、「ただし、諸人もし遷移せんと欲せば、衆人の情に随うべきか」と結んでいるのだから、「居処」がどこに置かれるかは、そもそも本質的な問題でない、重要なのは政道だ、ということになる。

この直義の自負を想起するならば、ただそこが将軍（および将軍格の人物）の「居処」ゆえに「室町幕府」や「堺幕府」「鞆《とも》幕府」などと呼称することには、ほとんど意味がない。あまつさえ新奇な幕府呼称が次々と編みだされる近年の風潮は、そろそろ終わりにしたほうがよいのではないだろうか。繰り返すが、「〇〇幕府」は、東国国家論、二つの王権論、いくつもの幕府論等、列島の中心の多点化を問う議論に限定して用いるべきだ、というのが私の提言である。

いずれにせよ、足利政権開創期の正当性は、執権政治の「徳政」路線をブラッシュアップした、この直義路線の「式目」制定に求められる。見ての通り、鎌倉幕府の場合とは違って最初から成熟しており、開創期には、後醍醐天皇の建武政権のように、飢饉対策をベースとした政権の正当性を主張する必要もなかったのである。

佐藤進一はいかに誤読されたか

すでに述べた通り、室町幕府研究、否、戦後民主主義の歴史学を主導した佐藤進一の研究が、今日完全に誤読されたまま研究が進められていることは、不幸としか言いようがない。あらためて、その問題点を確認しよう。

たとえば亀田俊和《としたか》は二〇一七年の著『観応の擾乱』の「初期室町幕府の体制」において、佐藤の議論を「二頭政治論」と命名したうえで、足利尊氏の弟直義の担った「統治権的支配」を「領域を支配する機能」と説明し、直義を「全国を統治する政務の統括者」と位置づけるもの、とする。つまり主従制的支配権＝人の支配、統治権的支配権＝領域の支配だ、というのである。

だが、そうだろうか。佐藤の「統治権的支配」とは、次のようなものである。

・直義の権限は被支配者間の争いを第三者として判定するものであって、それ自体が直義と被支配者との関係を直接的に基礎づけるといった性質のものではない。

・直義の握る統治権的支配権は、その中心をなす裁判権を見れば明らかなように、支配領域内の人びとの争いを、第三者の立場から、裁判という形式で調停し、それによって、かれらの権利を保障する機能であって、公的かつ領域的な支配権である。

つまり、佐藤の議論の核心が「第三者として」「第三者の立場から」にあるのは明白であって、「直接的」＝人格的関係にない、「第三者」的立場から、訴訟などの紛争解決を担うことこそが「統治権的支配」の肝要である。一方の「主従制的支配」が「個人（主人）と個人（従者）との人格的支配服従関係において成り立つ私的かつ個別的な支配権」と説明されることからも明らかなように、主従制的支配権と統治権的支配権をめぐる議論の根柢にあるのは、盟友の石母田正同様、あくまでヴェーバーの〈人格的支配《パーソナル・ルール》〉か〈非人格的支配《インパーソナル・ルール》〉か、という問題である。迂闊《うかつ》にも新田英治《ひではる》のように、「主従制的支配」を私的支配などと言い換えてはならない。たしかに、佐藤自身も「私的」という言葉を補助的に使っているとは言え、論旨の把握としては最悪の誤読パターンである。新田はなぜこれを「人格的」と表現しなかったのか。人格的支配が公的に機能してしまうことこそが日本史上の致命的に重要な問題であるのに、これを単純に、主従制＝私的、統治権＝公的といった次元の話にしてしまっては、佐藤の議論も台無しである。

改めて指摘しよう。我々が右の引用文から真っ先に読み取らなければならないのは、ただ「第三者」の一語であって、「公的」や「領域的」というのは、副次的な問題であるに過ぎない。にもかかわらず亀田俊和の議論には、その後の「足利尊氏・直義の『二頭政治論』を再検討する」

にいたるまで、「第三者」という言葉が一切登場しない。つまりはインパーソナルという問題が的確に捉えられていないので、「全国統治」だとか「領域支配」だとかいう話になってしまうのである。

もっとも、「非人格的」という言葉を用いている論者だからと言って安心はできない。吉田賢司は「非人格的」＝間接的という理解（誤解）のもとに、「『将軍家－守護・大将－御家人』といった間接的・非人格的な性質」などと述べて議論を展開しているのだが、やはり佐藤説の核心からは程遠い。たしかに佐藤自身も「間接的」という表現を用いてはいるものの、この場合の「直接」「間接」というのは、間に誰か（吉田の言う守護や大将）が介在するという意味での「間接」ではなく、あくまで「第三者として」の意である。つまり佐藤の道具立ては、本来極めてシンプルかつ明晰なものであったのだが、核心部分が誤読された結果、必要以上に捻《ねじ》れた形で研究史が積み重ねられる結果となってしまった、ということであろう。

佐藤学説の核心は「第三者的」であるということ

では佐藤進一の「統治権的支配権」の核心が「第三者的」であることが明晰に理解されていれば、どういう説明が可能なのか。それはおそらく、次のようになるはずだ。

唐突で申し訳ないが、そこのAさんとBさんで、ちょっと「ワー」「わー」と喧嘩をしていただきたい。……（中略）……さて、AさんもBさんも私の大切な〈しもべ〉であると仮定すると、主従制と言うのは一対一のパーソナルな関係なので、私自身が直接Aさん・Bさんの紛争に介入すること、つまり「親裁」することは本質的に避けたい事態である。どっちにも肩入れしたくなるからだ。ならばどうすればよいのか。ここでCさん、あなたの登場だ。裁判機構をつくり、私以外の第三者に紛争解決を委ねればよいのである。

（東島誠『自由にしてケシカラン人々の世紀』五九―六〇頁）

もちろん従来の研究においても、佐藤の「第三者」性を的確に継承している論者は少なくない。たとえば近藤成一は、「執権が将軍とは別に存在する意義は、御家人との主従関係の拘束を受けずに相論を第三者として裁定するという機能に存した」（『鎌倉幕府政治構造の研究』五三二頁）と、端的に指摘している。いずれにも荷担しない「第三者」性こそが、統治権的支配の肝要であろう。

例外の指摘が可能だということ

ところが、驚いたことに、亀田は二〇一八年の編著において批判をさらにエスカレートさせ、佐藤説に対し、「率直に言って、破綻しているのではないだろうか」とまで述べるに至っている。だが亀田による破綻宣告の根拠は、次に引くとおり、はなはだ危ういものである。

（前略）判決の執行といった「統治権的支配」の根幹とも言える機能に主従制的な要素が見いだされ、逆に主従制の根幹であるはずの軍事編成にさえも統治権的な要素が存在する。恩賞充行・所領安堵に双方の要素が混在することも、筆者が指摘したとおりである。

しかも所領安堵のような重要な権限が、時期に応じて支配原理を頻繁に変える。あまりにも例外や時期的変遷が多い。そもそも、この二つの支配権は同列には並べられない、別次元の支配原理である。

（亀田俊和編『初期室町幕府研究の最前線』五八頁）

以上の理由から、佐藤説は「破綻している」のだ、という。

だが、そうだろうか。右で挙げられた混在や例外の指摘は、せっかく佐藤がいいモノサシを二本も用意してくれたにもかかわらず、それを亀田がゴミ袋として使おうとするからそうなるのであって、そもそもある権力分析に、「これはこっち」というようなゴミ袋を使おう、という発想自体が間違っているのである。そうした使い方では、どちらかに分別できない「例外」が発生することなど、事例を積み上げるまでもなく、論理上の問題として当たり前の話だ。それだけではない。そもそもモノサシとは、時期的変遷のような、差異、変化を抽出するための道具ではないのか。

つまり、右の亀田の一文のように、「であるはずの」といった瞬間に、この人は複数のモノサシを組み合わせて使うという、道具の使い方を知らない人だと露呈してしまうのである。亀田はこうも言う。「鎌倉幕府において、統治権的支配者であるはずの執権が、『主従制的支配権』に当たる充行を行った事例がわずかながら認められることも、例外として看過できないと考える」。ここでまたしても「であるはず」だ。

改めて言おう。そもそも亀田のいう例外や変遷の指摘が可能ということ自体、主従制的支配権や統治権的支配権が、〈理念型〉のセットとして成功していることの、何よりの証左ではないのか。なぜなら理念型とは、くどいようだが、差異を測定するためのモノサシなのだから。ちなみに私は、一方では、亀田が指摘してきた個々の事象には学ぶところ大である旨を認めている。だがそれらの事実は佐藤学説の破綻を示しているのではない。本人の「つもり」とはうらはらに、むしろ佐藤の提示した理念型が有効に活用された成果である、ということに気づくべきであろう。

〈理念型〉とはなにか――それは、歴史家村の隠語としての「理論」ではない

本書の読者のために、ここでヴェーバーの〈理念型〉について、説明を補足しておこう。

まず大前提として、『日本の起源』でも明確に、それこそ誤読の余地なく述べたとおり、佐藤進一の提示した理念型はヴェーバーそのものではない。そして別段、そのこと自体は何ら問題ではない。理念型とはモノサシ、分析のためのツールに過ぎないのに、何やら高邁な理論のことと思い込んでいる人がいるらしく、こういう硬直した思考の人を相手にすると、本当にメンドクサイ。ヴェーバー自身が日本社会をどう分析しただとか、それが妥当なのか、だとか、そんなことはどうでもよい（そもそも私には関心がない）話である。

理念型というのは、くどいようだが、モノサシに過ぎない。たとえばAは三十五センチ、Bも三十五センチ、しかしCだけは三十六センチある、というように、理念型とは〈差異〉を計測するための道具であって、その一センチの〈差分〉が何なのかを解明することが、研究である。対象によっては複数のモノサシを組み合わせることも必要だ。そして佐藤進一は、主従制的支配と統治権的支配という、極めて有用な二つのモノサシを提供した。ただそれだけの話である。ところが、五十センチのモノサシを用意したのにこの物体は五十センチではない、みたいな、思いっきりズレたことを言いだす人たちがSNS上に次々と現れた。まさに累累たる屍だ。

五十センチのモノサシを使って、Cという物体が三十六センチであるとわかった瞬間に、この物体は五十センチではなかったからこのモノサシは間違っている、そのように主張したのが、亀田俊和である。まずはモノサシという道具の使い方を理解してはいかがであろうか。植物の成長を例にとれば、一粒の種から芽が出て、茎が伸び、やがては花を咲かせる。一カ月前は十センチだった茎が、いまや三十センチに伸びた。モノサシとはまさにその〈差分〉を測る道具なのである。ある権力の成長もまた、これと同じである。しかもその成長の過程で、タテに伸びるだけなく、ヨコにも伸びだしたのであれば、ここで二本のモノサシが必要となる。ある権力の場合は初期にはタテに伸びる傾向が見られたが次第にヨコに伸びる傾向が見られる。ところが別の権力では、初めからヨコに伸びる傾向が濃厚である。こうしたことが分析できるのも、極めて有用な二本のモノサシがあるからである。佐藤進一の提示した二つの理念型が、まさにそれだ。それは分析のための道具であって、分析結果を分別収集するためのゴミ袋ではないのである。それに何より、理念型分析の面白さは、例外、規格外のものを索出できることである。なぜほかの地域の花は赤いのに、この地域の花だけは白いのか。せっかく珍しい花を見つけたのに、破綻もへったくれもない。

なお、右の亀田批判に対する学問的反論はいまだなされていない。その一方で亀田は、私の亀田批判から四カ月後、二〇一九年六月に刊行された『法制史研究』六八号（奥付では二〇一八年度末の三月になっているが、実際の刊行は六月十五日である）誌上に、いかにも生兵法でヴェーバーと佐藤進一との関連を論じる論考を発表している。一応、亀田の名誉のために言っておくと、そこには、私であれば決して犯さない誤謬がいくつも含まれているので、四カ月前に発表された私の論考を剽窃したものではない、と断定する。雑誌の発行が三カ月も遅延したのも、私の論考を見て、亀田が直前に手直ししたことによる、とかではなくて、きっと別の理由があるのだろう。ただし、東島である。その後、佐藤雄基が、ヴェーバーと佐藤進一の研究との関連を論じた論文として、東島とこの亀田の論文を挙げている点には、苦言を呈しておきたい。「三類型」を「三元論」などと平気で書けてしまったり、「伝統的支配」を「カリスマ的支配」と誤断できたりする論文、つまりモノサシを使いこなせていない論文を、私の論文と並べた瞬間に、佐藤雄基の見識自体が疑われかねないからである。

以上、佐藤進一学説とそれへの批判をどう受け止めるべきか、さらにその先をどう展望すべきか、についてはこれぐらいにとどめ、議論を先に進めよう。やや抽象度の高い議論を続けたので、ここで思い切って一枚の図（図3－1）を披露することにしよう。

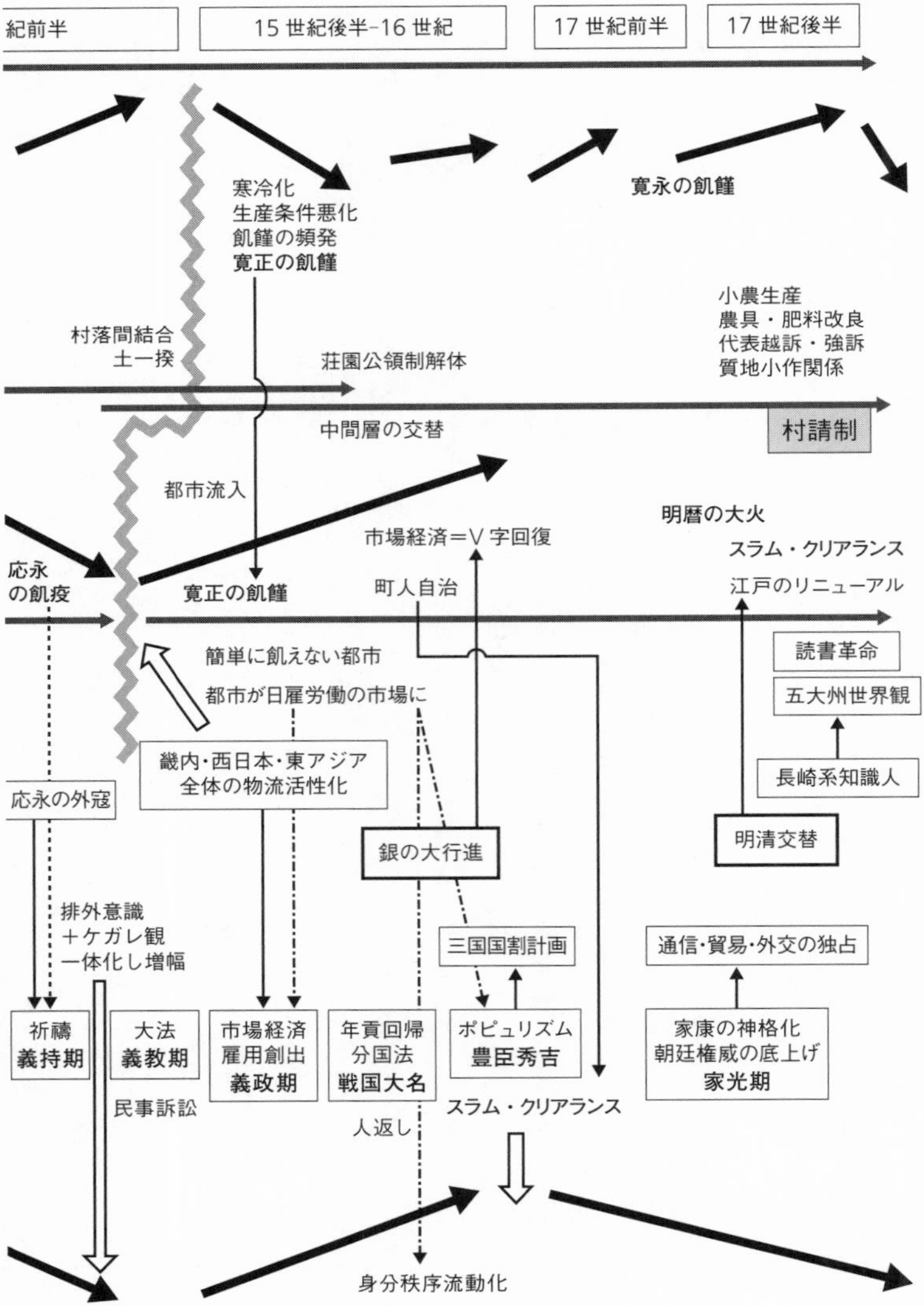

〈亀裂〉から〈長い衣替えの時代〉まで

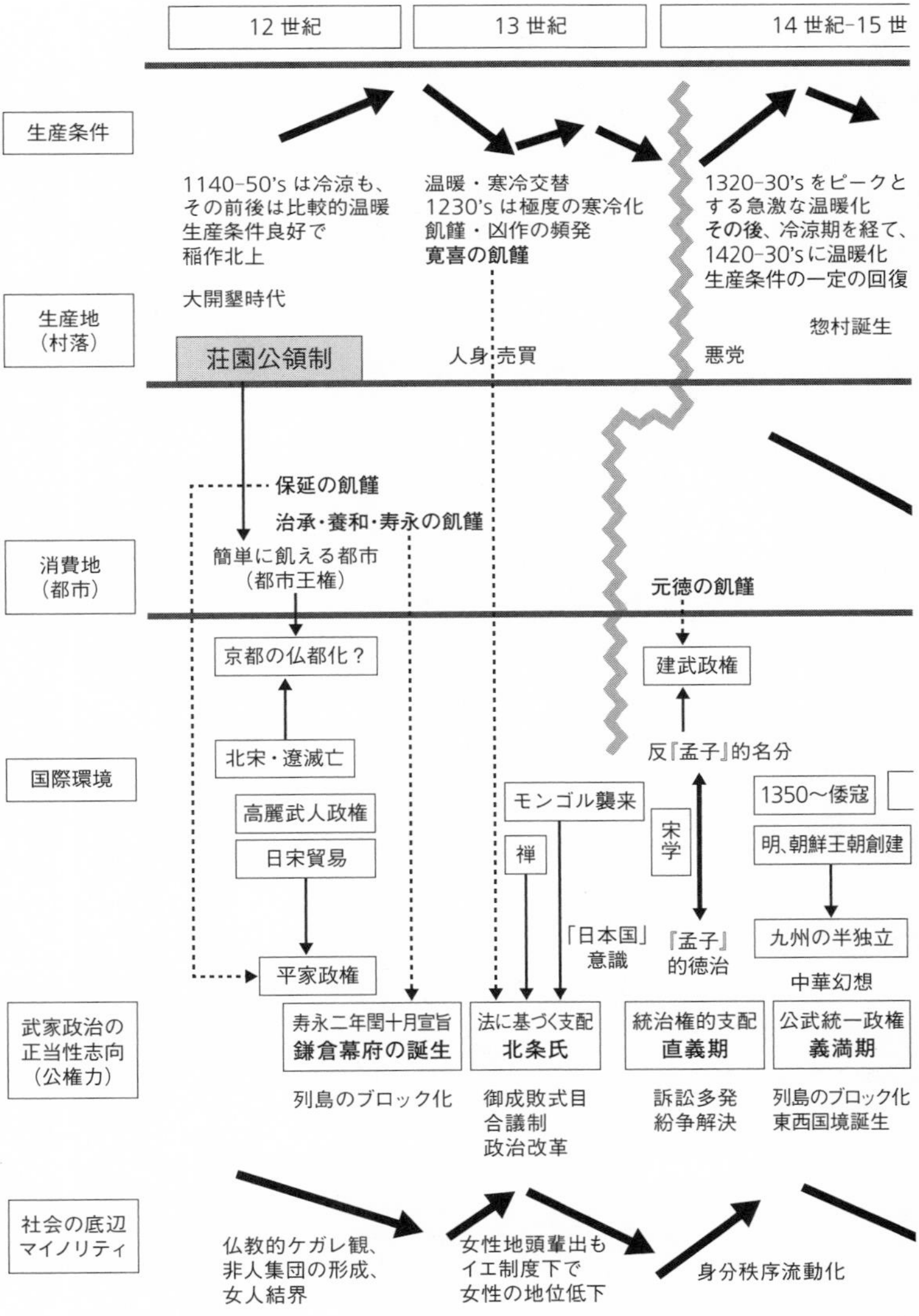
12 世紀
13 世紀
14 世紀–15 世
生産条件
1140–50's は冷涼も、
その前後は比較的温暖
生産条件良好で
稲作北上
大開墾時代
温暖・寒冷交替
1230's は極度の寒冷化
飢饉・凶作の頻発
寛喜の飢饉
1320–30's をピークと
する急激な温暖化
その後、冷涼期を経て、
1420–30's に温暖化
生産条件の一定の回復
生産地
（村落）
荘園公領制
人身売買
悪党
惣村誕生
保延の飢饉
治承・養和・寿永の飢饉
消費地
（都市）
簡単に飢える都市
（都市王権）
元徳の飢饉
京都の仏都化？
建武政権
北宋・遼滅亡
反『孟子』的名分
国際環境
高麗武人政権
日宋貿易
モンゴル襲来
禅
宋学
1350～倭寇
明、朝鮮王朝創建
「日本国」
意識
『孟子』
的徳治
九州の半独立
平家政権
中華幻想
武家政治の
正当性志向
（公権力）
寿永二年閏十月宣旨
鎌倉幕府の誕生
法に基づく支配
北条氏
統治権的支配
直義期
公武統一政権
義満期
列島のブロック化
御成敗式目
合議制
政治改革
訴訟多発
紛争解決
列島のブロック化
東西国境誕生
社会の底辺
マイノリティ
仏教的ケガレ観、
非人集団の形成、
女人結界
女性地頭輩出も
イエ制度下で
女性の地位低下
身分秩序流動化

図 3-1　中世という時代の動態 —— 2 つの

第3節　足利将軍家の正当性の推移

中世という時代の動態を採譜する

この図を最初に見せたある研究者は、まるで楽譜のようだ、と評したが、たしかに現代音楽の楽譜のようでもあり、至言である。

これは、歴史は決して一本の矢印ではなく、複数の矢印の束である、ということの表明でもあるが、この図とて日本列島の外側の矢印については描けていない。歴史を叙述するとは何かを切り捨てることであって、所詮は暴力的に事実を整序することに過ぎない、としても、能《あた》うるかぎり諸要素に目を配りたいとする意思は読み取っていただけようか。

ちなみに私は、第四、第五章で後述するとおり、日本史における中世の終点を一六八〇年代に置いているので、この図の横軸は、十二世紀から十七世紀後半までの、中世と呼ばれる時代のほぼ全体をカヴァーしていることになる。そのなかに二カ所、大きな亀裂があって、それが、十四世紀前半の鎌倉末期から南北朝動乱に至る時期と、戦国時代の前夜、応仁の乱直前期の十五世紀の中葉である。以下、第3節から第5節では、この二つの亀裂を射程に入れながら、足利将軍家の正当性の推移を論じることにしよう。

二頭政治か直義政権かという問いの陳腐さ

近年の研究では、かつて二頭政治と呼ばれた尊氏・直義の政権は、実質的に直義政権と呼ぶべきものであった、などと説明されることが多い。が、そんなことはいまから半世紀も前に、すでに羽下《はが》徳彦《のりひこ》が指摘していることであるし、そもそも佐藤進一が直義の権限を「官僚制的支配」としては分析せずに「統治権的支配」へと分析概念をずらした時点で、約束されている議論であろう。これまた相当古い一九九一年の大河ドラマ「太平記」（永原慶二監修）でも、真田広之演じる尊氏は、高嶋政伸（直義）に向かって「わしは武士の束ねをやる。政治向きの事はお前に任せた」といった趣旨の台詞があったはずだ。佐藤進一説の目指すところがわからない人にとっては、「二頭政治」というコトバの抜け殻に捕捉されてしまって、そこから一歩も外に出られない、という典型である。

そもそも佐藤は、鎌倉幕府において、主従制的支配の頂点に立てない北条氏が、摂家将軍・皇族将軍を京都から呼び、自らは統治権的支配の面で勝負した、と考えているのだから、鎌倉幕府を北条氏の政権と考えるのと同じ次元で直義政権と呼ぶことに、躊躇すべき点などない。

ただ一方、村井章介がこだわったように、摂家将軍や皇族将軍、すなわち主従制的支配権自体を廃棄できないところに、日本社会に強固な種姓観念、貴種信仰を見出す議論は、ありうるだろう。そもそもだからこそ、佐藤も石母田も、主従制的＝人格的支配を克服する論理がいかに日本社会で可能なのか、否、不可能なのか、を中心的問いとして建てたのであり、それゆえに法に基づく支配に代表される、インパーソナルなものの可能性にこだわりつつ、それがいかに困難か、パーソナルな支配に絡め取られてしまっているか、が中心的問いであり続けたのである。

佐藤進一の見出そうとした「統治権的支配」の可能態が、現実的には人格的支配から自由でないことこそが、戦後歴史学の中心問題であった。その程度のことすら読み解けないまま、「統治権的支配」に「主従制的支配」が入り込むことをいまさら指摘しても、佐藤を論破したことにはなるまい。

話を戻せば、このように、武士世界の基幹をなす人格的結合にネガを見るのが戦後歴史学の基調であって、それがそもそも私の論文の主題であったのだが、その論文でも指摘したように、これとは逆路線を行ったのは、政治学者丸山眞男だけである。丸山は、武士の世界を無理やりポジに反転して、人格的忠誠を基調とする武士のエートスの逆説的な延長線上に、社会変革の「行動的エネルギー」、自発的結社《ヴォランタリー・アソシエーション》を切り拓くポテンシャルを見出そうとした。曰く、「一般的規範への抽象化に本質的に限界があったという点が、かえってその逞《たくま》しい生命力への拍車となっ」た、とする丸山の武士理解（『忠誠と反逆』一七頁）は、石母田・佐藤と並べた時、何とも面妖《めんよう》であり、ある種突き抜けてしまった議論に映じよう。まあ、そこが丸山の魅力でもあるのだが。

征夷大将軍という地位の行方

さて、第二章で述べたように、鎌倉幕府において、頼朝の征夷大将軍就任が、幕府誕生の画期とならない、という点では、足利政権の場合も同様である。

家永遵嗣《じゅんじ》が指摘したように、一三三五年、中先代《なかせんだい》の乱平定時点で、尊氏は「征夷将軍」を自称し、「将軍家」例も多数ある。読者ご承知の通り、尊氏が光明《こうみょう》天皇より征夷大将軍に補任されるのは、一三三八年のことであるから、自称だ、というのである。もっとも、「大将軍」なる呼称は、義仲や頼朝のみならず、源平合戦期に義経に対しても用いられているので、正式任命かどうか、はじつはこだわるほどの問題ではない。実際、尊氏＝「柳営将軍」に対して直義＝「武衛《ぶえい》将軍」と呼び慣わされたし、後述するように、関東公方氏満も「左武衛将軍」と呼ばれた。

一方、前節で述べたように、一三三六年には、直義を中心に「建武式目」が制定され、ここに「柳営」の語が登場する。別段、鎌倉の地に固執するものではなく、どこに幕府を置こうがかまわない。重要なのは場所ではなく「政道」だ、という意思表明であった。この直義の強い意思表明を、足利政権の誕生と見做すのが、まずは妥当であろう。

ところで桃崎《ももさき》有一郎は、初期足利政権が、「将軍」尊氏・「執権」直義の次の体制として、「鎌倉殿」なる称号を換骨奪胎しつつ再利用して、「将軍」尊氏と「鎌倉殿」義詮が併存する体制を創出した、と論じている。桃崎は、義詮が「鎌倉殿」と呼ばれるのは、貞和《じょうわ》五年（一三四九）以降のことである、とする磯崎達朗の指摘に依拠して、在鎌倉期ではなくむしろ上洛以後にそう呼ばれることにこだわり、やがて在鎌倉の関東公方が「鎌倉殿」と呼ばれることとの間に、どう整合的な説明が付けられるか、を追究している。もっとも桃崎は、一方では、将軍権力の「本来あるべき姿」を二元的な支配権を一人が兼備すること（ただしその完全な例は源頼朝のみとする）と考えているらしく、本書の第二章を読めば明らかなようにこの点には従えないが、右述の併存体制の移行に関する指摘は重要で、主従制的支配と統治権的支配という軸と、列島支配の東西軸（東西幕府）がどうかかわっているか、は非常に大きな問題たりえよう。

北京大樹と東関柳営と

この問題提起に呼応して、私は、一六四頁に②として挙げた、貞治《じょうじ》六年（一三六七）という一大画期に注目している。『太平記』のラストシーンとなるこの年、東西二人の公方、足利義詮・基氏兄弟が相次いで没する、という非常事態に際しては、次のような史料がある。

かつうは東関柳営（関東公方足利基氏）の驚歎を顧み、かつうは北京大樹（将軍足利義詮）の有事により、時宜を憚り、しばらく訴訟を閣《さしお》くところなり。

観応の擾乱で直義が滅び、次いで延文《えんぶん》三年（一三五八）には尊氏自身も没するという流れの中で、足利政権内部は、「将軍」尊氏と「鎌倉殿」義詮が併存する第二次体制から、第三次の体制へと移行した。それが天正本『太平記』に言う「羽翼両輪」体制、義詮・基氏兄弟がそれぞれ京都・鎌倉に居て「華夷《かい》の鎮撫《ちんぶ》」となる体制である。右の史料で、その一翼が「北京大樹」と呼ばれ、もう一翼が「東関柳営」と呼ばれるのは、じつに興味深い。

まずは、将軍義詮。「義詮期における足利将軍家の変質」を指摘する石原比伊呂《ひいろ》によれば、義詮は、「源氏将軍家—北条得宗家」の後裔《こうえい》として自己を「正当化」しつづけることが困難であったために公家化し、北朝天皇家と一体化、独占利用することのできる地位を確保することで、足利将軍家の他に対する卓越性を担保した、というのである。右の史料で義詮が「北京大樹」と呼ばれるのは、まさに象徴的だ。

では、一方の基氏は、なぜ「東関柳営」なのか。

じつは、この「東関柳営」「東関幕府」なる呼称が、まずは鎌倉幕府を指すものとして登場する点については、第二章で述べたとおりだ。十三世紀後期から十四世紀にかけて、モンゴル襲来前後から、にわかに「柳営」（鎌倉）—「花洛」（京都）という対概念が使われるようになるのだが、これは、国際的な緊張が高まる中、「天下泰平・国家安寧」の祈禱が最重要課題となった時代の象徴的な出来事であった。鎌倉幕府の正史たる『吾妻鏡』が編纂されたのもこの時期である。そこで「幕府」という語が多用されているのも、まさしく「東関柳営」が、京都と並び立つもう一つの中心として希求されたからであって、武家政権の側も自己認識として「幕府」たることを積極的に標榜するに至ったのであった。

じつは、足利政権が第三次体制に移行した、観応の擾乱から貞治六年にいたる時代もまた、まさに国際問題が激化した時代であった。

多中心的世界

李領《イ・ヨン》の野心的研究『倭寇《わこう》と日麗《にちらい》関係史』によれば、倭寇史上の空白期間を打ち破る事件となった、一三五〇年のいわゆる庚寅年倭寇は、まさしく観応の擾乱を引き金として起きた。すなわち尊氏・直義兄弟の決裂にともなう直冬《ただふゆ》の九州下向に対抗すべく、少弐頼尚《しょうによりひさ》が兵粮米調達のため高麗沿岸を襲ったのが、新たな倭寇状況への突入を招いたのだという。

当然、高麗側は倭寇の鎮圧を要求してくるのだが、この要求に対する応答の仕方によっては、「当時本朝の体《てい》たらく、鎮西九国ことごとく管領にあらず」(『後愚昧記《ごぐまいき》』貞治六年五月二十三日条)というような九州の統治不能、半独立状況が露見しかねない。観応の擾乱にともなう列島の分断状況は、単なる国内問題ではなく、国際問題たりえたのである。

国際情勢が激化した場合、細長い日本列島を一つの中心で治めることは困難である。樋口大祐《だいすけ》によれば、『太平記』のラストでモンゴル襲来時の「日本の大小の神祇《じんぎ》・宗廟《そうびょう》の冥助《みょうじょ》」が強調されるのは、「神国意識」の強化どころか、その認識装置の亀裂を示すものだという。神国/異国のような自/他を切り分ける既存の世界観では説明不能な、多中心的世界がせりあがってきている。

この多中心的世界の誕生に対し、二つの中心創出で対処しようとしたのが、足利政権の第三次体制、すなわち義詮・基氏兄弟の「羽翼両輪」であった。しかし一三六七年、その両輪ともが急逝してしまった。そこで列島の扇の要《かなめ》の位置にある四国の地から細川頼之《よりゆき》が召喚され、いよいよ義満政権誕生、というところで『太平記』は閉じられる。

『太平記』は史学に益あり？

ちょっと、余談を挟んでおこう。

久米邦武《くめくにたけ》の「太平記は史学に益なし」という著名な言葉から、『太平記』は歴史学に使えるのか？という疑問が、一般にはありえよう。しかし、どんな史料の場合もそうなのだが、使える史料と使えない史料があるのではなく、どう使うべき史料か、という問題があるに過ぎない。いわゆる偽文書でさえも、偽文書作成者の思考を復元する上では一級史料であること、疑いない。あくまで、どう使うべきか、の問題なのである。

ところが残念ながら、歴史家の中にも「使える史料かどうか」という発想の人はいて、『太平記』の古態本の一つである西源院《せいげんいん》本が岩波文庫に入って入手性が良くなったので、『太平記』と言えば流布本《るふぼん》（慶長《けいちょう》古活字本、日本古典文学大系に収録された、かつてのスタンダード）ではなく西源院本を引けばよい、と思っている人がいるようだ。だが古態本というのは、古態のテキストが含まれているというだけであって全面的に古いわけではない。逆に後世のものと思い込んでいる人もいるらしい天正本（日本古典文学全集に収録）にも、鈴木登美恵が探究したように、義満時代の古態のテキストが含まれている。市沢哲編『太平記を読む』をはじめ、歴史学においてもようやく『太平記』が真剣に議論されはじめており、成果はこれから、といったところだが、複数の古態本を縦横に駆使した歴史叙述は、目下のところ、拙著『自由にしてケシカラン人々の世紀』以外にはまだ目にしていない、と思うのだがいかがだろうか。

一方、『太平記評判秘伝理尽鈔《りじんしょう》』の研究が進んだことを受けて、『太平記』が全く新しいタイプの正史であったことも、注目されつつある。新田一郎はこれを「公共的性格」と呼び、私はこれを至言と評した上で、「Wikiのように修訂可能なテキスト」と呼んだ。第1節でも触れたように、足利直義がテキストに介入して、「ただ恨むらくは……」などと後醍醐天皇をディスる記述を書き込ませたことは名高い。つまり、鎌倉幕府は正史『吾妻鏡』を自ら編纂したが、足利政権は、〈集合的記憶《コレクティヴ・メモリー》〉をコントロール下に置き、これを修訂することで正史としたことを、再度確認したい。

開創期足利政権の正当性と飢饉・鴨川洪水対策の行方

さて、『太平記』において足利直義がテキストに介入した、その著名な場面こそ、前節に見た後醍醐天皇の飢饉政策であった。『太平記』では元亨《げんこう》元年（一三二一）の旱魃《かんばつ》の記事に含めて叙述しているが、実際には元徳二年（一三三〇）の飢饉時の政策を指す。

後醍醐天皇はこの時、まさしく、前代以来の〈都市王権〉として振舞ったのだが、開創期の足利政権には、飢饉や鴨川洪水対策への積極的な関与は見られない。

鎌倉幕府の場合には、武家新制・追加法で橋修理や飢饉政策にコミットしたし、泰時の徳政の例も知られているのだが、足利政権下では、鎌倉幕府と異なり、法や機構のレヴェルでは、もはやこの問題には関与していない。

後醍醐天皇の飢饉政策の第一段階として米価統制があり、その一環として酒を売ること、沽酒《こしゅ》も管理した。ちなみに、のち、足利義持《よしもち》の行った沽酒統制については、飢饉対策を意図したものではなかったことが、清水克行によって明らかにされている。もっともその義持こそ、応永《おうえい》の飢饉という未曽有の事態への対処を余儀なくされることになるのだが、それは第3節の課題である。

いずれにせよ、後醍醐に対し辛口の『太平記』にあって、飢饉対策は唯一評価の高い政策だったのだが、足利直義に言わせれば、後醍醐の飢饉対策など、所詮は聖人ならぬ「亜聖」の政策に過ぎない、ということであろう。

徳治とみせかけて、その実、反『孟子』的名分論に立つ後醍醐に対し、直義は『孟子』的徳治を志向し、後醍醐をディスった、というのがまずは基本構図としてある。ただし、すでに述べた通り、宋学自体に二つの方向性があって、後醍醐系の宋学受容も、まんざら後醍醐の無知とまでは言えない。宋学自体がアンビヴァレントだったのである。

新しい文化の旗振り役としての将軍尊氏

いわゆる直義政権論によって、尊氏の権限はじつは大したことがなかった、と位置づけられることが多く、またそれを尊氏の気弱なパーソナリティの問題に帰する議論もなされている。
しかし、見落とされてはならないのは、尊氏が一方では新しい文化の旗手であり、直義との分岐点は文化的決裂でもあった、という点である。観応の擾乱の縮図というべき、有名な『太平記』の田楽桟敷崩れの場面に同席していたのは、足利尊氏、二条良基《よしもと》らの面々であった。

南北朝時代とは、無礼講《ぶれいこう》と会合《えごう》の文化（連歌《れんが》、茶寄合、田楽）が全面開花した時代である。その場限りで身分制の時限的解除が謳歌《おうか》され、芸能が新しい結集様式を生む。またこうした新時代の人の交わり方に対するカウンターとして、これを「自由狼藉」＝ケシカランと指弾する風潮が色濃く表れ、その最たるものが「このごろ都ではやる物」で書き出される「二条河原落書」であり、そうした新旧二つの文化的亀裂を神の怒り＝桟敷倒壊として描き出したのが、さきの『太平記』の場面である。直義政権下の建武式目も、足利尊氏・二条良基らが棹差《さお》す新文化へのカウンターであり、政治と文化の連動例と位置づけうるだろう。

なお、足利直義の名誉のために一言だけ付け加えておくとするならば、直義には決して新しい感性や国際感覚が欠如していたわけではない。第1節に見た〈二つの宋学〉の問題もさることながら、その最たる例が、康永《こうえい》元年（一三四二）に元に送られた天龍寺船、天龍寺造営費用を賄うための貿易船であろう。一般に天龍寺は、後醍醐天皇の怨霊にさいなまれた足利尊氏が、夢《む》窓疎《そうそ》石《せき》のすすめを受けて創建されたもの、と説明されるが、『天龍寺造営記録』によれば、「元弘以後廃絶」していた「宋船（ママ）往来」を復活させたのは直義である。前年暦応《りやくおう》四年（一三四一）の十二月に、時節、いかがたるべきや否や、たびたび評定あり。群議一揆せず、諸人の謳歌まちまちなり。あまっさえ、御文談のついで、明経《みょうぎょう》・明法《みょうぼう》両道の人々に訪《と》いおわんぬ。それまた太略異儀なり。（後略）

などと、議論百出状況を作り出した上で、最終的に夢窓疎石と直義とで派遣を決定している。そしてこれが、足利政権の対中国関係の最初の一歩となるのである。

「羽翼両輪」体制の行方

『太平記』末尾に描かれた足利将軍家第三次体制としての「羽翼両輪」の行く末、すなわち足利将軍家第三世代は、第二世代の義詮・基氏兄弟のようにはいかず、関東公方基氏の子氏満は、将軍義詮の子義満の打倒を画策した。その野心を断念して後は関東経営を推進し、一三九一年末に、西日本で山名氏の明徳《めいとく》の乱が平定されると、翌年正月、氏満は陸奥・出羽の支配権をも獲得した。関東におけるその政権は「関東幕府」と呼ばれ、かつて直義が「武衛将軍」と呼ばれたように、氏満自身も「左武衛将軍」と呼ばれ、「羽翼両輪」体制は、常に対立の火種を内包しつつも、継続されることとなった。

かくして、東西に二人の公方（将軍）が並び立ち、なおかつ三条公忠《きんただ》によって「当時本朝の体《てい》たらく、鎮西九国ことごとく管領にあらず」と歎息された九州には、一三七一年以降、九州探題として今川了俊が入部し、もともと全国統治の困難な細長の列島は、文字通り分断支配の状況となった。まさに第二章で述べた〈道州制〉問題の再燃である。

近年谷口雄太が強調するように、たしかに、足利一門なる血統秩序と貴種権威は、予想以上に列島全体を覆っていて、広く全国の武士に対し足利的秩序を意識させる側面があったようだ。しかし同時に、日本列島において、列島を分断する東西国境は、間違いなく存在したのである。

図 3–2　日本列島を分断する東西国境

そこで地図を見ていただきたい。図3–2の破線（- - - -）は、十五世紀前半期の史料（『満済准《まんさいじゅ》后《ごう》日記』、『看聞《かんもん》日記』）をもとに、その東西国境を図示したものである。京都側の願望としては、北から越後、信濃、駿河（破線）以西が「京都御管領」の地で、以東が鎌倉府の管轄に属する、いわゆる「関東分国」である。ただし理想とは裏腹に、現実には、越後国や駿河国東部地域は、ほとんど関東の管轄下にあったと言ってよいので、実際には太線（——）が国境だった。いずれにせよ、いわゆるフォッサマグナ（糸魚《いとい》川《がわ》—静岡構造線）と中世後期の国境線はほぼ重なるのである。

古文書に見る東西国境の火薬庫

この内、東西両幕府が直接対峙する東海道上の国境について言えば、駿河国東部は、南北朝・室町時代から戦国時代に至るまで、ほとんど火薬庫と言ってよい、文字通りの〈国境地帯〉であった。写真3－1は至徳元年（一三八四）、鎌倉府が駿河国佐野郷（静岡県裾野市）を、鎌倉の円覚寺に対し同寺造営料所として交付した文書である。差出人は関東管領上杉憲方《のりかた》で、関東公方（左武衛将軍）足利氏満の「仰せ」を奉《うけたまわ》り、同寺の雑掌《ざっしょう》（訴訟担当者）に対し、現地を「沙汰し付け」るよう、交付担当の両使節（土肥顕平《あきひら》と河村兵部少輔《ひょうぶのしょう》）に命じたものである。

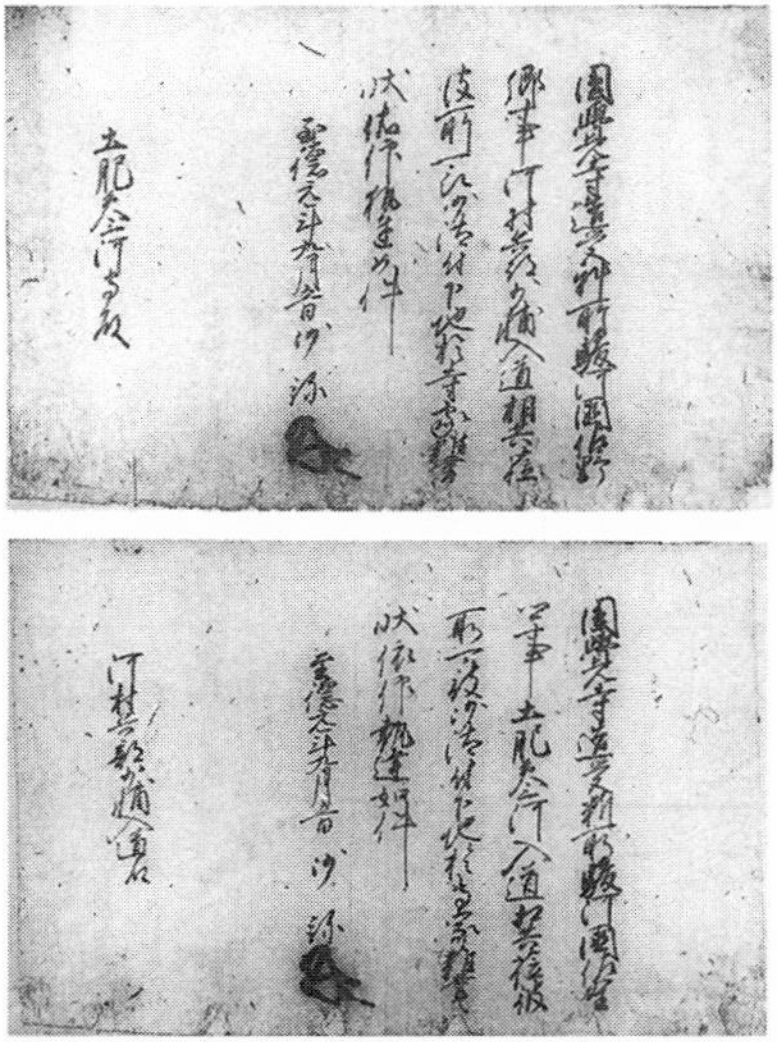
写真3–1　2通の至徳元年（1384）9月5日関東管領上杉憲方奉書（円覚寺文書）　駿河国東部が日本列島の東西国境に位置したことを物語る

ちなみに、この文書にも出てくる「沙汰し付く」、「沙汰し渡す」は、一般にはなかなか難解な中世用語だが、担当者が「沙汰」して権利者に「付け」たり「渡し」たりすることだ、と言えばお分かりいただけるだろうか。では肝心の「沙汰」とはどういう意味なのか。実際私は、勤務大学の演習の場で、「沙汰」を英語に訳すと何になりますか？　という質問を大学院生たりちに投げかけたことがある。そうするとある優秀な参加者からは、「沙汰」とは多義的に用いられる語なので、文脈に応じその都度訳し分けなければならないのでは、という返答が返ってきた。多義的なのはその通り。しかし、たった一語でどんな場合でも適訳となる英単語があるのだが、と追い打ちをかけると、doではどうだろうか、という意見があった。しかし、さすがにdoではマズイ。

正解はズバリhandleである。使節がhandleして交付することを「沙汰し付け」、義経がhandleすることを「義経沙汰」、刑事事件をhandleすることを「検断沙汰」と言う。「沙汰」とはつまり、「取り扱う」ことなのである。

話を戻そう。じつはこの文書は極めて特異なもので、通常であれば関東管領が関東公方の命令を下達する宛所は当該国の守護であり、守護に宛てたその執行命令書を一般に施行状《しぎょう》という。命令を受けた守護は守護代に命じ、守護代が二人の使節に「沙汰し付け」を命じるのが、教科書で言う、使節遵行《じゅんぎょう》システムの典型例とされてきたものである。

では、関東管領上杉憲方は、なぜ間の守護や守護代をバイパスして、直接遵行使節に「沙汰し付け」を命じているのか。従来の研究では武蔵国の特異性が指摘されており、関東管領が守護を兼ねる武蔵国では、守護つまり自分宛に命令を下す必要がないので、施行状は守護代宛に出される。これがすなわちバイパス現象である。しかし、鎌倉府施行状研究の現在の到達点と目される亀田俊和の論考でも、ここに挙げた駿河国の案件のバイパス現象についての説明はない。ではどう説明すべきなのか。

正解は、そこが東西国境の火薬庫だったから、だ。外岡《とのおか》慎一郎は当該文書にかんし、「守護今川の関与は見られない」（『武家権力と使節遵行』三三四頁）と述べたが、それは当然の話であって、そもそも東西両幕府の国境地帯である駿東《すんとう》地域には、駿河守護今川氏の権限が及んでいなかったのである。じつは駿東地域の駿河守護権からの独立現象は、すでに鎌倉時代の建長四年（一二五二）、宗尊親王将軍下向時に遡るもので、当時駿河国駿河郡（のちの駿東郡）は隣国甲斐の守護権に属していた。南北朝時代には、駿府を中心とする守護とは別個に郡単位で守護権が存在する場合があり（これを分郡《ぶんぐん》守護という）、石塔義房《いしどう》が分郡守護権を持っていた時期を経て、当該期は、関東管領上杉憲方が守護権を持つ隣国伊豆の拡張領域、言うなれば伊豆国のアネックスとして、駿河国駿河郡の分郡守護権が存在したのである。ちなみにこの事例がそうであるように、山田徹の問題提起を機とする「分郡守護はなかった」という議論は、万能のおまじないというわけではない。つまり東西国境の火薬庫ゆえに分郡守護権が設定され、関東管領自身がこれを保有する、という特殊な事情から、守護も守護代もバイパスして、直接両使節に「沙汰し付け」命令が下った。それが**写真3−1**に挙げた文書なのである。

守護権から見た権門体制論・東国国家論

従来、研究者の間では「室町幕府─守護体制」論と称する議論が積み重ねられてきた。この議論の推進者である川岡勉は、中央の国家と地域社会を結びつける「媒介項」として守護を位置づけ、「室町幕府―守護体制とは、中央権門としての幕府と地域権力としての守護が相互補完的に結合するところに形成されたと考えることができる」、「室町期守護は単なる地域権力ではない。守護は国家と地域社会の接点に位置することによって、中世後期の社会構成上きわめて重要な機能を果たす存在なのである」（『室町幕府と守護権力』八頁）と述べた。

この川岡説に対して、吉田賢司は室町幕府―守護体制を「全国的な」政治体制として位置づけることは困難であるとし、奥州・関東・九州との関係が捨象されている、と批判した。地域（水平軸）も時期（時間軸）も常に動いているのだから、固定して考えずにその動態を考えるべきだという、至極当然の指摘で、その限りでは吉田の主張に異論はない。だがなぜか吉田は、川岡説の最も致命的な問題点を免責、否、見逃してしまっており、その点には同意できない。

それは、川岡のように室町幕府―守護体制論として中央国家を論じる限り、中世に単一国家の存在を前提する権門体制論に立つことはもはやできない、という点である。すでに見た通り、鎌倉府＝関東幕府もまた、守護に対して京都の幕府と同等の「管領施行システム」を有しているのだから、必然的に列島には幕府―守護体制に立つ「国家」が二つある、ということになるからである。つまり川岡の主張は、師・黒田俊雄の権門体制論を否定し、東国国家論が正しい、と言っているに等しいことになる。もっとも、本書の四五―四六頁に述べたとおり、権門体制論も東国国家論も、その核心部分は別のところにあり、国家が一つか否かは本筋の議論ではないのだが、少なくとも既往の歴史家の議論は単一国家かどうかを争ってきており、その当事者自身が大きな自己矛盾を抱えてしまっている、ということになる。

一三六八年、東西国境の誕生

東国の自立、という問題に関して植田真平は、鎌倉府の支配体制を地域社会秩序との関係を軸に段階的に検討した結果、十五世紀初頭をもって「東国政権」としての鎌倉府の成立、と結論づけている（『鎌倉府の支配と権力』一〇八頁）。だが、植田自身が作成した労作、「公方氏満・満兼《みつかね》期使節遵行検出表」を見れば一目瞭然のように、貞治六年（一三六七）四月の「東関柳営」基氏の死後、氏満が公方を継いだにもかかわらず、十月までの命令者が「北京大樹」こと京都の将軍義詮となっていて、翌応安元年（一三六八）七月以降になってようやく公方氏満へと移行している以上、私ならば古文書学的にその成立を、躊躇なく一三六八年と断定するところである。京都および関東の政治情勢に徴《ちょう》してもまったく無理がない。成立後、なお矛盾を抱えてゴタゴタすることは当然のこととしてあるが、「東国政権」としての鎌倉府の成立、と言うからには、そこ以外にはない。なお、植田の表で右の転機の端境にある一事例、（応安元年）四月二日細川頼之書状（黄梅院《おうばいいん》文書）について言えば、「内々仰せ下され候」の命令主体は本来、前年十月の御判御教書を出した将軍義詮であった。ところが直後の十二月に義詮が死去してしまったので、義満が元服する四月十五日の直前のタイミングで、内々の書状として出されたものと考えられる。なお亀田俊和は、四月十日付の春屋妙葩《しゅんおくみょうは》書状を根拠に、義詮死去の時点における「関東管領」の誕生（上杉憲顕《のりあき》）を唱えるが、従うべき見解であろう。

いずれにせよ重要なことは、一三六八年、義満政権の誕生とともに、日本列島は緩やかな国境意識のもとに、東西に分割された、ということである。もちろんこれは、それこそ黄梅院文書の同じ巻子《かんす》の文書を繙《ひもと》けば直ちにわかるように、その後、関東に京都の足利将軍家の権力がまったく及ばなくなる、などということでは決してない。むしろ、将軍家の統治がより有効に機能する範囲が再設定された、ということであって、多中心的世界の拡大に対応するものであった。

第4節　足利政権中期の正当性の変化

統一政権のイメージの、小さなズレの集積

足利将軍家第三世代、つまり将軍義満の時代は、教科書的にはエポック・メイキングな将軍とされてきた。南北朝を合一し、「日本国王源道義」として日明貿易を推進し、北山文化が花開いた……というように。花の御所を邸宅とし、室町殿と呼ばれる将軍、文字通り室町将軍の誕生だ。ここに三代将軍義満、四代将軍義持、六代将軍義教《よしのり》、八代将軍義政《よしまさ》という、将軍が「室町殿」と呼ばれた時代へと突入することになる。

応永元年の大晦日（従って西暦では一年ずれて一三六九年）、義満が十一歳で将軍となった前後には、東アジアにおいても大きな変動があった。中国では朱元璋が皇帝に即位し、明王朝が創建さ

れている。南北朝が合一された一三九二年には、ついに高麗が滅亡し、李成桂が王位について、朝鮮王朝が創建された。

このように義満時代は、東アジア規模でも、新たな統一王朝の幕開けというイメージが強いし、国内的にも、「公武統一政権」という語は、近年は一般にも広く普及してきている。

しかし、この「統一政権」イメージにはいろいろと問題がある。まず「南北朝合一」というが、これは事実上、南朝の否定である。次に「日本国王」とは言っても通交上の名義に過ぎないし、むしろ明の冊封《さくほう》下に入ったことを示す文言である。また、公武統一政権についても、先述した石原比伊呂によれば、北朝との一体化はすでに前代の義詮の時点で志向されている。それゆえにこそ義詮は「北京大樹」と呼ばれたわけである。つまり、義満がそれほど画期的なのか、と言えば、いくつもの点で留保が必要になってくる。もちろん、個々の留保すべき点はさして大きな点ではないのだが、その小さなズレが多数集積されてしまって、全体としては決して小さくはないズレが生じてしまう。そのようにして形成されたのが、義満イメージなのである。

しかし、何より大きな問題は、この「統一」なるものが、AによるBの統一なのか、AとBの統一なのか、であり、学説上の論争も、主としてこの点をめぐって行われてきた。それが、権限吸収論か、公武統一政権論か、という問いである。

権限吸収論VS公武統一政権論なのか

一般に権限吸収論の代表とされるのが、佐藤進一説である。佐藤は室町幕府、本書で言えば足利将軍家が、それまで朝廷が保有していた京都の市政権を掌握していった、と指摘した。すなわち、都市民支配→土地支配→商業支配というように、漸次的に権限を吸収したというのである。より具体的に言えば、①警察→②治安→③土地に関する行政・裁判→④債権関係の裁判→⑤特定商人への課税、ということになる。なぜこのような順になるのか、おわかりだろうか？

すぐさま答えられた方は、たいへん鋭い歴史眼の持ち主だ。すなわちこの掌握順は、〈最も緊急必要なもの〉から〈より日常的なもの〉へ、さらに言えば〈抵抗のもっとも少ないもの〉から〈より困難なもの〉へ、という順であることが説明できれば、申し分ない。そして、これもお気づきのように、この佐藤進一説は、AによるBの権限吸収を論じ、しかるのちにAとBの一体化が進むと考えている以上、基本的には〈AによるBの統一〉という構図を持つ議論である。

なお、義満による王権簒奪《さんだつ》計画を論じた今谷明『室町の王権』は、今日多くの学問的批判を受け、事実上否定されているが、着想自体については、議論の俎上《そじょう》に載せうるであろう。村井章介による、易姓革命の可能性の困難さを指摘する議論などがそれである。また、「王権簒奪」という煽情的な表現が取られた結果、近藤成一のように、今谷説は佐藤進一の権限吸収論の系譜、すなわち本書で言う〈AによるBの統一〉の一ヴァリエーションとして捉えられてきた節がある。

しかし、自らの正室を天皇の准母（じゅんも）に擬し、自らの子が親王と同等の扱いを受けようとした、と主張する今谷説は、どちらかと言えば〈AとBの統一〉に近い着想であろう。

一方、権限吸収論の対抗学説とされる、富田正弘の提唱する「公武統一政権論」であるが、義満がはじめから〈AとBの統一〉を目指した、とするもので、足利政権と朝廷の結節点となる伝《てん》奏《そう》に着目した点が重要である。義満が伝奏に対する命令権を確立することによって、伝奏は院や天皇の意を奉じるのみならず、義満の意をも奉じるようになる。しかし、だとすれば、「公武統一政権」とは、なんともミスリーディングなネーミングではあるまいか。たしかにAとBの一体化は進むのだが、〈AとBの統一〉というよりは、基本的には〈AによるBの統一〉の系統に属することは、明らかだろう。天変地異の祈禱を義満が掌握したとする富田の主張もまた、基本的には王朝諸権限の吸収という点で、佐藤進一の系譜に属するものであって、これは大田壮一郎が指摘したとおりである。

つまり、権限吸収論VS公武統一政権論のように研究史を整理すること自体、どこかでボタンをかけ違えた議論となってしまっているのである。「公武統一政権」なる珍妙なネーミングが、さきにみた一般読者のイメージ形成に奇妙なバイアスをかけているのだとすれば、なかなかに罪深い話であろう。

佐藤進一説と権力の正当性

AとBの一体化が進められたことは間違いないし、その点には誰も異論がないだろう。しかし、これを富田のように〈AとBの統一〉と呼ぶか、〈AによるBの統一〉と捉えるかでは大違いで、歴史観の強靭さが試される瞬間であろう。

佐藤の思考の根柢にあるのは、常に〈権力の正当性〉という問題であって、だからこそ京都の市政権が問題とされたのである。ところが、世に佐藤の意図を全く汲み取れないままに、京都市政権批判なるものが横行している。仮に京都市政権掌握という議論が成立しないと主張するのなら、では室町幕府は何を正当性根拠に据えたのか、この点を明示する必要があろう。そのような議論を欠いた佐藤批判が学問と呼びえないのは、改めて指摘するまでもない。

朝廷における京職から検非違使、鎌倉幕府の六波羅探題から室町幕府の侍所へ、という佐藤の市政担当者の推移への注目は、平家政権以来、武家政権の正当性根拠が〈都市王権〉たることにあったことを確認してきた本書の読者にとっては、むしろ説得的であろう。

ちなみに、佐藤の〈正当性〉の問題意識を継ぐ議論は皆無ではない。一三六八年に義満が最初に行った応安半済令《はんぜい》、いわゆる応安の大法を徳政令として捉えなおす村井章介の議論などである。

中華幻想と「日本国王」

足利義満が明皇帝から「日本国王」の号を得たことについてはよく知られている。ただし、もしも天皇をさしおいてそのような称号を得た、だとか、義満には天皇になろうという野心があった、などと言う人がいるとすれば、そのような歴史理解は、もうとっくに過去のものとなっている、と言わざるを得ない。もう少し学問的な言い方をすれば、「日本国王」になるとは、中国皇帝の冊封を受けるということであり、つまりは中国皇帝の臣下になる、ということであって、別段スゴいことでもない。それと同時に、「日本国王」とはあくまで通交上の名義に過ぎず、これを名乗ることが国内支配の有効な権威付けとなった、というわけでもない。それどころか、明皇帝に「日本国王」に封ぜられようとした人物は、義満が最初というわけですらない。「日本国王良懐」こと、征西将軍懐良《かねよし》親王という先人がいた。

ただ、このように歴史的事実の基礎情報がアップデートされてきても、対外関係史は、ややもすれば上下関係であるとか、あくまで政治史上のマターとしてしか描かれてこなかった。ところがそうした中、二〇一一年に刊行された橋本雄《ゆう》の『中華幻想』は、足利将軍の自意識のありようにまで肉薄した、という点において、二十一世紀に入って刊行された中世史の書物の中で、もっとも重要な一冊である。

まずもってここで論じられているのは「中華幻想」であって、ただ唐物を愛《め》でるといった「中国趣味」のことではない。歴代の中国は確かに文明帝国として東アジアに君臨してきたが、そうした実態としての中国文明のことではなく、あくまで憧れの中に形象化《けいしょうか》された、〈幻影としての中国〉である。これは、二〇二一年九月に地上波放送を終了したTV番組「パネルクイズ・アタック25」の懸賞であった〝夢のパリ旅行〟や、深夜のラジオ番組「ジェットストリーム」などに代表されるような、昭和の時代のヨーロッパへの憧れ、ないしはコンプレックスと同じである。そこにあるのはあくまでも幻影のヨーロッパ像であり、すなわちこれは、幻影の中国、という問題なのである。さらに橋本は、文明としての中国、中国皇帝への憧れとワンセットの形で、自分こそが世界の中心である、とするエスノセントリズム、夜郎自大《やろうじだい》の自意識が併存したことを見逃さない。

　そして、こうした〈中華幻想〉と呼ぶべき意識のありようは、為政者である足利将軍だけではなく、私が既刊書で取り上げた中世禅林の自由の概念である、「江湖」の思想にも及んでいた。ただし「江湖」世界に生きた禅僧の一群は、〈幻影の中国〉を理想として〈自己像〉を肯定した将軍権力とは対蹠的《たいせき》に、〈幻影の中国〉を理想とすることによって〈自己像〉を批判的に眺めることができた点が、最大の相違点であった。

　そもそも五山禅僧は、当時最高の知識人集団として、外交官その他の形で将軍権力のブレーン層を形成する者が少なくなく、かれらこそは、権力の中枢にいながら、権力から自立した自己を持ちうるという、アンビヴァレントな位置にあった。ちょうど、内村鑑三から丸山眞男にいたる近代知識人が、欧米を理想として日本社会の現状への批判の眼差しを失わなかったのと同様に、五山禅僧の心あるものは、〈幻影の中国〉にはあるものが日本社会には存在しえないことに対し、たとえば中巌円月《ちゅうがんえんげつ》はきわめてナイーヴに絶望し、日本社会の何たるかをもっとも見通していた義《ぎ》堂周信《どうしゅうしん》に至っては、諦念をもってこれを受け容れたのである。私が『〈つながり〉の精神史』で、「日本のなかの中国」「中世のなかの近代」と述べたのは、そこだけかろうじて中国的な磁界が微弱ながらも拡がっていて、近代的「公論」世界が早くもこの限られた磁場の中では息づいていた、という、そのような意味においてであった。

禅僧義堂周信の見た将軍義満

なかでも義堂周信の場合、権力中枢にいたがゆえに、その悩みはいっそう深い。義堂とは、第一章で鎌倉府を「関東幕府」「関東府」と呼んだことを紹介した、かの禅僧である。小川剛生《たけお》は、足利義満が「室町殿文談《ぶんだん》」すなわち儒書の輪読会で生じた疑問を、義堂に対し個人的に質問したこと、等を紹介しているが、義堂の日記『空華日工集』のなかには、それ以外にも興味深いシーンが多数ある。ある時は義満から、道すがら「文武をもって天下を治《おさむ》る事」とは何か、周易《しゅうえき》は読むべきか、などと問われ（永徳元年十二月三日条）、またある時は訴訟の当事者が「権勢家」だったため、奉行たちが「憚り有りて」これを伝えていなかったところ、義満は訴状を見て裁断し、「権門の者、必ず余《よ》をもって怨みをなさん」と述べたのに対して、義堂は「すでに沙汰を称《とな》う。何の怨みかこれ有らん」と答えるなど（永徳二年十一月七日条）、将軍のブレーンとして義満に寄り添う回答もした。当然、月の二十二日に行われた義満の「誕辰斎《たんしんさい》」、お誕生日会にも召集がかかる。が、近すぎるがゆえに、足利義満への心情が赤裸々に吐露されている部分も多く、早くその立場を離れたい心境も、日記には垣間見える。至徳元年（一三八四）八月十日、等持寺《とうじじ》を退いた際に義満に上《たてまつ》った漢詩でも、官寺を退く解放感に満ちていたが、より決定的なのはその二年後、義堂晩年の辞表である。

至徳三年、足利義満が相国寺《しょうこくじ》を五山に加え、南禅寺を「五山之上《しじょう》」の寺格にした際、「五山之上」の公帖《こうじょう》（任命書）を受けた周信は、漢詩二偈《げ》を送って、南禅寺への再住を謝絶する旨、返答している。その一つ目はこうである。

老来にして住院するは、小池の魚。江湖《ごうこ》に放向せば、楽有余《ゆうよ》。
天上の龍門、高きこと万仭《ばんじん》。百雷の辛苦、欲して如何《いかん》せん。

もう私も高齢ゆえ、南禅寺にとどまって小池の魚を続けるよりも、「江湖」の世界に放ち自由にさせていただければ、楽あまりあることです。天上の地位は高きことこの上なく、それを求めて大声をあげ苦しむことなど、したくありません。

そう、これこそ、四代将軍足利義持の宿題にこたえて大巧如拙《たいこうじょせつ》が描いた「瓢鮎図《ひょうねんず》」、すなわち、われわれ「江湖」の禅僧は将軍義持から自由である、という、あの構図と同じものなのである。

そして、このナマズが、幕末に「江湖」という名の港（愛媛県大洲《おおず》市）から土佐を脱藩した坂本龍馬《りょうま》にも見えてきたら、もう完璧だ。思えば義堂周信も龍馬同様、土佐の人であった。元居た場所から自由を求め、「江湖の客」となって外の世界へと泳ぎ、漕《こ》ぎ出《いだ》した時点で、義堂も坂本も、「瓢鮎図」のナマズなのである（図3－3）。

話を戻せば、二つの漢詩を前にした義満の断念を、義堂はこう書き記す。「ここにおいて府君の督、ついに止《や》む」。

図3-3　「江湖の客」となる坂本龍馬（コラージュ）。原図は国宝「瓢鮎図」（退蔵院所蔵）

足利義持と民事訴訟受理

本章の第2節で述べたように、佐藤進一は、足利直義の握る統治権的支配権は、その中心をなす裁判権を見れば明らかなように、支配領域内の人びとの争いを、第三者の立場から、裁判という形式で調停し、それによって、かれらの権利を保障する機能であって、公的かつ領域的な支配権である、と述べた。が、山田徹も述べるように、鎌倉幕府の時代から引き継がれた評定・引付の制度は、三代将軍足利義満の時代には事実上放棄され、担当奉行が義満に「披露《ひろう》」し、「伺い」を建てる親裁、トップの専権が前面に出ることとなる。

ところが次の四代将軍足利義持の時代には、一転して訴訟については積極策が取られることとなる。そもそも中世の紛争解決は、基本的に自力救済であり、裁判においても当事者主義が原則であったので、現実問題として、弱小者にはハードルの高い制度であった。こうした大前提との対比において、義持の訴訟興行、積極策をもって「民事も裁く権力の誕生」と評したのが、早島大祐である。南北朝動乱の終結、天下再興事業によって義満が招来した「過負荷社会の誕生」こそが、民事、すなわち雑務沙汰《ざつむさた》訴訟制度の興行の背後にある、というのである。

この訴訟制度への積極策は、つづく義教の時代に引き継がれることになるが、それについては後に述べることにしよう。

足利義持期の再定位

じつはここ十数年の研究で、もっとも歴史像が書き換えられつつあるのが、四代将軍足利義持である。一般に知られる義持像と言えば、義満死後に朝廷が追贈しようとした「太上法皇《だいじょう》」号を斯波義将《しばよしゆき》の意見によって固辞したり、日明貿易を中断したり、といったことぐらいであろう。

ところが近年は、先述した大田壮一郎が、天変地異の祈禱を義満が掌握したとする富田正弘説を、王朝諸権限の吸収という従来の枠組みで理解するものと批判して、足利政権の祈禱の独自性を探究しているし、桜井英治は義持が内大臣どまりである点に着目して、官職とは無関係の権力を行使した、と指摘している。また早島大祐は、朝廷の恒例行事の再興に着目して「武家の政務」の定位者としての義持に光を当てる。さらに石原比伊呂は、称光天皇大嘗会《しょうこうてんのうだいじょうえ》との関わりに着目して、准摂関《じゅんせっかん》（摂関家の代理）として天皇を輔弼《ほひつ》する足利将軍家を論じている。

このように研究が百出している状況だが、〈権力の正当性〉という観点から注目されるのは、やはり大田の研究する祈禱の問題があろう。ただし、権限吸収論ではダメだとするのではなく、むしろ権限吸収の次の段階へと〈権力の正当性〉が推移した、と考えたほうが、より整合性のある説明となろう。〈権力の正当性〉とは、歴史の状況に応じて再生産されざるを得ない、とするならば、それが前代と異なった様相を呈してくることは、言うまでもない。

ところが、その義持期において、新時代の、というよりは従来型の、しかも途轍もない規模の難題が浮上した。それが、応永の外寇《がいこう》という国際的緊張と、その直後に京都を襲った、飢饉・疫病というドン底状況への突入である。しかも驚くべきことに、応永の外寇によって生じた排外意識の増幅が、飢饉・疫病と融合し、そこに一つの、歴史上の曲がり角が訪れるに至ったのである。

生産地と消費地――すぐに飢える都市、京都

将軍義持の時代に、消費地である京都は、未曾有の食糧不足に陥った。それが応永の飢饉（一四二一―二二）である。が、その説明へと進む前に、まずは十五世紀前半期の京都を取り巻く情勢を見据えておこう。よっていったんカメラの定点を地上高く、日本列島を見渡すことのできる高度にまで上げることとする。

最大の問題は、生産地が右肩上がりのこの時期、なぜ消費地が窮地に陥ってしまうのか、である。それは、第一章以来何度も触れてきたように、〈都市王権〉の基幹となる政治・経済構造(飢饉・兵糧攻めに弱い都市)が、室町時代のこの時期、十五世紀前半にいたるまで、なお持続していたからである。

この時期にいたってなお、「すぐに飢える都市」であったことを象徴しているのが、六代将軍足利義教の時代、永享《えいきょう》三年(一四三一)六月から七月にかけて起こった飢饉である。その基本構図は、本章第1節でみた、元徳の飢饉(一三三〇)と大差ない。関所の乱立、関銭過多により物資が容易に京都に入ってこず、京都内の食糧事情が米商人のコントロール下にある、といった、あの状況である。それどころか今次の永享の飢饉では、米商人六人が結託して「諸国米運送の通路を塞」ぎ(看聞日記)、「口々より入洛する商米を追い帰す」(満済准后日記)ことによって、意図して飢饉状況を創り出すまでに至っていたのである。

おまけに米商人たちは「飢渇祭《けかちまつり》」なるものを三度も行っていたという。この祭については従来、横井清『中世を生きた人々』から今谷明『籤《くじ》引き将軍足利義教』に至るまで、飢饉を喜び「もっとあれ」と願う祭であるとされ、二〇〇八年の清水克行『大飢饉、室町社会を襲う!』でも「怪しげな祭」として室町時代の未開性が指摘されてきたが、これらの解釈ではなぜ三度も行ったのか、説明できない。この点を説明できるのは、じつは二〇一〇年の拙著『自由にしてケシカラン人々の世紀』で提唱した、「飢渇フェア」説のみである。そう、「風祭《かざまつり》」が台風の被害「なかれ」と祈る祭であるのと同様、「飢渇祭」もまた、飢饉「なかれ」の祭なのである。つまり米商人たちは、「なかれ」を祈る被災者側に立つと見せかけて祭を挙行。「さァ、飢渇祭だよ！」とばかり、自ら隠し持っていた米を、たいそうもったいぶって売りに出したのである。それを三度もやるとは何とも強欲だが、流通を監督する立場にあった侍所所司代《さむらいどころしょしだい》が一枚噛んでいた不正だったので、すぐには表面化しなかったようだ。ただささすがに三度とあっては調子に乗り過ぎだ、ということであろう。ついに侍所が動いて米商人たちの逮捕・糾明《きゅうめい》に至り、所司代は辞任するに至る。

冷涼から温暖化へ向かう時代

近年、経済史家の中林真幸らは「四〇〇〇年前、日本経済は長い近代化の歴史を歩み始め、やがて、自由な財市場と労働市場と金融市場の上に成り立つ資本主義経済を発展させた」として『日本経済の長い近代化——統治と市場、そして組織 1600—1970』を公刊し、さらに二〇一七年刊行の『日本経済の歴史1 中世』では、議論をもう二—三世紀遡らせて、次のように言う。

長い停滞の時代が終わり、今日につながる成長が始まるのは、一四—一五世紀である。農民が定住し、村を作り、持続的な生産性の向上に努める。一円支配を確立した戦国大名が統治と公共投資に責任を持つ。私たちが伝統的だと考える日本経済の姿が、そこに生まれつつあった。（V頁）

十五世紀後半、応仁の乱前後を境として、右肩上がりに「長い近代化」の一歩が踏み出される、とするスケールの大きい歴史像は魅力的であるが、ただし、十四—十五世紀の歴史それ自体は、決して平坦ではない点には注意が必要だ。たとえば峰岸純夫は、中世の日本列島では温暖化の時代と寒冷化の時代が交替したとして、おおよそ次のように時代区分している。

①中世初期（十一世紀後半—十二世紀）
温暖の時期、稲作の北上、大開墾の時代、荘園公領制の成立。
②中世前期（十三世紀）
寒冷化の時期、飢饉・凶作の頻発。
③中世中期（十四世紀—十五世紀前半）
一定の温暖化、生産条件の一定の回復。
④中世後期（十五世紀後半—十六世紀）
寒冷化の時期、生産条件の悪化。飢饉の頻発。荘園公領制の解体。

つまり、中林らが注目した十四—十五世紀で、生産条件が良いのは、十五世紀前半までであって、後期には一気に悪化するのだという。

ただし、第一章で紹介した最新の気候変動研究を踏まえると、峰岸の整理にも若干の修正が必要となる。③の時期、日本列島は一三二〇—三〇年代に急速な温暖化を経験した後、十四世紀後半は冷涼へと転じ、世紀が変わって一四二〇―三〇年代に入って、ふたたび温暖化へと向かう。つまり、今日的にはもう少し短い周期での気候変動の起きていることが明らかとなっている。このあたりの動きについては、やはり一七八―一七九頁の図3‐1が見やすいであろう。

とは言え十五世紀前半期の再‐温暖化の過程で、生産地では、良好な生産条件のもとに、自治組織である惣村《そうそん》が誕生する。日本全国等《ひと》し並《なみ》に荘園公領制から村請制へ、収取システムが変化するというわけではないものの、先進地、たとえば九条家領の和泉国日根野庄《ひねののしょう》（大阪府泉佐野市）では、荘民一同の嘆願によって年貢の定額納入が実現しており、それがまさにこの時期、応永二十四年（一四一七）のことなのである。毎年定額の年貢さえ村として納入（これを村請《むらうけ》と言う）しさえすれば、余剰を手にすることができる、そんな村が登場したのも、まさに温暖化へと向かいつつある、十五世紀前半なのであった。

嘉吉徳政一揆の戦法

生産地に食糧があっても、流通がコントロールされればたちまち飢饉に陥る。この状況を活用して有利に事を進めたのは米商人だけではない。「御徳政と称し」鬨の声を揚げる「土民数万」もまた、同じことを考えた。嘉吉《かきつ》元年（一四四一）、専制政治を敷いた六代将軍義教が赤松満祐《みつすけ》によって殺害された「嘉吉の変」の混乱覚めやらぬ中に勃発した、嘉吉の徳政一揆である。酒井紀《き》美《み》が明らかにしたように、一揆の戦術の第一段階には「七道口《しちどうぐち》を塞ぐ」、言うなれば京都の兵粮

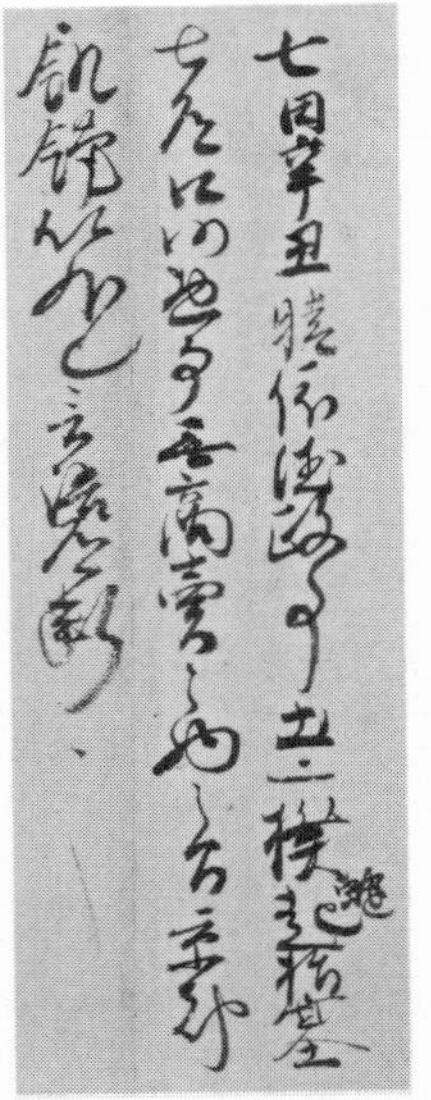

写真3-2　嘉吉徳政一揆で起きた飢饉を記す西園寺公名の日記（『管見記』52巻、宮内庁書陵部所蔵原本のコロタイプ複製本〔国立国会図書館提供〕）より

攻めが行われた。単独の村では同時多発的に七つの口を塞ぐことは不可能であり、そこに与郷《くみのごう》（組郷）、与力の郷と呼ばれる複数村落の連携プレー、ヨコのつながりを見出したのが酒井である。土《つち》一揆は七道口を塞ぎ流通をストップさせた上で、弱った京都市中に一気に攻め込んだ。『東寺執行《しぎょう》日記』には、「四角八方を陣に取り廻し、日ごとに京中へ責め入り候。一揆陣は十六所と申す」（九月五日条）と見える。

この嘉吉徳政一揆の際、実際京都は飢饉状況に陥った。西園寺公名《きんな》は日記にこう記す。

七日辛丑、晴。徳政のことにより、土一揆蜂起し、七道口を指し塞ぐ。よってすべて商売の物なきの間、京都の飢饉もってのほかなり。言語道断に候。（『公名公記』嘉吉元年九月七日条）

この「七道口を指し塞ぐ」ことで飢饉状態を創り出す戦術は、酒井の研究にあるように、この後、享徳《きょうとく》三年（一四五四）、長禄《ちょうろく》元年（一四五七）、寛正三年（一四六二）、文明《ぶんめい》十二年（一四八〇）の徳政一揆でも見られるが、「米穀至らず」や「通路叶いがたし」のように、通路の遮断を記す記事はあっても、十五世紀後半の事例では嘉吉徳政一揆のような「飢饉」と認識される状況までには至っていない。つまりは「飢饉」状態を創り出す実質的な効果よりも、次第にデモンストレーション効果の方が重要となっていったのであろう。

応永の外寇と応永の飢饉・疫病

以上のごとく十五世紀前半の京都の状況を見渡したところで、ここで改めて、時計の針を嘉吉の徳政一揆から二十年前の応永の飢饉にまで戻そう。正確には飢饉がピークを迎える直前期の状況である。

応永二十六年(一四一九)六月、朝鮮王朝の世宗元年、同国の上王太宗は、己亥東征と呼ばれる軍事行動を起こし、兵船二百二十七艘、一万七千二百八十五名からなる軍勢をもって対馬島を攻撃した。いわゆる応永の外寇である。前年、日朝関係の潤滑油の役割を果していた宗貞茂《そうさだしげ》の死を機に、倭寇問題が再燃したためであった。

一方、このころ京都では、応永二十八―二十九年をピークとする飢饉が始まりつつあり、早島大祐は、外寇と飢饉が相まって、義持政権下で伊勢神宮以下の京畿諸社に対する祈年穀奉幣《ほうべい》が六十三年ぶりに再興されたほか、朝廷祭祀の復興がなされたことに注目している。さらに、祭祀再興の財源調達の必要性が生じたことを機に、応永二十年代に幕府の財政構造そのものが変化することにも注目する。現地に直接課税することに替えて、土倉酒屋役のような富裕な商人への課税、また在京することの多い守護への国役賦課が中心となった。早島が「都市依存型財政」と呼ぶように、生産に課税するよりも流通に課税することが、より確実な財源となったのである。

さて、応永の飢饉・疫病の被害状況であるが、清水克行の言うとおり「都市機能壊滅」状態であった。対応の第一段階は「施行《せぎょう》」、すなわち食糧の施与で、将軍足利義持、および将軍の命を受けた諸大名《たいめい》によるものが知られている。民間レヴェルの救援活動は見られず、この点が十五世紀後期の寛正の飢饉（一四六一）との相違点である。

応永の飢饉は、〈都市外部〉からの流入民を主たる被災者とする飢饉、という点では寛正の飢饉を先取りしており、じつは京都におけるその最初の事例であるのだが、十五世紀前半のこの飢饉では、流入民ばかりでなく、〈都市内部〉の住人の被災状況もまた甚大であった。とうてい〈見知らぬ他者〉に施す余裕などない。それこそ「都市機能壊滅」状態であったため、飢え死にしたのが〈都市内部〉の人間であるのか〈都市外部〉の人間であるのか、を意識するような余裕などない。だからこそ、民間の追善供養行事である河原施餓鬼《かわらせがき》が実施不能なら、せめて政府の公式追善行事である五山《ござん》施餓鬼を、という切実な声が上がったのである。物資提供に力及ばない分、亡くなった死者に対する人々の思いは、より強くなった、私は『〈つながり〉の精神史』ではそう述べた。

闘う女神イメージの造形

外寇と飢饉・疫病という二つが相まって誕生したのが、祇園会《ぎおんえ》における船鉾《ふねほこ》である。船鉾がはじめて登場するのは、『康富記《やすとみき》』応永二十九年六月十四日条の「桙《ほこ》山船」であるとされ、山田智《ち》理《さと》は、①船鉾誕生と応永の飢饉・疫病との同時性、②神功《じんぐう》皇后の三韓征伐説話を趣向とすること、の二点を踏まえ、③それが祇園会という場にあらわれたこと、の三点に問題を整理し、その連関を鮮やかに解明した。応永の外寇時に広田社（兵庫県西宮市）から「大将のごと」き「女騎の武者」の姿が注進されたことが『看聞日記』に見え、それとは別に、七月十五日付探題持範《たんだいもちのり》注進状なる文書に「大将とおぼしき」「女人」の活躍が見られることについては、瀬田勝哉をはじめ多くの論者が注目してきたが、山田は、先行研究が「女騎の武者」「女人」の両者がそれぞれ誰かを問おうとしてきたのに対し、京都の都市民にとってアマテラスにも神功皇后にもイメージされうる、抽象度の高い女神イメージが造形されたことこそが重要、と指摘する。

　具体的に誰かをイメージして造形されているのではなく、その抽象度ゆえに、「闘う女神」のイメージは京都の都市民に複数の解釈の余地を与えたのであって、それゆえ一方ではアマテラスとして実体化され、他方では神功皇后として実体化され流布したのだ、とする山田の整理は説得的である。詳細は一切略して結論だけ述べれば、アマテラスは新たに治病神としての役割を付与され、以後京都の都市社会では、伊勢信仰が飛躍的に拡大していったのであり、その一方で神功皇后は、祇園会という場で「船鉾」として姿をあらわし、疫病除災の役割を担ったのだと言う。その上で山田は、応永の外寇から大飢疫災害に至るまでの、「一連の騒擾をどうにか乗り越えていこうとする人々の強い意志」を読みとるのである。

排外意識とケガレ観の習合

しかし一方、ここに見逃せない問題が寄り添っていることにも注意したい。応永の外寇が排外意識を増幅させ「神功皇后」説話が喚起強調される一方で、応永の飢饉・疫病というドン底状況がケガレ観を増幅させたとするならば、象徴としての「船鉾」は、苦難を乗り越える都市民の意識の発露であると同時に、排外意識とケガレ観の習合《しゅうごう》とでも呼ぶべき状況を現出した、とも言えるからである。

排外主義をめぐっては、古くは高橋（公明）・村井（章介）論争、すなわち中世の日本に高麗・朝鮮王朝に対する蔑視の意識があったかどうか、という有名な論争があり、網野善彦までもがこれに参入してしまったのだが、最近では橋本雄が、両国の使節に対する対応の厚薄が明白にあったことの指摘に加え、朝鮮王朝からの使節の宿泊先が尼寺であることを、一種の「穢れ」感、あるいは、外国人に対する差別意識と関連しているのではないか、とも指摘している。

実際、差別意識は外国人に対してのみならず、増幅される傾向となっている。十五世紀後半の寛正の飢饉時の場合には、あの応永の飢饉時の、「物資提供に力及ばない分、亡くなった死者に対する人々の思いは、より強くなった」意識のありようとは様変わりして、現実問題として都市内部で多数の死者が堆積していくや、被災者が異質な他者であることがはっきりと意識されるに至り、「死屍《しし》爛壊《らんかい》の臭、触《ふ》るべからず」（『碧山日録』寛正二年三月二十九日条）、すなわち死者のケガレを洗い流し、京都の清浄回復を望む声のほうが高まっていった。五山僧のいささかやる気のない不平のなか執り行われた五山施餓鬼は、応永飢饉時の切実さに比して、いかにも形式的な儀礼と言わざるを得ない。つまり「船鉾」誕生は、京都の都市民の意識のありようをも変えてしまった可能性があるのである。

ただし、中世の日本に高麗・朝鮮王朝に対する蔑視の意識があったかどうか、という問いについては、私は日頃の授業では次の二点を強調している。それは第一には、「もっとも開かれた思考の運動体からでも、排外主義は派生しうる」ということであり、第二には「排外的思考のなかにも、他文化への敬意は生まれうる」ということである。第一の点は二〇一四年十二月に『朝日新聞』のオピニオン「拡散する排外主義」で述べ、第二の点は、二〇一五年四月に『日本経済新聞』中外時評「『日本スゴイ』で大丈夫?」の取材中で、それぞれ具体例を挙げつつ述べたものだが、じつは第二の点は、二〇一二年度の日韓・韓日歴史家会議の討論の席上、板垣雄三の「唐人」にかんする質問への応答の過程で紹介した、次の事例が下敷きとなっている。

祇園会、高麗人々見らると云々、去月高麗より進物数万貫・一切経等これを渡す。使節、宝《ほう》幢寺《とうじ》において室町殿正看ありと云々。
(頭書)「後に聞く、唐人見物せず」
(『看聞日記』応永三十年六月七日条)

私はこれを、朝鮮王朝の人々を「高麗の人々」と呼び、「唐人」とも呼ぶ実例として挙げて板垣の問いに答えるとともに、「高麗の人々」の祇園会見物を、「見らる」のように尊敬の助動詞をもって表現されていることに注意を喚起した。高麗版大蔵経《だいぞうきょう》等の進物をもたらしてくれた人々に対し、つい「高麗の人々がご覧になった」と言ってしまうことはありうるのであって、別の場面では朝鮮王朝の人々への蔑視の意識が仮にあったとしても、それが容易に後景に退き、場合によっては反転することさえもある、この点こそが重要だ、と述べたのである。

法制史上の曲がり角に立つ足利義教

清水克行は「足利義持の二つの徳政」と題し、義持は自らの代始めに続く二度目の徳政を、応永二十九年前後に実施したと指摘する。船鉾誕生の頃である。その内容は民衆救済を旨としたものではないが、天罰は為政者に下るとする天譴説《てんけんせつ》については、当然熟知しての施策であった。この点、東日本大震災の際に「天罰」を口にした平成の政治家とは大違いだ。そして義持が徳政の施行細則「御成敗条々」を発したことを機に、訴訟における「理非」の究明が重視されるようになり、結果、実務増加を背景に幕府奉行人の制度が拡充された、と論じたのが吉田賢司である。

ついで、四代将軍義持の時代に積極策に転じた訴訟制度を、さらに一歩進めたのが、六代将軍義教であった。かつて石母田正は、成文法である古代法が「世界的」「都市的」であるのに対し、慣習法的体系をなす中世法は「地域的」「農村的」である、と形容したが、これに対し法制史家笠松宏至は、中世法の世界が、具体的、個別的――もう少しかみ砕いて言えば、その都度、状況に応じて新たに立法されるだけで、法源や判例の蓄積には無頓着である、という性格があったことを承認しつつも、「室町も後半期に入るとそこには相当の変化があらわれてくる」と指摘した。すなわち、前代とは違って、既成法の中から積極的に規範となるべき法を発見し、これを解釈・適用していこうとする「純法理主義的傾向の台頭」がうかがえる、というのである。その傾向が顕著なのが、じつは管領斯波義淳と対立して将軍専制を進め、恐怖政治を敷いたと一般的には理解されている、足利義教期であった。

義教が行ったのは「意見」の制度化である。『御前落居《らっきょ》記録』という史料が残されたことによって明らかとなるのは、外様《とざま》衆四家からなる評定衆や、奉行人の評議を経た上で「意見状」が上呈されて義教が決裁する、という訴訟手続きであり、この点で前代の専制君主義満の時代とはまったく異なる、と説明されることが多い。ただし、「意見」を提出する過程で、既成法の解釈・適用のスキルが陶冶《とうや》されていく、という「純法理主義的思想」それ自体は、笠松も指摘するように、公家法において明法家《みょうぼう》が上呈する明法勘文《かんもん》に近似する。したがってこれは、将軍義教のオリジナル、というわけではないし、もっと言えば、平安時代以来の日本型意志決定の場では、一応列席者の「意見」を聴き、形式上の合議を行ったことにして、為政者の意向に沿った決定が下されるのが常であるから、「意見状」の制度を過大評価《オーヴァーレイト》するわけにもいかないだろう。じっさい桜井英治は、『御前落居記録』には「およそ公正さとはかけ離れた論理がまかり通っていることに気づかされる」とまで述べた（『室町人の精神』一四〇頁）。とはいえ、鎌倉時代の執権北条時頼の場合がそうであったように、専制志向の為政者のほうが、かえって合議、評議することの必要性、支配の正当性を組み込むことがいかに重要か、をよく理解している場合がありうるのだ、という事例としては、なかなか興味深いと言うべきであろう。そしてそこに、その必要すら感じない絶対的専制者と、専制を志向する者との差がある、と言ってもよい。

さて、周知のとおり、義教の執政自体は一四四一年の嘉吉の変によって頓挫し、以後は設楽《しだら》薫《かおる》が論じたように、評定衆の衰退、奉行人の台頭という歴史を辿り、応仁・文明の乱以後の御前《ごぜん》沙汰《さた》では将軍臨席の「評議」が持たれなくなる。評定衆消滅後の「意見」は奉行人に一本化され、それとは別ルートとして、天文《てんぶん》年間の足利義晴《よしはる》期には、将軍側近による「内談」が重要な位置を占めるに至る。つまり、専制君主義教が組み込んだ「評議」「意見」の制度は、十二代将軍義晴のころには、すっかり換骨奪胎されていたのである。

とは言え、この義教期が大きな歴史の曲がり角となったこと、すなわち一七八―一七九頁の図3－1に示したように、十五世紀前半と後半の間に、大きな歴史の曲がり角があることは疑いない。政治史的には、古野貢《ふるのみつぎ》のように、「前期幕府」から細川氏の主導する「後期幕府」へ、といった区分をする人もいるが、こうした見方には将軍家と細川氏の相関をより緻密に解明せんとする馬部《ばべ》隆弘《たかひろ》の批判があるのみならず、そもそも変動は、表層の政治史よりも深い次元で起きていることは明らかである。実際、笠松もまた、いわゆる所務沙汰《しょむさた》（所領をめぐる相論）に関する裁判規範的立法が見られるのはせいぜい十五世紀中期までであり、以降は徳政、撰銭令《えりぜにれい》などを中心とする政所関係の立法がその大半を占めるようになる、とする「変化」をも読み取っている。

さて、笠松の見出した法制史上の曲がり角、とでも言うべき屈曲点に、より多くの意義を読み込もうとしたのが、早島大祐である。先述の嘉吉の徳政令が「徳政の大法」と呼ばれたように、幕府法が他の法よりも上位にあることが強く意識され、幕府法の「大法化」が進む、というのである。飯尾為種《いのおためたね》や伊勢貞親《さだちか》らの登用を「経済官僚の誕生」と評するのは、笠松の指摘した十五世紀後半の新しい情況――やれ徳政だ、撰銭令だ、といった事態の出現を説明する上で有効と言うべきであろう。

そしてそれに付け加えて言うならば、伊勢氏や小笠原氏が職掌した武家故実の重視、さらには新田一郎の注目した式目註釈書などの解釈学の展開、といった室町後期の認識論《エピステモロジー》的転換、という問題は、およそこの時期の「純法理主義的傾向の台頭」とパラレルであることもまた、間違いなかろう。

第5節　物流構造の変動と転換期としての十五世紀後半

すぐに飢える都市から簡単に飢えない都市への転換

十五世紀前半の応永の飢饉、あの「ドン底」状況とはまったく違った様相が、十五世紀後半の寛正の飢饉にはうかがえる。都市住人によるボランティアの展開である。はじめ八代将軍足利義政自ら救済活動に着手するが、間もなく時宗《じしゅう》の僧、願阿弥《がんあみ》による勧進《かんじん》活動が始まった。下京《しもぎょう》の人々の集会所となっていた六角堂には、十数間《けん》に及ぶ仮設の小屋が建ち、じつに十五口もの大釜がならべられ、民間の寄付によって、粥《かゆ》の振舞いが始まった。その状況を、単なる言葉としてではなく、ぜひとも映像として思い描いていただきたいと思う。そう、十五の大釜が見えてきただろうか。これは、十五世紀前半の応永の飢饉では、あり得ない光景だったのである。果して将軍義政は、願阿弥の活動に寄付し、要は政府主導からNPO活動の支援へと、政策を切り替える。

つまり、十五世紀後半の京都には、飢饉のさなかにあっても、食糧があったのである。しかも、さきの峰岸純夫の時期区分によれば、④中世後期は寒冷化により生産条件が悪化し、生産地が最悪の状況であったにもかかわらず、である。③の時期と同様、ここでも消費地京都の食糧事情は、生産地とは逆転現象となっているのである。

では、それはなぜなのか。理由はこうである。十五世紀前半までの京都は依然として都市王権的であって、生産に根差さず物流に依存していた分、脆弱だった。しかし十五世紀後半以降は、生産に根差さず物流に依存していた分、京都は生産地以上に強い、という逆転現象が生じていたのである。つまりここには、京都の流通・消費にかかわる一大転換がある。

こう考えると、近年急速に進展した「高分解能古気候学」と、歴史・考古学との連携を掲げる研究プロジェクトの成果も、そのままでは使いづらいことは、もはや明らかであろう。東寺領、播磨国《はりまのくに》矢野荘（兵庫県）を中心に、十四―十五世紀の農業生産の変動を分析した伊藤俊一《としかず》の研究も、労作であることは間違いないものの、降水量のデータと史料上の洪水の発生時期が一致するという、ある意味当然の結果に逢着する一方で、気候変動のデータと水旱害のデータには強弱があり、気候変動以外の要素を考える必要がある、と、これまた当然のことが結論とされている。そして何より、分析が応仁の乱前夜の一四六〇年で終わっており、十五世紀前半と後半の間にある大きな転換を検討する材料たり得ない点が惜しまれる。

もちろん、こうした新しい研究動向を、ただ批判したいというわけではない。高分解能古気候学のデータが有効な補助線となり得ることについては、同じく東寺領の、山城国上久世荘《かみくぜのしょう》（京都府）の検討を行った、土山祐之《ゆうし》の研究からも垣間見えるのであって、データを生かすも殺すもこ

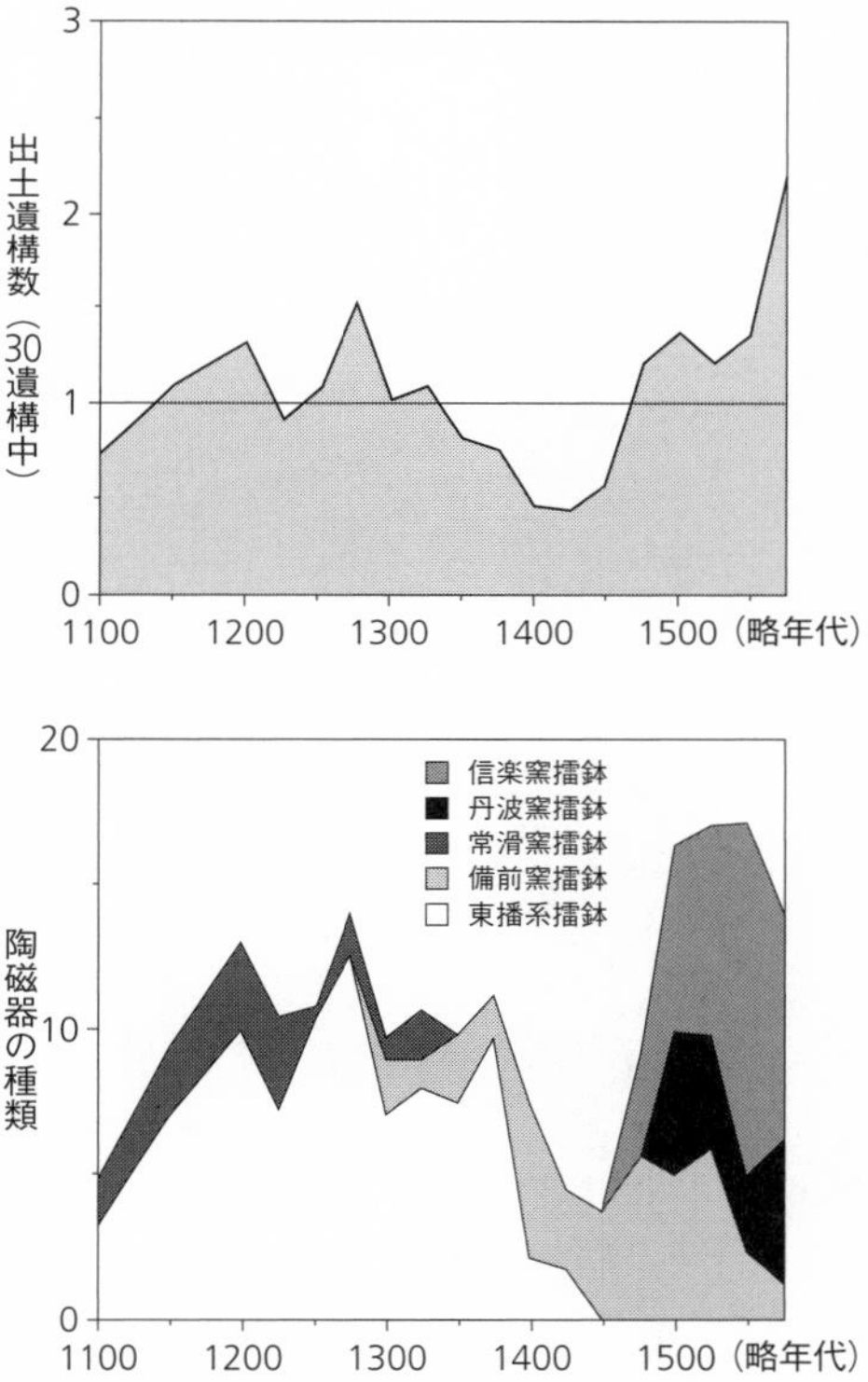

図3-4　陶磁器出土比率の変遷（上）と擂鉢《すりばち》出土量の変遷（下）（京都文化博物館『京都・激動の中世』より）

れから、というところであろう。ただ、気候データが細密化しても必ずしもはかばかしい成果が得られるわけではない当該テーマをめぐっては、もっと大胆に歴史が透けて見える、有意の情報に満ちた考古学データも存在する。鋤柄《すきがら》俊夫・小島道裕によって紹介された、京都における陶磁器消費のデータである（図3－4）。「消費」という経済活動のデータゆえに、気候変動のデータ以上に、もっと直接的に人間の行動が、そこからは浮かび上がってくるのである。

消費経済のV字回復と災害ボランティアの展開

このグラフのドン底が、十五世紀前半の応永の飢饉であることは容易に見て取れるが、最初にこの「ドン底」のデータを活用したのは、清水克行である。先述したように清水は、これを「都市機能壊滅」と呼んだ。一方で、「ドン底」のさき、十五世紀後半に一気に京都の陶磁器消費が増大し、V字回復することに着目したのが、二〇一〇年の拙著『自由にしてケシカラン人々の世紀』である。この指摘はさいわい支持をいただき、橋本雄によって「畿内・西日本そして東アジア海域全体の物流活性化」の一環として補強・敷衍《ふえん》されるにいたっている。なお、中林真幸らの言う「長い近代化」のスタート地点がこの時期に設定されていることについても、先述したとおりだ。それだけではない。市場法、および市場の立つ社寺門前の保護法の発布数が、「ドン底」から増加へと転じたのも、十五世紀後半のことであった。早くに佐々木銀弥《ぎんや》が指摘したこの現象の背後にある、「日本史上の大断層」を指摘したのが、安野眞幸《あんのまさき》である。

すなわち、ここには経済史上の一大転換があるのであって、物流活性化の波に乗れなかった生産地が飢える一方で、寛正の飢饉（一四六二）下の京都では、流入する被災者に「施す」ことができるほどに、都市の住人には経済的余力が生まれていた。そう考えるべきなのである。

市場経済と日雇い労働

かつては悪政と呼ばれた足利義政・日野富子《とみこ》夫妻の執政期への再評価がなされてから久しい。桜井英治が指摘したように、年貢のような伝統的税収にさほど期待ができない分、市場経済への課税へと、より大きく舵を切ったのがこの時代である。それが可能なのも、橋本雄が指摘したように、畿内・西日本・東アジア全体の物流活性化の波があってのことである。そして、流通に強い権力であるがゆえに、地方の飢饉状況にもかかわらず、京都に食糧を維持でき、寛正の飢饉時の大規模な焚き出し活動をも支援することができた。

また義政が土木事業を頻繁に起こしたことは、天皇に叱責《しっせき》された悪政の極みと位置づけられてきたが、藤木久志は、古代から中世にかけての生命維持の習俗の事例を根拠に、雇用創出のためだったと論じ、義政の評価を逆転させた。このニュー・ディールばりの雇用創出論についての当否は前著で詳述したので、そちらを参照されたいが、ただ藤木は重要な一点を見逃していた。

それは、大規模土木事業を興し、雇用を創出すればするほど、窮民《きゅうみん》を京都に集める結果となる、という点である。すでに述べたとおり、十五世紀前半の応永の飢饉とは違って、十五世紀後半の寛正の飢饉時には、都市京都には食糧があった。寛正の飢饉での主たる被災者が京都住人ではなく、京都に流入する難民であった以上、「京都に行けば食える」となれば、難民流入はかえってエスカレートし、それがゆえに京都にたどり着いては力尽きて死んでいった多数の死者の埋葬、そしてケガレ消除こそが、都市京都の最大の課題となったのである。

とはいえ、この飢饉での義政の力点が、支配者層よりも民衆の方にあったことは重要である。かつて私が指摘したとおり、義政は、死者を追善供養する政権主催行事であった五山施餓鬼をみずから命じておきながら、費用を一切出銭せず、その一方で民間の河原施餓鬼のほうには銭十貫文を下行した、という事実はやはり重要である。

なお、飢饉を生き延びた難民ほかの下層民衆、非人《ひにん》身分の者は、こののち永正《えいしょう》年間ごろまでは町《ちょう》という名の共同体に〈包摂〉されているが、天文年間の町組結成期には、自治の権利を獲得したい都市民と治安維持を確保したい政権との共犯関係の下に、町の共同体から〈排除〉されることになる点についても、ここで指摘しておきたい。

義政以前・義政以後

義政までの「室町殿」の時代に対し、応仁・文明の乱以後、十五代将軍足利義昭《よしあき》までの時代は、将軍家権力の衰退過程と位置づけられてきたが、近年は「戦国期足利将軍」期と命名して光を当てようとする研究動向が存在する。そもそも「戦国期荘園制」「戦国期守護」「戦国期権門体制」

のごとき用語が用いられる場合は、旧いレジームが完全に消え去ったのではなく、戦国期に即応した姿態転換を遂げつつも強固に社会を規定している、といった場合に用いられるのだが、「戦国期足利将軍」論に限っては、事実発掘的で、さほど有意の概念とはなり得ていないようだ。

いささか月並みだが、応仁・文明の乱を通じて列島の分断、地域権力の台頭が進み、戦国時代に突入していく過程を見るに、ギリギリの限界点が義政であったことも事実である。応仁・文明の乱後に所領回復要求が生じ、足利義材《よしき》が寺社本所領の回復を通じて幕府の威信、正当性を高めようとしたとはいっても、モンゴル襲来時の安達泰盛の弘安徳政とは比較すべきもない。やはり、義政がギリギリのラインだった。橋本雄が探究したように、朝鮮王朝に対し、九州を初めとする西国の地域権力がひっきりなしに「偽使」を送って通交を求めようとする動きの中で、「日本国王」たる義政は、朝鮮王朝から発給された通交証明である「牙符《がふ》」の制度を導入し、国家的な外交権が将軍家の独占するところであることを示そうとしたのである。まさにこれがギリギリのところだ。が、にもかかわらず、牙符を融通して取得するルートを絶つことはできず、将軍の外交権は、やがて大内氏や大友氏、対馬の宗《そう》氏といった西国の地域権力に分有されていくことになるのである。

その大きなきっかけとなるのが、一四九三年の明応《めいおう》の政変である。

二人の将軍・二つの将軍権力

笠松宏至は、十五世紀後半に、主として畿内周辺地域で「時の公方として御成敗」といった、特徴的な罪科文言が登場することに注目した。この場合、「公方」とは必ずしも将軍、また将軍権力を指すわけではなく、「公」は必ずしも中央権力が独占するものではない点が重要であり、社会の多元性に即応した、時代を彩る用語となっていたこと、すなわち「公」の時限性と多元性とが浮上したことを意味する。

ただし、右述の壮大なる現象からすれば、その一部に過ぎない、ごくごく些細なことかも知れないが、事実として見れば、いわゆる将軍権力としての「公方」もまた、決して一つではないことが一挙に拡大した、ということもまた確かであろう。実際、応仁・文明の乱の展開過程で、百瀬《もも せ》今朝雄《けさお》のいう「二つの幕府」＝「東西両幕府」、すなわち西軍による足利義視《よしみ》（義政弟）の推戴と義政の激怒、という事態が生じている。ただし、ここでの東西とは、あくまで東軍・西軍のそれであるから、混乱を避けるためにも「二つの将軍権力」と呼ぶことにしよう。

ただ、そもそも東西に長い日本列島を二人の公方＝将軍権力によって統治しようとしたのが、本章第3節で述べた足利政権期第二世代の「羽翼両輪」体制である。その後、鎌倉府＝関東幕府の将軍権力は、一四三八年に永享の乱を起こした足利持氏、一四五五年に享徳の乱の引き金となる足利成氏《しげうじ》をはじめとして、しばしば京都の将軍権力と対立した。したがって、複数の将軍権力が列島に併存すること自体は、さほどイレギュラーなことではないのだが、応仁の乱は、京都の将軍権力それ自体を分立させ、それに付随して将軍奉公衆もまた分裂した、という点では新たな事態である。戦国期には、「義材《よしき》（義稙《よしたね》）―義維《よしつな》―義栄」と「義澄《よしずみ》―義晴―義輝―義昭」の二系統の将軍権力が並立する状況も生まれ、このうち義維の在所をもって「堺公方」「堺幕府」と呼んだりもする。その意味では、論者の言うように、たしかに「戦国期足利将軍家」を単なる崩壊過程とみるのは適切ではないが、そこはもう一押し欲しいところである。

この点、法制史家の松園潤一郎は、義稙の将軍復職後の訴訟制度改革の意義を強調しており、「正当性」の観点からも注目されよう。ただし、政権交替、さらには翌六年の「天変地妖《ちよう》」にともなう徳政興行の意思を義稙が持っていたとしても、その実情は、所務《しょむ》相論《そうろん》、すなわち土地の権利争いのような面倒ごとをさっさと処理したかった、という程度のことに見えなくもない。二系統の将軍権力が併存するがゆえの、「前政権（義澄）との差異化」と言ってしまえば、それまでである。

さて、この二系統の将軍権力の並立＝対立状況を生み出したそもそもの契機が、明応の政変であった。

政変は、直接的には明応二年（一四九三）四月、細川政元が足利義材（のち義尹《よしただ》、義稙）に背き、足利政知の遺児清晃《せいこう》を擁立して将軍義遐《よしとお》（のち義高、義澄）とした政変劇を指すが、家永遵嗣によれば、その背後にあるのが、いわゆる北条早雲、正しくは早雲庵宗瑞《そうずい》、早雲寺殿こと、伊勢盛時《もりとき》の人脈である。重要なのは、擁立された義澄の側近正親町《おおぎまち》三条実望《さねもち》の存在だ（図3―5）。実望の

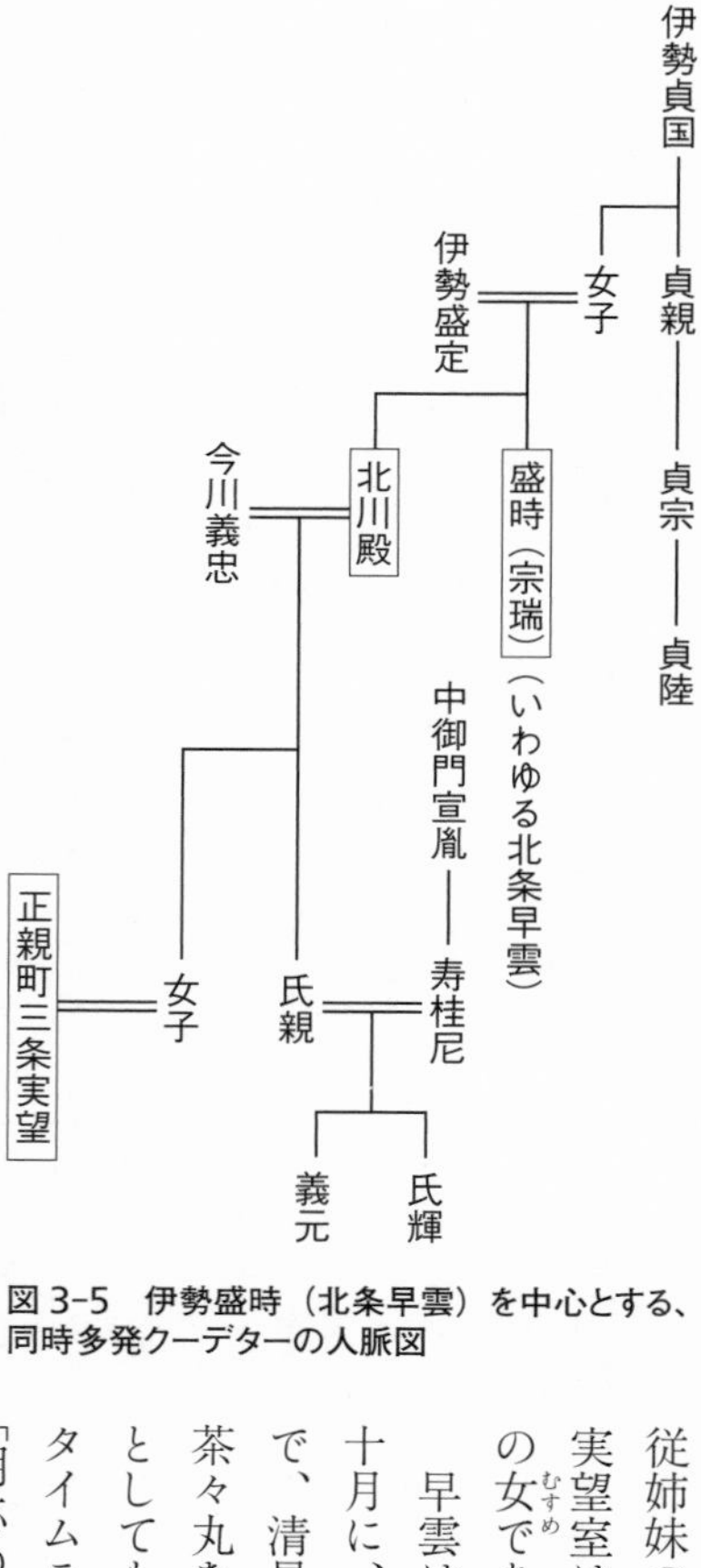

図 3-5　伊勢盛時（北条早雲）を中心とする、同時多発クーデターの人脈図

従姉妹の夫が伊勢貞陸《さだみち》、実望室は早雲の姉北川殿の女《むすめ》である。

早雲は同じ明応二年の十月に、足利政知の遺児で、清晃の異母弟である茶々丸を攻撃して追い落としてもいる。数カ月のタイムラグはあるものの、「明応の政変」とは単なる京都での将軍交替劇ではなく、列島をまたにかけた東西同時多発クーデターである、と描き出した点で、家永の研究は重要であろう。そしてその背後には、数十年に及んだ、長い享徳の乱があった。享徳四年（一四五五）に古河《こが》（茨城県古河市）に移った足利成氏のかわりとして、山内《やまのうち》上杉氏の要請を受けた足利義政は翌々年、在鎌倉の新しい公方として、弟政知を下向させた。ところが政知は、強い抵抗を受けて鎌倉には入れず、堀越《ほりごえ》御所（静岡県伊豆の国市）にとどまった。その挙げ句に、文明十四年十一月（西暦では一年ずれて一四八三）には「都鄙《とひ》和睦」、すなわち足利義政と古河公方成氏の和睦が成ってしまう。ここに成氏が〈正統《しょうとう》〉であることが認定されてしまい、政知は立場を失うことになる。政知は三人の男子の一人清晃を将軍に擁立したいと考えており、さらに潤童子を堀越公方にするという構想をも持っていたが、政知自身は延徳三年（一四九一）に病死し、三カ月後、政知に疎まれたもう一人の男子茶々丸が、潤童子を殺害してしまう。そうした状況の中、京都の正親町三条実望と関東の早雲こと伊勢宗瑞との連携によって成就したのが、清晃を擁立し、茶々丸を追い落とす「明応の政変」だった、というわけである。

ティー・ブレイク～北川殿という存在

さて、ここで一息、ティー・ブレイクとしよう。**図3－5**は、はからずも女性が結節点となった人脈形成が、この壮大なクーデターを支えていたことを示して興味深い。そしてこの系図の要に位置する人物こそ、早雲の姉、北川殿である。北川殿と今川義忠の子、五郎丸氏親《うじちか》の家督相続もまた多難であり、これを支えたのが弟早雲であったことも、よく知られていよう。

注目いただきたいのは、沼津市妙海寺に伝わる**写真3－3**の文書である。これは従来、早雲、すなわち伊勢宗瑞袖判《そではん》の判物《はんもつ》とされてきたが、書き止めは「執達件《しったつくだん》のごとし」であり、形式上は奉書であって、宗瑞の上位者の存在が予想される。近年、「執達」文言はかならずしも奉書であることを意味しない、といった常套句《クリシェ》が一人歩

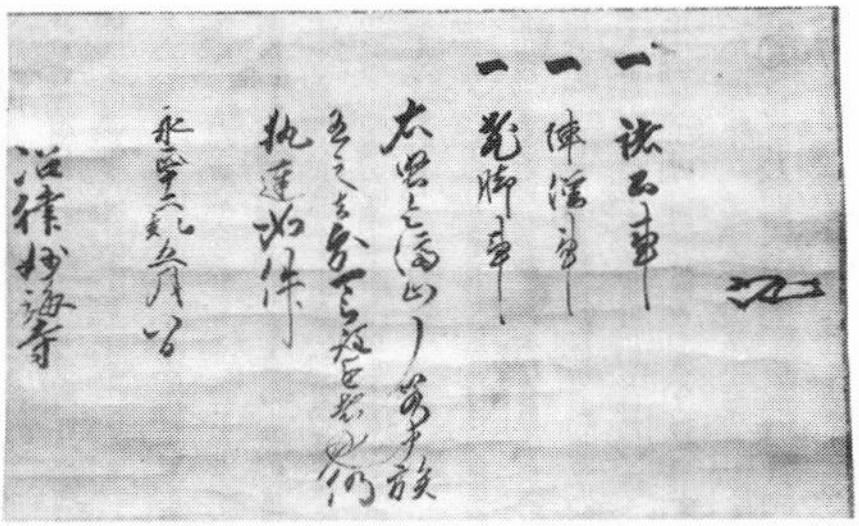

写真3-3　伊勢宗瑞袖判奉書（妙海寺所蔵）

きしているが、四年後に今川氏親が出した朱印状では、この文書のことを「韮山殿（宗瑞）御判のごとく、北川殿御末代免除せられおわんぬ」と受けているから、宗瑞袖判文書の「執達」が北川殿の上意を受けた「奉書」であることは確実であろう。そして何より、北川殿は当主氏親の母として、その意向は、今川領国において「大上様《おおかみさま》上意をもって」（文亀元年九月日北川殿寄進状、西光寺文書）とさえ呼ばれうるものだったのである。上様《かみさま》とは貴人の妻、大上様とは貴人の母の意である。

かくして女性北川殿が、伊勢宗瑞と今川氏親の上位に位置づけられた時代が、確かにあったのである。その北川殿が享禄《きょうろく》二年（一五二九）に没すると、盟主を失った今川氏と伊勢改め北条氏の関係は崩れ、天文六年（一五三七）、河東《かとう》一乱という、長い兵乱の時代に突入することになる。

天文の飢饉と将軍足利義晴

さて、東国が今川・北条・武田の三氏の競合する戦争に突入したちょうどその時期、天文年間の京都を飢饉が襲った。一五四〇年の天文の飢饉だ。時の将軍は十二代足利義晴である。

義晴は、京都を逐われた十一代将軍義澄の子として、永正八年（一五一一）近江国（滋賀県）で生まれ、播磨国（兵庫県）の赤松氏の庇護を受けていた。ところが、義澄のあと将軍に復職した義稙は、管領細川高国《たかくに》と決裂して、養子としていた義澄の子義賢《よしかた》（のち義維《よしつな》）とともに和泉国堺（大阪府）へ奔《はし》るにいたる。これを受けて永正十八年、義晴は高国に迎えられて入京、将軍となった。時に十一歳であり、これは三代将軍義満の先例と同年齢である。が、大永《だいえい》七年（一五二七）、堺を拠点とし将軍職を望む義維（堺公方）との抗争によって、翌八年には近江国朽木《くつき》に待避。六《ろっ》角定頼《かくさだより》の庇護を得て近江で政務を継続した。京都で実権を握っていたのは「堺公方」義維と連携する細川晴元《はるもと》であったが、晴元と和睦した義晴は、天文三年（一五三四）九月、ようやく帰洛を果した。

　このように足利義晴のプロファイルは転変著しい。が、その将軍治世期の特色は、『大館常興《おおだちじょうこう》日記』をはじめとして史料に恵まれている点にあり、このため研究の精緻化が進んでいる。そもそも史料が多いこと自体、制度史的には重要な画期をなす事項が多かったことの証左であるが、「ただ漫然と幕府の歴史を通史的に描くのではなく、そうした支配の正当性が問われる場面を選択的に描く方針を採る」ことをはじめにで宣言している本書にとっても、義晴期は重要である。

　従来の研究の最大の関心事は、天文五年（一五三六）八月の義晴の「隠居」表明とセットでの、「内談衆」の設置である。『鹿苑《ろくおん》日録』同年八月二十九日条に見える「年老衆」がその初見とされるが、それ以前から、そのプロトタイプと言うべき側近集団が存在したことも指摘されている。そもそも訴訟審議機関としての内談方、その合議メンバーである内談衆なる語自体は、義晴治世期の創案でも何でもないのだが、にもかかわらず、ことさらに義晴のもとでの「内談衆の成立」などと呼ばれるのは、『大館常興日記』の記主大館尚氏《ひさうじ》の存在が際立つことに加え、やはり側近集団が制度的に組織される必要があった、という時代の特異性ゆえであろう。朽木稙綱《たねつな》が八人のメンバーに入っていることからも明らかなように、つまりは義晴の変転著しいプロファイルが不可避的にもたらした制度、ということになる。わかりやすい類例を挙げれば、古代史家笹山晴生《はるお》が指摘した薬子《くすこ》の変（八一〇）時の令外官《りょうげのかん》「蔵人《くろうど》」の設置があり、すなわち政治的危機において意のままに動かすことのできる近臣層を制度化する必要があったことに起源を持つ手段、と言って過言でない。なおメンバーには、義教の項で述べた「評定衆」を輩出する外様衆四家の出身である、摂津氏が入っているのも興味深いが、故実先例に明るい大館・摂津を除けば、基本的に新規登用者から構成されたことも知られている。

前置きがだいぶ長くなったようである。その義晴治世期の天文九年、天文の飢饉が京都を襲った。先の寛正の飢饉（一四六一）で施行《せぎょう》の焚《た》き出《だ》しが行われたのは、下京の六角堂の門前であったが、この天文の飢饉では上京小河《かみぎょうこかわ》の誓願寺が選ばれた。かつて近世史研究の側から施行の場は町場であってはならなかった（菅原憲二）、などと主張されたことがあったが、ご覧のとおり、都市民の喜捨を求めやすい、都市域の中心に設定されている点が重要である。

ただし、寛正の飢饉時に足利義政が重視した民間の追善供養、河原施餓鬼の実施は、史料上に認められない。そのかわり、内談衆大館尚氏は、五山施餓鬼の実施を伝えている。

> 世上相煩《わずら》う様《さま》に候間、大施《だいせ》餓鬼《がき》の事、内野《うちの》の経堂《きょうどう》において、右京兆《うけいちょう》沙汰として執《と》り行わるべきの由を申され候。しかれば五山僧罷《まか》り出でらるべく候条、鹿苑院より蔭凉軒《いんりょうけん》をもって御案《あ》内《ない》これを申さる。いまだ御返事に及ばず、いかがたるべき事に候や。公儀として仰せ付けらるべきことか、おのおのこれを尋ね下さると云々。公儀として仰せ付けらるべきや否《いな》やの御《おん》

事《こと》、余儀なく存じ候。しかりといえども、その沙汰に及ばれず、すみやかに御心得の由、御返事仰せ出だされてしかるべく存じたてまつる旨、おのおのこれを言上す。

（『大館常興日記』天文九年五月四日条）

内野の経堂、すなわち北野経王堂《きょうおうどう》での五山施餓鬼を右京兆、細川晴元の沙汰として行おうとしたところ、傍線部のごとく、公儀として、すなわち将軍義晴の主催で実施すべきことではないか、ということがいったんは問題視された。が結局、五月十二日に細川晴元の主導で実施されている。一九九三年の論文（「公共負担構造の転換」）でも指摘したように、応永の飢饉や寛正の飢饉で五山施餓鬼の実施主体が「室町殿」義持、義政であったことを考えれば、これは異例のことである。

この前年の七月、義晴・義輝父子は晴元亭《てい》に「御成《おなり》」をして饗応を受けてもいるが（浜口誠至《せいじ》『在京大名細川京兆家の政治史的研究』七四頁）、一方で六角定頼の臣進藤貞治は、さらにその前年に比定される十二月十七日付の書状案（久我家文書《こがけもんじょ》）にて「公儀と京兆、近年京都・山城の内、御相剋《そうこく》の条々、未決分五十余ヶ条候いつる」としているように、この時期、義晴と細川晴元の対立が伏流しており、飢饉の死者を追善供養する国家的セレモニーであるはずの「五山施餓鬼」は、すっかり政争の具となってしまっていたのである。

とはいえ、飢饉時の「五山施餓鬼」の実施を主催することが、権力の正当性の根拠となる、と考えられた点では、足利義政を最後として、すっかり風化した「都市王権」の風貌を、かろうじて残している、とは言えるのかもしれない。

第6節　戦国大名と「公儀」の行方

「公儀」と「公議」

前節の末尾で足利義晴と細川晴元の確執を述べた際に、両者は「公儀と京兆」と呼ばれていることに触れた。この場合の「公儀」は足利義晴その人を指す。第一章第1節で述べた三つの「幕府」用例で言えば用例A、将軍その人を指すタイプである。ところが、本章第4節で取り上げた禅僧義堂周信は、このA、公方（関東公方）のことを「公儀」ではなく、「公議」と書く。

驚くのはまだ早い。国際的知識人として最先端で思考することのできた中世禅僧のトップ層は、「公議」のみならず、「公論」「公選」といった言葉を普通に使いこなす。つまりそこだけ近代、私の言葉で言えば「中世のなかの近代」なのだ。にもかかわらずなぜ将軍権力が「公議」なのか。これは「公議」、すなわち広く議論する、という禅僧たちの理想が換骨奪胎され、将軍という為政者その人に実体化する、という現象が現実にはあったからだ。つまりこれは、佐藤進一の探究した「時宜《じぎ》」論と同根の問題である。『ことばの文化史［中世1］』に「時宜㈠」と題してその導入部分が書かれ、ついに未完に終わった「時宜」「時議」に関する研究だ。じつはこれは、佐藤の学問がいかなる規範性のもとに展開されたか、その社会科学的性格を遺憾なく示すものである。

なぜなら、「時の宜《よろ》しき」、「時の議論」と表記されるものが、実際には為政者その人の意思にほかならない、という欺瞞《ぎまん》を暴き出そうというのであるから。ちなみにその佐藤から拝受した二〇〇二年の賀状には、次のように書かれている。

御新稿拝見するのが楽しみです。猶《なお》拙稿「時宜論」は未完の形ですが、結論部分だけは平凡社「日本史大事典」の「時宜」項で書きました。折あらば御一見下さい

もはやご本人の許諾をいただくこと叶わず、ではあるが、江湖の読者の参考に供すべく、佐藤の結論が右にあることを紹介させていただく次第である。

久保健一郎の「公儀」論によせて

さて、この「公儀」だが、戦国大名権力を「公儀」の権力である、という視点から追究し続けているのが、久保健一郎である。久保は、第三論集『中近世移行期の公儀と武家権力』において、石母田正が指摘した「家産制《かさんせい》的官僚制」の含意《インプリケーション》をどう誤読したのか、これを戦国大名の「まさに時代（次代）を切り開く象徴」と見なし、「やや大げさで俗ないい方をすれば、『スター』であった」などと主張している。しかしながら、「家産制的官僚制」とは、官僚機構が君主から自由でないシステム、官僚が君主にパーソナルに、人格的に隷属するタイプの旧い官僚制の

ことであって、それは、自由な選抜に基づく合法的支配の官僚制とは対極にあるものである。石母田にとっての「家産制的官僚制」が、日本社会の「スター」どころか、伝統的支配の強固な残存を示す「遺制《いせい》」であって、すなわち「次代」どころか、きわめて前時代的な要素、と石母田が考えている点が読めていないのではないか。

ただし同じ久保が、戦国大名北条氏の文書において、「大途《たいと》」という語が、「天下の大途に及ばば」のような抽象的重大性を指す一方で、「御大途様御被官《ひかん》」のように、大名北条氏当主の人格をも指す具体性を持つ用例がある点を指摘している点は、興味深い。久保は両者のグレーゾーンの存在にも着目しており、これを「二重写し」的に機能した概念とみている。ただこれは、私自身の表現を用いて端的に言い直せば、要するに「関係概念の人格への実体化」現象である。すなわち、「公議」の、人格への実体化としての「公儀」という問題であろう。

近代の〝新しさ〟にこだわる維新史家奈良勝司《かつじ》が「近世の公儀から近代の公議へ」と主張しているることに倣えば、これはまさに「中世の公議から近世の公儀へ」である。奈良のように、「公議」こそ新しいコウギであり、近代社会の象徴である、と言うのならば、戦国大名の「公儀」とは後退でしかない。中国文明の「公議」を識ってしまった最先端の禅僧から見れば、中世後期以降に顕在化する「公儀」など、時代の新しい「スター」どころか、文化の退嬰《たいえい》、「江湖の義、いずくんぞあらんや」という義堂周信の諦念に象徴される、悪しき日本社会そのものでしかなかろう。

なお久保は、第一論集『戦国大名と公儀』にはなかった論点として、この第三論集では、「正当性」と「正統性」という概念を区別して導入し、かつ「正統性」を「正当性」の下位に位置づけようとする点で、用語法としては非常に明快である。私が「はじめに」で述べた事柄と共通する部分も大きい。久保自身「ウェーバーのいう『カリスマの日常化』を持ち出すまでもなく、公儀がカリスマに収斂されている状況は早晩改変される必要がある」などと言っているので、それなりにヴェーバーも読んでおり、かつこの「早晩改変される必要」のある事態を「人格から機構へ」として捉えようとしている点については、まったくその通りであろう。ただし「カリスマ」という言葉は、これまでの歴史学ではその「非日常性」が忘却されて、完全に誤用されてきた点には注意が必要である。第2節で触れた、足利尊氏の主従制的支配をカリスマ的支配と誤断する類の議論がその典型だ。別段、被支配者である民衆は、足利将軍のカリスマ的な個性《パーソナリティ》に帰依して支配に従っているわけではないからである。ここでの「人格的支配《パーソナル・ルール》」とは、あくまで支配者層である武士身分内部の話であって、人格的、すなわち人と人《パーソナル》との関係をベースにして組織された武士階層が、民衆を支配しているのであるから、それは紛れもなく「伝統的支配」の類型であろう。かりにその支配の仕組みが、久保の言うとおり「機構」化されたとするならば、そのような官僚制こそを「家産制的官僚制」と呼ぶのであって、久保が誤読した石母田本来の意図に即して言えば、それはあくまで、「伝統的支配」としての、旧いタイプの官僚制である。

では、戦国大名の制定した戦国法には新しさはないのか。そこに「合法的支配」の片鱗はないのか。そのような問いが生起しよう。ここでは二つのケースを取り上げたい。

戦国法と「法の支配」――マグナ・カルタは可能か

戦国期の足利将軍はしばしば大名権力の庇護を受け、政策を諮問した。本節の最後で扱う毛利氏の場合も、次世代の輝元《てるもと》は足利義昭の庇護者として、いわゆる「鞆幕府」を支えたことで知られるが、もっと以前の例で言えば、これまた先述した義晴時代の六角定頼を挙げることができる。

近年、村井祐樹、新谷《しんや》和之らによって六角氏の研究も進展著しいが、永禄《えいろく》十年（一五六七）に制定された六角氏式目自体は、勝俣鎮夫以来、戦国法研究の中心的対象であった。永禄六年以来の「当国一乱」、すなわち定頼の孫にあたる当主義治が、重臣後藤賢豊《かたとよ》父子を暗殺して勃発した、いわゆる観音寺騒動の末に制定されたのが、六角氏式目である。

六角氏式目は、「鬮《くじ》次第」、順不同の二十名の家臣団が連署した起請文と、六角承禎《じょうてい》（義賢）・義治という大名父子の起請文からなる一揆契約状の形式を取り、大名権力が法の制約下にあることを明示し、結果、大名当主は家臣団の掣肘《せいちゅう》を受けその専制が抑止される、という性格を持つ。

二〇一〇年代中葉以降、近代立憲主義と逆行する政治が日本社会で急速に前景化することによって、法は権力を拘束する、という「法の支配」の重要性に、あらためて光が当たることとなった。折しも二〇一五年、イングランド王ジョンの恣意・専横を抑制するマグナ・カルタ制定から八百周年を迎え、その記念の年の講演に基づき成稿されたのが、水林彪《みずばやしたけし》の論文「マグナ・カルタと六角氏式目」である。水林は講演の冒頭、マグナ・カルタの精神を、あくまで領主たちの自律性であるという点から「中世立憲主義」と呼び、独立した個人の自由を前提とした自律性にもとづく近代立憲主義とは明確に区別し、その上で六角氏式目とマグナ・カルタとを、その構造に肉薄しての比較を行い、結果、両者が本質を同じくする法である、と結論する。個々の条文について、史料解釈の細部まで論文中で示されていない場合でも、実際に関係史料を付き合わせ理を詰めていくと、通説よりも水林説と同じ解釈に至ることが多く、まさに必読文献である。

なお、日本法制史上にマグナ・カルタ的なるものの可能性を見出そうという着想自体は、水林以前にも、研究者の意識の底では常に鳴り響いてきたはずである。中世史家佐藤進一、笠松宏至が法に基づく支配にこだわり続けたのも、その系譜に位置づけられよう。では、マグナ・カルタと時期の近い、貞永式目はどうなのか。ちなみに、著名な経済学者アマルティア・センは、十三世紀の貞永式目どころか、七世紀の十七条憲法をもって「非常にリベラルなもの」と呼び、「マグナ・カルタにも似た精神」を持つ、とするのがお決まりの挨拶だったが、もちろんそれは「ご挨拶」でしかない。残念ながら貞永式目は、マグナ・カルタのように、王の専制を抑制するところまでは行っていない。第二章で述べたように、正統性を欠く北条氏が正当性の根拠を「法」に求めたことは間違いないが、権力は法に拘束される、というものではない。

ただ根柢でそうした問題意識があったがゆえに、笠松宏至は裁判手続きの二つのタイプ、すなわち理か非かをキチンと審理する「入理非《いりりひ》」と、実質審理省略の「入門《いりかど》」の相剋として、鎌倉幕府法を論じた。「理非」による裁断は、理念化されつつも主流になり得なかった、とする日本社会の限界に深い眼差しを向ける点で、笠松は間違いなく佐藤の後継者である。ところが新田一郎の場合は、「入理非」か「入門」か、は対立概念でなく、即決できる「切り札」があるかどうかを審理するのが「入門」、なければ「入理非」になると論じた。「入門」は、必ずしも日本社会の悪弊ここにあり、というようなものではなく、一般的な有効性を持ちうるかどうかを意識した新たな法規範が、未熟ながらも胚胎《はいたい》してきている証左だ、としたわけである。

歴史の中のネガを呼び出す行為は、「現在」が抱える問題を批判的に照らし出す光源となり得たが、それをポジと読み直すことに、いかほどの意味があるのか、についてはもっと自覚的であるべきだ。六角氏式目についてもしかりである。「年少の友人たちが本書によってわれわれの祖国の古い歴史がけっしてそれほど貧困なものでないことを学んでくれることを希望している」という石母田正の戦中の言葉（『中世的世界の形成』）は、決して字面通りではあるまい。そこまで意識して、私自身も研究を続けるほかなかろう。

なお、水林の言う、「中世立憲主義」、その日本版は未完に終わった。六角氏がまもなく没落したからである。六角氏式目制定の翌、永禄十一年には織田信長が入京し、政治は新たなステージへと進むことになるが、それは次の第四章で述べることにしよう。

戦国大名は「今時の足利将軍」なのか——抜け殻としての神仏

戦国大名の制定した数多の戦国法の世界のうち、本書の主題にとって興味深いエピソードを、もう一つだけ取り上げるとすれば、それは、足利将軍の時代とは異なる戦国大名の自意識の表明、として名高い、今川氏の分国法であろう。それも、大永六年(一五二六)に今川氏親が制定した「今川仮名目録」ではなく、天文二十二年(一五五三)に今川義元《よしもと》が制定した、「かな目録追加」のほうである。

本法の制定動機は、別途十三条からなる訴訟条目が存在することからも知られるように、訴訟の頻発への対応であった。一般には第二十条の「ただ今はおしなべて、自分の力量をもって国の法度《はっと》を申し付け静謐《せいひつ》することとなれば」の文言が名高く、勝俣鎮夫はこれを「戦国大名を戦国大名たらしめる基本理念」の典型と見なした(『戦国法成立史論』二六〇頁)。つまり、戦国大名領国における大名当主は、天下における足利将軍と同じ存在なのだ、というのである。ただしその条文をよく読めば、それは戦国大名の画期性どころか、むしろ相当だらしない話である。いったん手にした「諸役免許」、雑税免除の判形《はんぎょう》(花押をすえた文書)を盾に、そこにはまったく明記されていない棟別《むねべつ》・段銭《たんせん》までも支払わない連中に対し、「守護使不入とは、あくまで将軍家が天下一同に下知していた時代に今川氏が守護だった時の話で、今は自分こそが国の法度を……」などと垂れ、よって「守護の手、入るまじき事、かつてあるべからず」、決してあってはならないのだ、と言っているのだから。

要するに義元は、足利将軍全盛時代の「守護使不入」の文書を盾に「守護今川氏は我々に課税できません」と言われてムキになっているのであって、これはほとんど〝喜劇〟に近い話である。にもかかわらず村井良介《りょうすけ》はこれを、「今川氏が認めたものではない不入権は認めない――つまり不入権の認定権を今川氏が一元的に掌握」(『戦国大名権力構造の研究』三八七頁)などと字面を解釈する。清水克行に至っては、この条文を「戦国大名宣言」と呼び、「なんという自信に満ち溢《あふ》れた発言だろう」（『戦国大名と分国法』一五〇頁）とまで述べている。村井も清水も、この〝喜劇〟を招来した今川氏の「だらしなさ」が、読み切れていないのではないか。

「かな目録追加」が制定されたのは、今川氏が天文十四年（一五四五）に北条氏を退けて以降もなお、同六年の「河東一乱」での〈敗戦の記憶〉をトラウマとして引きずっていた時代で、かつて北条氏に浸食された駿河東部地域の保全に腐心し、駿河郡を「駿東郡」と呼んでしまった時期に当たる。山中（山室）恭子が論じた天文二十年代初頭の駿東郡一斉検地は、葛山《かずらやま》氏検地を今川氏の事例と誤断した点を別にすれば、東部地域を安定させたい今川氏の政策として、今なお興味深い仮説である。そんなわけで「かな目録追加」には、いまだ北川殿が今川・伊勢（北条）両大名間の〈盟主〉の地位にあった時代の「仮名目録」よりも、はるかに人の流動性の高い時代相、それこそ「闕落《かけおち》」「走入《はしりいり》」が全面展開するような社会状況が反映されており、このため人と人の間に交わされる「契約」の結び替えにかんする条文が、前代よりも多い。

「かな目録追加」における「契約」条文についてはかつて笠松宏至が論じ、私もこれを批判的に再検討したことがあって、詳細はその論考「中世社会と契約」をご覧いただきたいが、有名無実の「契約」の横行に対する今川氏の一貫した姿勢には、いわば「文書」を盾とする権利主張の否定、否、ほとんど辟易《へきえき》とさえ言ってよいものが見出せる。しかしながらそうした事態を招来したのは、ほかならぬ今川氏自身である。例の〝喜劇〟的条文からもうかがい知れるように、この間、権利保護の申請に対し文書を濫発してきたからだ。今川氏は河東一乱の敗戦以降、領国内の支持基盤強化のため、棟別・諸役免許などの不入権（他から取られない権利）文書と勧進許可などの入部権（他から取ってよい権利）文書の双方を濫発《らんぱつ》し、その結果として諸団体間に相互矛盾する権利付与ないし安堵を行うという、錯綜状況を招いていた。このため「かな目録追加」の前年、天文二十一年には、富士大宮のように不入権部門（一和尚職《いちおしょうしき》）と入部権部門（四和尚職）の分掌関係を完成させてこの状況に臨む者までもが現れてきている。こうした状況下、弘治三年（一五五七）にはついに、今川氏が濫発した先判を一括否定する論理として、次のような文言でもって後判、すなわち後から出した文書の優位性を但し書きせざるをえなくなった。

在々所々ならびに諸寺・諸社門前、諸給主、鍛冶、番匠、山造《やまづくり》、そのほかの輩、たとい不入の印判・判形有りといえども、神慮たるの間、

（弘治三年十一月十一日今川義元朱印状、宮崎文書）

「神慮」だから、これまで「取られない権利」を認めてやった連中についても、今回は富士大宮四和尚職春長《しゅんちょう》の「取る権利」を優先して支払ってくれ、というのだが、ここでの「神慮」なるものが、富士大宮の神意でも何でもない、きわめて世俗的な用例であって、つまりは利欲社会を調整しうる「より上位の合理性」が要請された結果、それをさしあたって「神慮」という既成の概念で表現したものであることは、旧著でも述べたとおりである。

ここにあるのは千々和到《ちぢわいたる》の言う「呪縛のおわり」としての起請文《きしょうもん》の〈死〉、否むしろ、私がよ

く使う譬えで言えば、〈抜け殻としての神仏〉である。阿弥陀くじで事を決めたあとには、どういうわけか誰も異を唱えない、あの光景である。神仏を介した「契約」の時代は確実に終わり、「神慮」とは、それこそ個々人の私益追求にともなう弊害を調整する、という意味において〈見えざる手〉となった。その一方で、今川氏による権利保護は、単に文書の優位性を決めて権利者を確定することから一歩越え出て、かつて北条泰時が下人の帰属をめぐる相論について「養育の功労」を重視したのと同様、主人に従属する人々への「扶助」があったかどうか、その事実認定を問題とするようにさえなっていた。これが、あのだらしない今川氏がたどり着いた、一筋の光明である。

最後の署名者

さて、今川氏が「神慮」を口にしたのと奇しくも同じ弘治三年（一五五七）、西国の大名毛利元《もと》就《なり》は、著名な一揆契状《けいじょう》の傘連判《からかされんぱん》に署名をした。それが図3-6である。

中世の著名な傘連判では、陸奥五郡一揆契状にせよ、小早川本庄・新庄一家中契約状にせよ、現存するその多くが、フルムーンではなく弦月状である。建前上は「鬮《くじ》次第」などと言いつつ、実際はあたかも「上なし」がごとくに無署名の弧が存在し、署名者がおおむね下方から署名を始めたことも明らかである。フルムーン状の近世の百姓一揆の傘連判と比較して、「上なし」の傘連判こそが、中世的である証左である。今日でも色紙への寄書きをする際に、上方ではなく下のほうから書き始める傾向があるが、この心理のありようもまた、中世的と言ってよかろう。

ところがこの毛利元就等一揆契状は、と言えば、見事にフルムーンである。しかし、どんなフルムーンの傘連判も、完成直前までは無署判部分が存在していたという、当たり前の事実に気づくならば、この「最後の署名者」が毛利元就その人であることもまた、容易に想像できよう。つまり、嫡子隆元、吉川《きっかわ》元春や小早川隆景らの面々は、まさに最上位を残して、最後の署判を元就

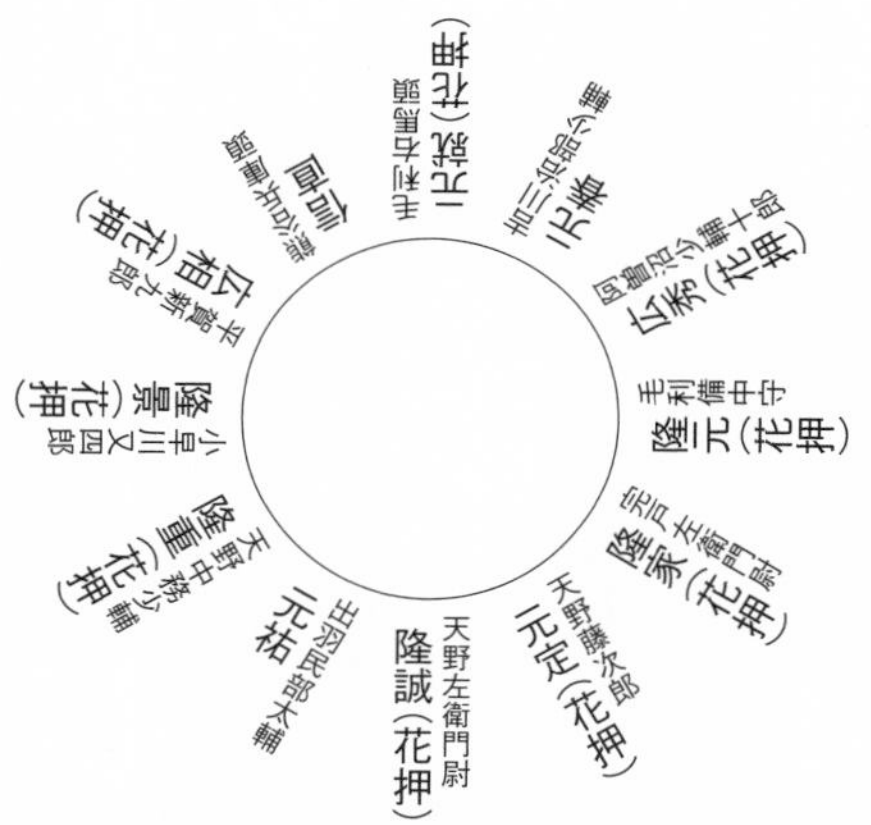

図 3-6　毛利元就を最後の署名者とする一揆契状の傘連判（毛利家文書）

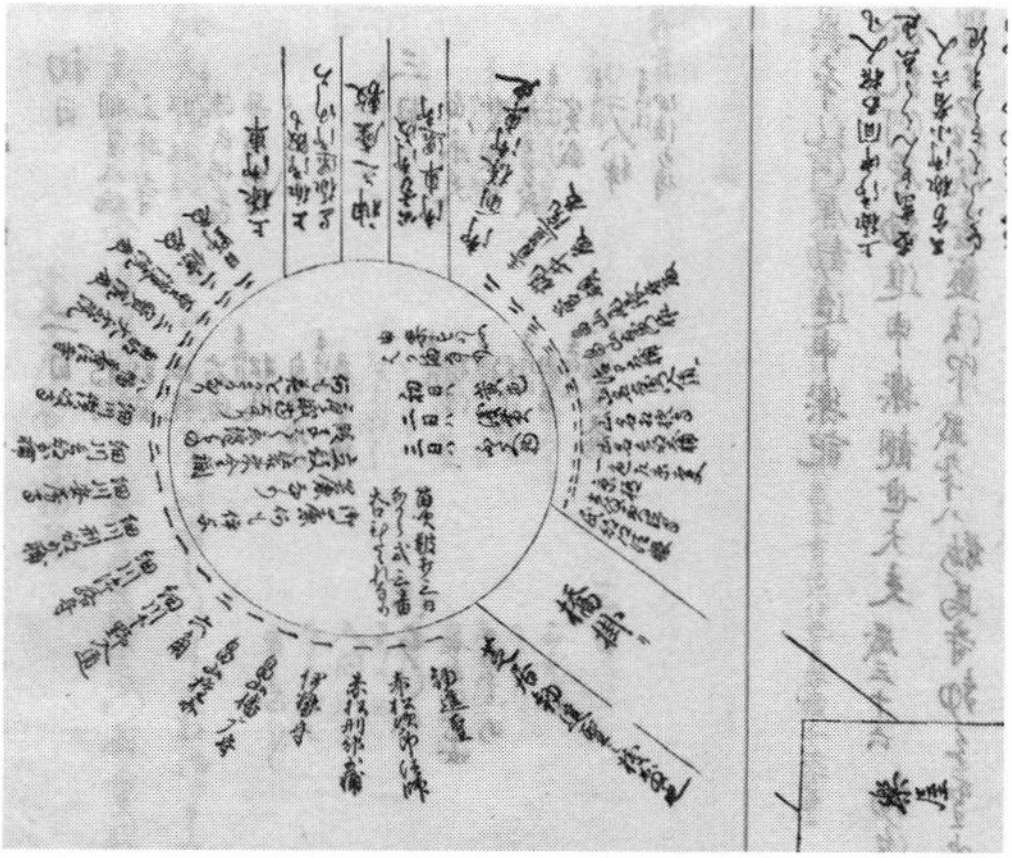

図 3-7　「異本糺河原勧進申楽記」所引桟敷差図（国立公文書館内閣文庫所蔵板本）　図 3-6 の「元就」の位置に「神之座敷」と見える

に委ねたのである。

この最後を元就に委ねる直前の図像はと言えば、まさに図3-7、寛正五年(一四六四)糺河原《ただすがわら》勧進猿楽の桟敷差図《さしず》そのものである。「公方」足利義政と「上様《かみさま》」(御台所《みだいどころ》)日野富子が上座を占め、将軍夫妻の間には、誰も座ることのない「神の座敷」が設けられている、あの光景である。足利将軍家の時代に、あたかもロラン・バルトの「空虚な中心」のごとくそこを空席にしていた「神の座敷」に、毛利元就は座った。〈神仏〉の抜け殻、神観念の変容は、ここにも見出すことができるのである。

なお蛇足を一点。同差図について、従来中世史研究者が利用することの多かった観世《かんぜ》文庫所蔵の差図は、同図が作成された元禄《げんろく》十五年(一七〇二)時点の常識にしたがって書き改めたと見られる点が多々あるため、「異本紀河原勧進申楽《さるがく》記」の方を、より古態のものと判断せざるを得ない。ちなみに元禄時の改変の重要な一つが、「神の座敷」の消滅、すなわち中世的痕跡の削除である。

* * *

〈都市王権〉の終わりの風景

章の最後に、足利将軍家の時代を振り返ると、一七八―一七九頁の図3-1のように、社会構造レヴェルでの二つの変動期を経験していることが、改めて確認されよう。一度目は十四世紀、鎌倉末期から南北朝動乱期に至る時代。二度目は十五世紀前半と後半を分かつ時代である。

まず十四世紀の変動期には、後醍醐天皇が、一三三〇年の元徳の飢饉への救済策を通じて、旧来の〈都市王権〉たることに依拠して正当性を示したのに対し、草創期の足利政権の柱となったのは、足利直義の「政道」重視、統治権的支配と通称される合法的支配である。十四世紀の社会変動の背後にあるのは、東アジアという国際情勢の変動であり、後醍醐の正当性と直義の正当性とは、宋学受容の二つの型に、それぞれ対応するものであった。また十四世紀は、南宋遺民の離散《ディアスポラ》がもたらした「江湖」の思想が、禅林世界の先端的知識人に受容され、将軍のブレーンでありつつ、同時に将軍権力からの自由、相対化が可能となり、「公論」世界のような近代的契機が、限られた磁力の範囲で誕生した時代でもある。加えて身分制の時限的解除の場としての文化も、この時代には開花した。こうした社会の流動性と多中心的世界の拡大に対して、足利将軍の第二世代は、鎌倉末期に登場した「東関柳営」という東国の将軍権力の名称を継承して「羽翼両輪」体制で対応したが、一三六八年、第三世代の足利義満が将軍となった時点で、遵行システムの上でも、日本列島は、緩やかな国境意識のもとに東西に分割された。

かくして、かつて源頼朝が構想したような、列島のブロック化、道州制的支配は、図らずも足利将軍家の時代に、緩やかながらも実現してしまったのだが、全国支配のような幻想を半ば放棄し、足利将軍家が統治可能なエリアをより狭く設定し直したことによって、義持期から義教期にかけて、民事訴訟の受理など紛争解決への積極性や、意見制の導入など、合法的支配への関心も見られることになる。義教がそうであるように、専制を志向する者がかえって合議を組みこむことに関心を持つ傾向は、十八世紀ヨーロッパの啓蒙専制君主が開明的であり得たこととは、ただちに同一視はできないものの、興味深い現象である。

足利政権にとって大きな曲がり角となったのが十五世紀中葉であり、十五世紀前半の応永の飢饉と後半期の寛正の飢饉とがまったく異なる様相となったように、西日本、そして東アジア海域全体に及ぶ物流活性化を背景に、京都は「すぐに飢える都市」から「すぐに飢えない都市」へと姿態転換を遂げることとなった。京都にとって、物流に依存することが最大の弱点であった時代は終わり、物流に依拠していることはむしろ強みとなった。生産地が疲弊した十五世紀後半にさえ、なお食糧を保持することができたのである。足利義政の雇用創出策は成功したとはいいがたいものの、「河原施餓鬼」のような民間の動向に力点を置き、京都における都市住人のボランティアの展開とも相まって、〈都市王権〉に基づく正当性の、最後の風景をそこに見ることができる。「義政以後」の将軍権力の分裂の末に誕生した義晴政権下で起きた天文の飢饉は、〈都市王権〉の時代が終焉したことを物語る残影、と言うこともできよう。

将軍権力の分裂と並行して勃興した戦国大名の時代は、戦国法の制定を通じて新たな正当性の胎動が見られることは確かであるが、その可能性をもっとも備えていた六角氏も今川氏も、織田政権の前に敗退し、未完に終わった。つまりここに、第四章の扉を開く時が来たのである。

第四章
織豊政権——近世の始動と中世の終焉

第1節　近世の始動と中世の終焉

「近世」をめぐる常識を書き直す

日本人はとにかく江戸時代が好きだと言われる。一般には、平和な時代で、町人文化が花開き、何となく好きなことをしていてもよかった時代、というイメージが濃い。まさに時代劇に登場する市井の人々の世界である。この点で、江戸時代好きは、戦後の民主化のもとに平和を享受できた昭和の時代へのノスタルジーに近く、あくまで世代的なものであろう。それゆえ與那覇潤は、両時代の共通点に着目し、歴史上繰り返された反グローバル化の動きを「江戸時代化」、あるいは「再 - 江戸時代化」と呼ぶのである。通常、この江戸時代を「近世」と呼んでいる。

では日本列島は、いったいいつから近世に入ったのだろうか。徳川家康が征夷大将軍となった一六〇三年からなのか、と言えば、本書を読んでこられた読者なら、そうした杓子定規な歴史観から解放されて、いろいろな画期を想定できるはずだ。人によっては関ヶ原の合戦、大坂の陣（いわゆる元和《げんな》偃武《えんぶ》）を画期と見る人もいるだろうし、いやそもそも豊臣政権の時点で近世なのではないか、だとか、織田政権、さらにさかのぼって戦国大名の時代はどう見るべきなのか、そういう声もまた、聞こえてきそうである。要は、近世史とは何か、という問題なのである。

じつは学問の世界では、中近世移行期論は重要な課題であり、それは狭義の政治史の次元だけでなく、村落や都市の秩序に至るまで、さまざまな「移行期」論が活発化している。そもそも「近世」という言葉自体、中世と近代に挟まれた過渡的な時代を表す語なのだが、今や中世と近世の過渡期、中近世「移行期」こそが、ホットな話題なのである。

とはいえ近世史については、一般にはまだまだ初歩的な誤解も多い。①「近世」は日本にしかない、だとか、②近世は三百年つづいた、の類である。

「近世」は日本にしかない、などとまことしやかに語る人がいるが、完全な誤りである。アーリー・モダンは西洋史でも東洋史でも用いるし、特に東洋史では、宋朝以後を「近世」、アーリー・モダンと見る内藤湖南《こなん》の唐宋変革論が、とりわけ京都大学系の学統において有力である。

ちなみに、「近代」の語は、いわゆる古代史の史料にさえ、ふつうに登場する語である。つまり「近代」の歴史的な語義は、じつは現代《コンテンポラリー》なのである。したがって「近代」とは本来、ある特定の一時期を指す語ではなく、常に現在との相関関係を示す語なのであって、現在という時間が進めば進むほど、「近代」も動くので、長い目で見れば、「近代史」という歴史学上の概念の賞味期限はすでに切れつつある、と言わねばならない。なぜなら「近代」が新しい時代の象徴たりえた時代は、とっくに終わっているのだから。「近代」とは忌まわしき古い時代のことである、としたのがポストモダニズムだが、そのポストモダンが頓挫したため、なんとなく「近代」が延命してしまっているのだが、賞味期限切れの在庫もいずれは尽きるはずである。

では、一方のよくある誤解、すなわち近世は三百年つづいた、という言い方はどうであろうか。とりわけ「明治維新百五十年」が喧伝された二〇一八年には、むしろ専門家の中にこそ、そのような言い方をする人が少なくなかった。曰く、一五六八年織田信長の入京から、一八六八年明治維新までの三百年が近世なのだ、と。

だが私なら、近世の正味はせいぜい天和《てんな》年間（一六八〇年代）から天保改革期（一八四〇年前後）までの百六十年ほどであって、その前後は移行期と見るべきだ、と言うところだ。

そもそも信長以降を近世史と見るのもおかしい。旧著『自由にしてケシカラン人々の世紀』で私は、信長を中世の最後に位置付けるべし、と主張したが、近年の学説でも信長は、室町幕府（本書では足利政権）の枠内で説明しようとする見方が一般的となりつつある。

衣替えに要する時間

「移行期」論が活況を呈していると言っても、学問の世界では、かつては中世史研究者と近世史研究者の間には、対話の余地のない断絶があった。史料の存在形態が違う、だから方法が違う。

たしかにそれもあるだろう。だが本音を言えば、前世紀までの近世史研究はだいたいにおいて前時代の事を知ろうとしない、自己完結的な傾向があったこともまた事実である。一方中世史研究者の間では、そのような当時でさえ、「元禄までは中世」というような言い方がなされてきたのである。

「移行期」とは衣替えのようなものである。徳川家康が将軍になろうが、豊臣家が滅亡しようが、ただちに社会が変わるはずもない。そろそろ冬物の上着やコートをクリーニングに出そうかと考え始めて、いや待てよまだ寒いかな、いやそろそろだ、と全員が冬服から春服を経て夏服に切り替わるには、長い時間を要するのである。長袖の人と七分袖、半袖の人が混在するのが「移行期」なのである。幕府のような政治体制ではなく、社会構造の次元から見ると、中近世移行の波は、もっと早く、十五世紀後半の応仁の乱から始まっている。そう述べたのが、東洋史家内藤湖南の一九二一年の講演である。

だいたい今日の日本を知るために日本の歴史を研究するには、古代の歴史を研究する必要はほとんどありませぬ。応仁の乱以後の歴史を知っておったらそれでたくさんです。それ以前のことは外国の歴史と同じくらいにしか感ぜられませぬが、応仁の乱以後はわれわれの真の身体骨肉に直接触れた歴史であって、これを本当に知っておれば、それで日本歴史は十分だといっていいのであります。

（『東洋文化史』六二頁）

この内藤湖南の講演の一節につづけて、次のような設問をつけるとどうだろうか。

これは、東洋学者として知られた内藤湖南が、一九二一（大正一〇）年、「応仁の乱について」と題して行なった講演の一節である。この部分だけを取り出してみると、あるいはあまりにも極端な議論と思われるかもしれない。しかし、この発言の前で、湖南はほぼ以下のことを述べて、その主旨を説明している。

(1) 歴史とは、ある一面からいえば、いつまでも下級人民の向上発展してゆく過程であるといってよい。日本の歴史もまたそうであるが、中でも応仁の乱は、そのもっとも大きな記録である。

(2) 元来、日本の社会は、地方に多数の有力な家があって、そのおのおのを中心につくられた集団から成り立っていた。ところが今日、多数の華族のうちで、公卿華族を除いた大名出身の家の大部分は、みな応仁の乱以後に出て来た家である。応仁の乱以前にあった家の多数は、応仁以後の長い争乱のため、ことごとく滅亡している。応仁の乱以後百年ばかりの間は、日本全体の身代の入れかわりである。こういうことから考えると、応仁の乱は日本をまったく新しくしてしまったのだ。

以上に要約した論旨を参考にしつつ、各人の自由な視点から、湖南の見解を、四〇〇字（句読点も一字に数える）以内で論評し、答案用紙に記入せよ。

じつはこれ、一九八一年度の東京大学入試問題である。昔の東大入試はディープで面白かった、という類の本が続々出されているが、もっともディープなはずの本問題は、なぜか取り上げられていないようだ。著者たちには手に余る問題だった、ということなのだろうか。ためしにある予備校講師の解答例を拝見してみたところ、完全に出題主旨を取り違えた内容である。設問に「各人の自由な視点から」とあるからといって、何を書いてもよいのではない。「この部分だけを取り出してみると、あるいはあまりにも極端な議論と思われるかもしれない。しかし、」とあるのだから、出題者が要求しているのは、湖南の主張が「極端ではない」とする答案である。もちろん、湖南の主張を否定するのも「学問の自由」だが、その場合のハードルは、肯定する場合よりはるかに高いものとなるはずだ。

近代の起点としての応仁の乱

この湖南の講演を取り上げ、応仁の乱に始まる戦国時代を、近代と異質的な社会から、近代と等質的な社会への転換と位置付けたのが、一九七九年に刊行された、勝俣鎮夫『戦国法成立史論』である。ちなみに一九八一年度の入試問題を作成したのが勝俣本人でないことは、問題文の論理の運び方——特に「しかし」のつけ方——を読んだだけでわかってしかるべきものだが、業界では勝俣が出題したことになっているようだ。まったくお粗末な話である。

一方、二〇〇八年になって出版された、井上章一『日本に古代はあったのか』もまた、湖南の同じ講演を取り上げ、次のように言う。

日本史は、応仁の乱でふたつにわけられると、湖南は言う。私の歴史理解も、けっきょくは、これにつきる。というか、私が湖南の尻馬にのっただけだと言うべきか。

まあ、私は乱の前を中世とよび、乱の後を近代だと位置づけたがっている。西洋的な中世／近代という時代区分のわかれ目に、応仁の乱をおこうというのである。

しかし、湖南がそういう分類を、こころみようとしていたわけではない。彼はただ、応仁の乱で日本史をわけただけである。日本に関するかぎり、中世だの、古代だのという話はしていない。そこに、私なりの新味はあるというべきか。

だが、歴史にくわしい人は、私のこういう弁明を、鼻であしらうだろう。　（一一五頁）

井上がここで、「日本に関するかぎり」と言っているのは、湖南が一方で唐宋変革論、宋朝以降をアーリー・モダンと見る議論をしていることを知っているからであって、この点で、さきの入試問題の解答としてならば、基準点をクリアしている、と言ってよいだろう。だが学者の書いたものとしてはまったくいただけない。問題は内容が「鼻であしらう」レヴェルだからなのではない。「私なりの新味」と思っているところが残念なのである。井上の主張は、一九七九年に勝俣鎮夫がとっくに述べていることなのだから、じつに三十年もの周回遅れの議論ということになる。

もっとも、たかが三十年ごとき微々たるものに過ぎない、というのが「衣替え」論の要諦《ようてい》なのかもしれない。湖南も言う通り、「応仁の乱以後百年ばかりの間は、日本全体の身代の入れかわり」であり、百年どころか、「元禄までは中世」とするならば、「衣替え」に要した時間は、最大で二百数十年に及ぶことにもなるのだから。いや、勝俣は応仁の乱を画期と見たが、網野善彦は南北朝期を画期と見た。ならば「衣替え」に要した時間は、三百五十年以上、ということにもなりかねない。

その長い「衣替え」のなかで、私は織田政権に中世の黄昏《たそがれ》を見、豊臣政権に中世の否定を見る。しかし一方、そうした政権交代のはるか後背の世界で行われた徳川家康のある施策が、近世の始動を告げるものとも考えている。まずはその家康の施策のなかに、中世と近世の裂け目を見出すことにしよう。

始まりの風景?

近世社会の始まりの風景は、天正十年(一五八二)三月の武田氏滅亡(甲斐国天目山《てんもくざん》の戦い)、同六月の織田氏の滅亡(本能寺の変)によって現出することになった。

……などと書くと、「やはりそこですか!」と膝を打つ反応をされる一方で、ここまで本書を読んでこられたような、いわば〝心得ある方々〟からは、「何でよりによってそこなんですか?」との反応が、少なからず沸き上がることが予想される。そうした二様の反応をともに覆《くつがえ》すべく、満を持して、次の三通の古文書①②③(写真4-1)に注目してみよう。

これら三通は、翌天正十一年の十月から十一月にかけてのもので、富士川・潤井《うるい》川《がわ》河口の吉原《よしわら》湊《みなと》（静岡県富士市）の御用商人、矢部家に伝来した文書である。矢部氏は、北条・武田・今川の三大名がしのぎを削る駿河国東部地域にあって、北条氏の最前線たる吉原湊で軍需物資を用立て、ライヴァルの鈴木氏が武田氏内通の嫌疑で失脚して以降は、吉原湊での北条氏御用を、事実上独占した。

では矢部氏は、この三通をどのようにして手に入れたのか。そしてこの三通は、いったいどのような意味で、近世社会の〈始まりの風景〉と言えるのか。

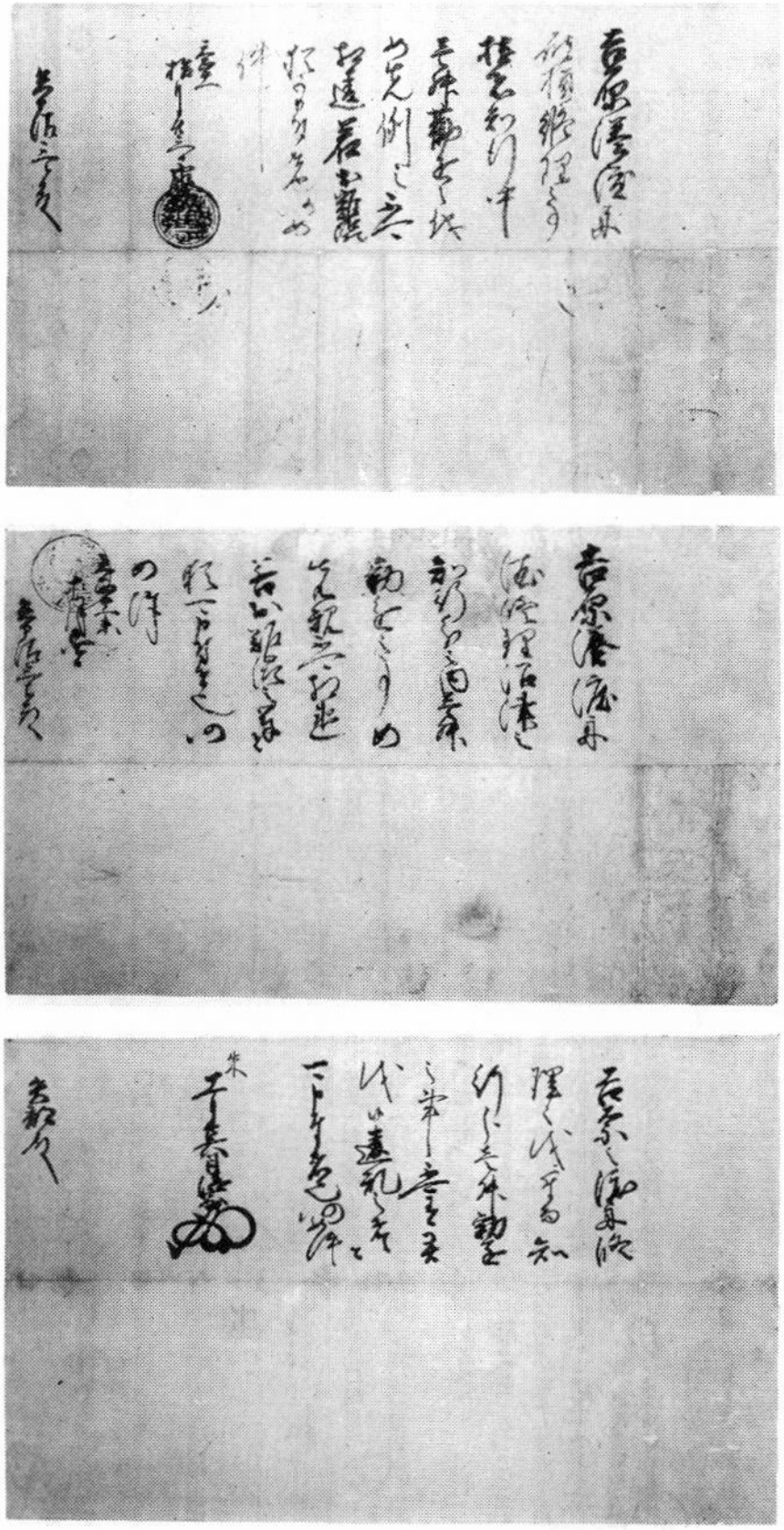

写真 4-1　上から、①長久保城主・牧野康成黒印状、②三枚橋城主・松平康次黒印状、③興国寺城主・松平清宗判物（いずれも矢部家文書）

始まりの風景、の始まり

その話の起点が、まさに前年三月十一日の武田氏滅亡なのである。武田氏旧領の「国割《くにわり》（御知行割）」は、『信長公記《しんちょうこうき》』によれば三月二十九日に行われ、この結果、徳川家康は、長年の宿願であった駿河国を与えられ、三河・遠江・駿河・甲斐・信濃五カ国の大大名となった。

今次の「国割」で駿河国が徳川領となった背景事情には、これまた長い、家康一人にとどまらない、名だたる戦国大名たちの宿願と言うべき、前史をなすストーリーがある。

駿河国東部、いわゆる「河東」の地は、富士山の伏流水によって生産条件に恵まれた地域で、先述したとおり、周囲の大名の誰もが直轄領として手中に収めたいと考え、それゆえに誰も安定的には支配できないという、大名たちの間隙地帯となっていた。北条氏政《うじまさ》が、武田氏に奪われた駿河東部の失地（北条氏から見て駿州徳倉《とくら》城、武田氏から見て豆州戸倉《とくら》城）を回復し、武田勢五百名を討ち取り、追い散らしただけで、あたかも駿河全部を手中にしたかのように狂喜乱舞し、「駿州ことごとく一偏《いっぺん》に候。満足たるべく候」（湯浅文書）と述べたのもそのためである。

この、〈羨望の地〉たる駿河国への入国、それも「河東」領有への強い関心を持っていたのが、徳川家康である。はるか昔の天文二十年（一五五一）、駿河国東部の領有に腐心して「駿河郡」をはじめて「駿東郡」と呼んだのが、旧国主今川義元であったが、義元以外の誰も用いなかったその新呼称「駿東郡」に、あえてこだわったのが、ほかならぬ家康であった。

この「国割」から遡ること六年、天正四年（一五七六）三月十七日に、遠江国主徳川家康は元駿河国主今川氏真を担ぎ出し、その再「入国」と称して、当時武田領だった駿河国に戦力伸長を図っている。その際、遠江・駿河国境の牧野城番を命じられ、駿河国を窺う前線地域を任されていたのが、松平家忠《いえただ》と康親《やすちか》であった。老臣康親は死期の近づいた天正十一年二月、前年の「国割」で晴れて駿河国主となった家康によって、何と「年来《としごろ》、東の境目に在りて苦労つかまつり」と労《ねぎら》いの言葉をかけられ、「河東二郡の郡代」に任じられた（写真4－2）。「河東二郡の郡代」といえば半国主並みの待遇で、康親晩年を飾る名誉職と言うべきであろう。何とも粋な計らいだ。

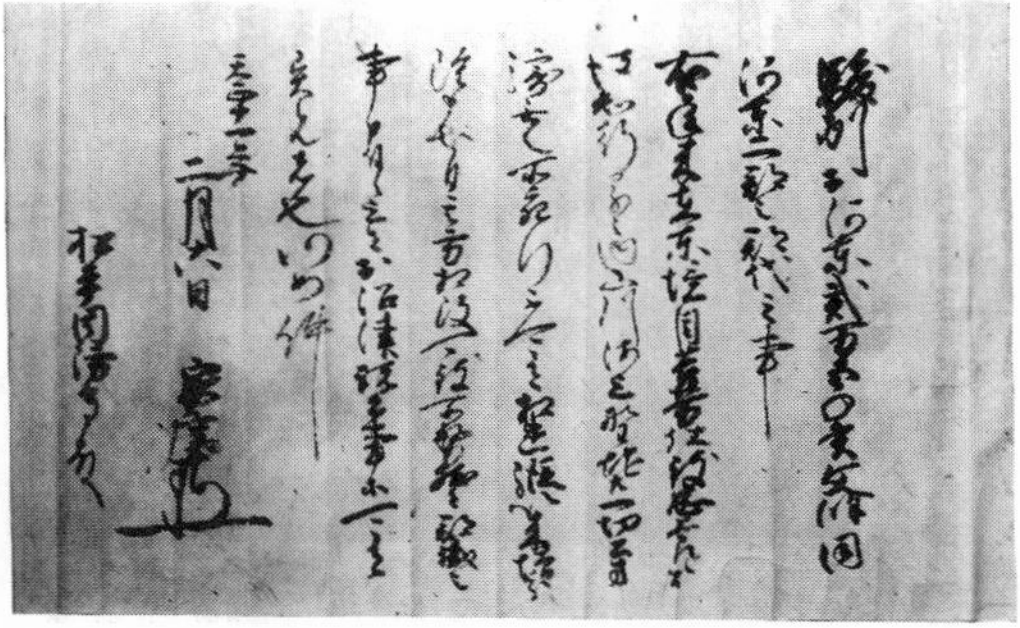

写真4-2　天正11年（1583）2月18日徳川家康判物（松井文書、光西寺所蔵）　2行目に「河東二郡之郡代之事」、3行目に「年来在東境目苦労仕」とある

この間の「苦労」には、先の文書の天正四年以来の「苦労」はもちろん、天正十年三月の「国割」以後も、旧武田・織田領国の領有と東国の主導権をめぐる政治戦争が継続していたことが含まれているだろう。徳川氏は甲斐・信濃侵攻を開始して、上野《こうずけ》を押さえ侵攻してきた北条と対峙し、信濃国衆《くにしゅう》真田昌幸らが従属。徳川家康の関東情勢への主導権が確認される形で、十月二十九日、ようやく講和に至った。

その過程で駿河方面の戦線にあった松平康親らの「苦

労」については、二次史料ではあるが、『武徳編年集成』二十四に、八月十二日から十四日にかけて、康親が「三枚橋城を守る」一方、「敵（北条方）、重ねて松平康親が持分《もちぶん》豆州戸倉の砦《とりで》を襲う」などと見える。また一次史料では、一九九九年に私が初めて年次を確定した（天正十一年）九月一日本多重次書状写（角屋文書）は、得倉（徳倉城）から、徳川氏水軍間宮信高・後藤某・孫一の三名に命じて、伊勢大湊の廻船業者角屋氏の「塩十六俵」を「乱取」から保護したことに加えて、「小田原かいぞく」と「浜松のかいぞく衆」とがぶつかり、「近辺放火」状態にあった同地域の状況を、生々しく伝えてくれる。

何が、どう、始まりなのか？

康親は、名誉職「河東二郡の郡代」に任じられた二月から、半年もたたない天正十一年六月に、この世を去った。康親没後、家康は「河東」という〈間隙〉をただちにブロック化し、駿東郡域には三人の城主を置いて、それぞれ同じ支配マニュアルで画一的に支配させるに至った。それが二六一頁に写真を載せた史料①②③である。

①は、この直前、十月十五日に長久保城の修理普請が完成し、入城したばかりの新城主牧野康成が発給したもの。②は、父康親の死後、跡目を相続したばかりの三枚橋城（沼津城）の城主、松平康次、③は興国寺城の城主松平清宗の発給である。いずれも、商人矢部が取得する権利を有した吉原湊舟破損修理料の勧進を認めたものであるが、なんと、それぞれの城主の知行分で許認

可を得る必要が生じたことを示す。

かつて戦国大名がしのぎを削り、〈境目の領主〉として葛山氏が支配していた時には、写真4－3の文書一通を持ってさえいれば、「河東領中ならびに私領とも」、つまり「河東」のどこからでも渡舟の修理料を勧進できた。矢部氏は、たとえるならば、道路保守を名目に、高速道路の利用者はもちろん、まったく利用しない人からも、自在に通行料を徴収できた。これこそが、中世である。

ところがいまや、この地域を治める三城主の担当ブロックごとに、マニュアル通りに書かれた、ほとんどまったく同文の許認可を得なければいけない、という、誠に面倒な時代が到来したのである。つまり、これこそが近世社会の始まり、官僚行政、縦割り行政の開始地点なのである。

近世社会の〈始まりの風景〉は、江戸幕府の開始に先だつこと四半世紀、ここ国境地帯の〈間隙《かんげき》〉を埋め立て、地平を均《なら》すことから始まったのである。

写真 4-3　永禄 10 年（1567）11 月 5 日葛山氏元朱印状（矢部家文書）

第2節　中世の黄昏としての織田政権

藤田達生の「安土幕府」論

藤田達生は二〇一〇年、『信長革命――「安土幕府」の衝撃』のなかで「安土幕府」なる概念を提唱した。藤田は、二〇一八年の『織田信長――近代の胎動』でも「安土幕府」の語を用いているので、どうやら本気らしい。私は本節のタイトル「中世の黄昏としての織田政権」に明示したように、織田信長は「近代の胎動」どころか、徹頭徹尾中世的である、と考えているので、藤田説はその時点で受け容《い》れがたいのだが、まずは、「安土幕府」論が全く成り立ちえない、というところから始めよう。藤田は、いろいろ主張するものの、そのポイントは以下の三点である。

①髙橋昌明の平家政権＝「六波羅幕府」論を「先例」として継承。
②安土行幸構想を事実上の遷都と見る点で平家の福原遷都に近似。
③「海洋国家」志向と首都プランの強調という点で平家政権型「幕府」。

こう書くと、なかなか魅力的に映じるが、結局のところ、②も③も平家政権型権力ということなのだから、これを「幕府」と呼びうるかどうかは、まさしく①の成否如何《いかん》ということになる。

①にかんして藤田は、「安土幕府」とは、天正三年（一五七五）、「信長の右近衛大将任官が制度的前提」であるとし、もって髙橋昌明の「六波羅幕府」説を援用する。曰く、承安四年（一一七四）に平重盛が右近衛大将に任官したことが、平家が幕府たることの「論理的端緒」だ、というのである。

だが、本書を読んでこられた読者ならば、藤田が、髙橋＝六波羅幕府論の核心部分を致命的に見逃していることにお気づきであろう。なぜなら髙橋説の根幹は、天皇を諸権門の上に位置付ける権門体制論であり、天皇に奉仕する「大番役勤仕」の開始をもって平家政権を鎌倉幕府と同質の権力とみなす、いう、ただ一点にあるのであって、第一章で述べたとおり、それ以外の要素（一一七四年の右大将任官ほか）は、所詮は枝葉に過ぎないからだ。核心部分を外したまま「六波羅幕府」論を援用しても、少しも生産的でない。

ただし、「幕府」かどうか、という論点を離れ、②③、すなわち福原に遷都した平家の海洋志向を信長にも見出そう、とする点に限っては、可とすべきであろう。安土を拠点に、琵琶湖・瀬戸内・伊勢の三つの海を制するネットワークの話は、壮大で面白い。ならば藤田は、髙橋が捨てた術語である、「福原幕府」の方をまだしも根拠とすべきだったのだが、そうなっていないところが、いかにも残念なところなのである。しかも二〇一八年の著書であれば、本郷和人の「福原幕府」論は充分参照可能であったはずなのだが、本郷説の存在はご存じないようだ。

さて、こうした不審な点を除けば、②③それ自体は面白い。だが、だからと言って①に立ち帰って、これを「安土幕府」と呼ぶかどうか、ということになると、それは即答で「否」であろう。もしもこれをもって「安土幕府」と呼ぶならば、その路線の後継者たる秀吉は、大坂幕府、伏見幕府なのか。第一章でも述べたように、秀吉だって将軍宣下の話はあったのである。

第三章でも述べたように、将軍の在所、政権の所在地をもって「幕府」と呼ぶことの陳腐さにも、そろそろ気づいた方がいいだろう。「室町幕府」ですら危ういのに、「堺幕府」「鞆幕府」「朽木幕府」など、新奇な用語を次々創り出すことで何かを言った気になっているとすれば、論者の自己満足に過ぎないのではないか。ならば奈良時代は、平城京から頻繁に都を替えているので、その都度時代呼称を変える必要がある、とでも言うのだろうか。

むしろ、第二、第三章で紹介した「東関幕府」、「東関柳営」、「関東幕府」の語例からすれば、まだしも堀越御所のほうが、「幕府」にふさわしいのではないか。「〇〇幕府」は関東に樹立された軍政府以外には使われない、という原則に照らし、「室町幕府」でさえ廃棄対象だとするならば、あまっさえ「安土幕府」論など、成り立つ余地はないのである。

問題の山積する藤田達生説

なお、藤田達生説には、髙橋「幕府」論の誤読以外にも多々問題がある。

第二の問題として、平井良直説と対決をしていない点は大きい。藤田は、平井の研究を参照することなく、いまだに安土城天守ないし天主《てんしゅ》の思想を、『信長記』系史料に依拠して説明しているのだが、〈商山四皓《しょうざんしこう》〉の登場しない静嘉堂《せいかどう》文庫の「天守指図」を妥当、とする平井説のほうが、はるかに説得的である。というのも、小川剛生が至徳三年（一三八六）秋の和漢聯句《わかんれんく》において、足利義満が「今ことに賢き人の世に出《いで》て」と受けた点に、帝徳を慕いて隠逸《いんいつ》から俗世へと戻る、〈商山四皓〉の逸話を見たように、そのモティーフ自体が室町殿文化圏のそれである。ならば藤田は、一方で「信長革命」を掲げながら、室町殿文化圏からの一定の離脱が見られる「天守指図」のほうを、なぜ是としなかったのか。

第三に、藤田は足利義昭の「鞆幕府」との対抗軸として「安土幕府」を強調するのだが、信長を室町幕府の継承者と見る、金子拓をはじめとする近年の通説とも、対決していない。他の研究者が信長の中世的な側面を強調しているさなかに、やたらと「信長革命」を強調することも、もちろんあってよいのだけれど、異説との対決を避けていたのでは、不戦敗もいいところだろう。

権力の志向

信長とは何か、を論じるには、権力の志向、否、嗜好といったほうがよいかもしれないが、信長の性癖から説明するのが一番わかりやすいと考えている。ちなみに秀吉の場合も、性癖から説明が可能なのだが、それは次節のお楽しみとしよう。

さて、性癖から権力の志向を説明する、などと言うと、いかにも胡散臭《うさんくさ》い。松浦静山《まつらせいざん》の『甲子《かっし》夜話』に出てくる「鳴かぬなら殺してしまえ」が、信長政権のいかほどを語ってくれると言うの

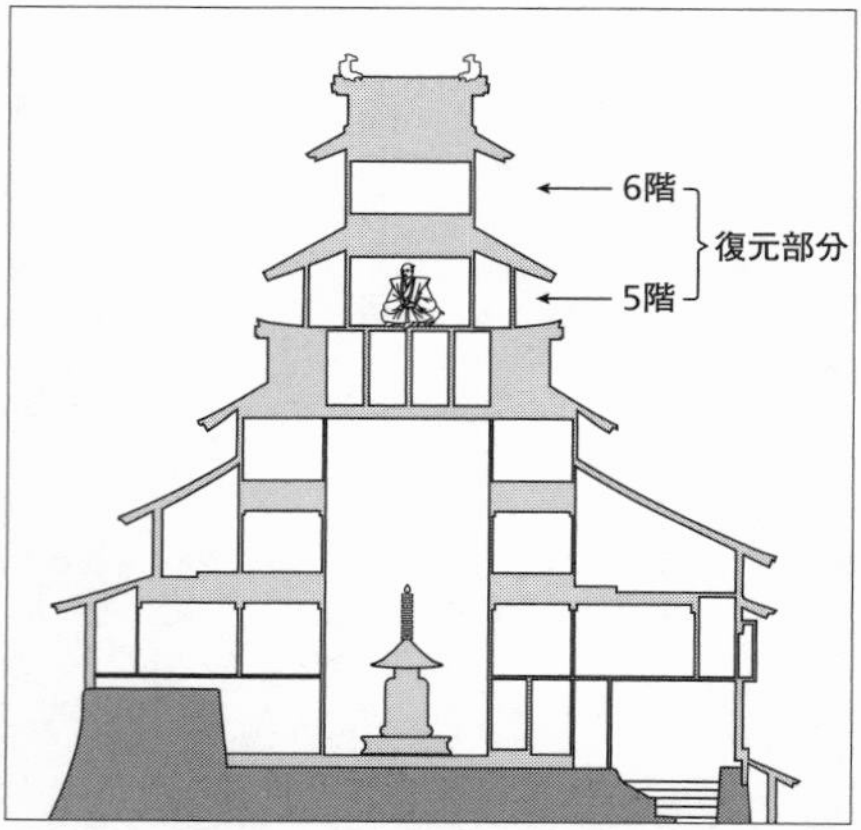

図4-1　安土城の構造断面図　天主5階・6階部分が障壁画と共に復元され、1992年セビリア万国博覧会の日本館に出展された（日本経済新聞社編『安土城障壁画復元展』所収の内藤昌作成図をもとに簡略化し、織田信長像を追加して作図）

か。もっとも、信長と秀吉の、服属を迫る手法の差異については、近年黒嶋敏《さとし》が、信長は朝敵を獄門にさらすことにこだわったが、秀吉は関心がなかった、等々の興味深い指摘を行っている。『甲子夜話』流の俗説もまんざら間違いというわけではなさそうだ。とはいえ私は、「鳴かぬなら殺してしまえ」を、信長の性癖と考えているわけではまったくない。信長の性癖、「権力の志向」とはズバリ、「権威あるものを否定せずに膝元に集め、それを上から眺める」こと。ただ、これに尽きる。

たとえば信長は、諸国の神像、仏像を、安土城膝下の総見寺に集めさせた。『イエズス会日本年報』のなかに、次の記述がある。

前に述べたるごとく、信長は政治を始めて以来常に神仏の崇拝を意としなかったが、今は盲目の極に達し、悪魔に勧められて大に尊崇された偶像を、諸国より安土の寺院に持来った。ただしこれを崇拝させるためでなく、これによって己を崇拝させんがためであった。

ルイス・フロイスの観察は、いつもながら鋭い。諸国の神像、仏像、すなわち諸国の人々が手を合わせる対象を安土まで運べば、人々はいきおい、信長の方を向いて拝むようになる、というわけだ。信長はそれを安土城天主の上から見おろすことに、快感を覚えたのであろう。

諸国の神像、仏像だけではない。天皇もまた、ぜひとも安土に「集め」たい対象だった。安土城天主よりも低層の本丸御殿に、正親町《おおぎまち》天皇行幸のための清涼殿を造ったのはそのためであり、信長の座は、平井良直が考証したように、その遥か上層の天主五階に設《しつら》えられ、まさに上から見おろす舞台装置であった（図4-1）。

信長の自己神格化とは？

朝尾直弘は、信長が死の直前、将軍推任を断った理由を、信長の「神格化」と呼び、信長は「天皇によって、征夷大将軍に任命されることに関心はなく、天皇を任命する征夷大将軍になることに、信長の一貫した構想は向けられていたのである」（『将軍権力の創出』二九頁）とまで論じたが、二〇〇〇年に滋賀県教育委員会が発表した安土城本丸御殿の発掘成果は、むしろ、フロイスに基づく朝尾説の正しさを証明するものであった。

ところが世の中には、理屈の通らないことを平然と述べる人もいる。今谷明のような、自他ともに認める右寄りの歴史学者などは、天皇の行幸を予定していたこと自体、信長が天皇を尊崇していた証拠である、などと真顔で書いているし、私とさほど世代の変わらない松下浩という人でさえも、朝尾が依拠したフロイスの記述の信憑性に疑義を呈し、「信長が自身を神として崇拝させるような『信長教』とでも言うべき新宗教を創出したとは考えられない」と述べ、これが『信長研究の最前線』だと喧伝されている。しかも、その松下の論拠というのが、「信長が既存の宗教を基本的には保護しており、宗教弾圧のようなものは見られない」というのだから驚きだ。

一応念押ししておくと、比叡山焼き討ち、伊勢長島や越前一向一揆の殲滅《せんめつ》を例外視していること、が一番の問題なのではない。信長が既存の宗教を敵視していないことと、抵抗者に対する苛烈な対応が見られることとは、別個の問題として区別すべきことなど、二〇一〇年に出た私の『自由にしてケシカラン人々の世紀』にだって書いてあることだ。では何が問題なのか。松下のふりかざす形式論理、すなわち既存宗教を保護しているのだから「自己神格化」説は間違いだ、という論理自体がNGなのである。

既存宗教の保護と「自己神格化」とは、じつは矛盾でもなんでもない。諸国の神像・仏像も、はたまた正親町天皇も、世上仰ぎ見られているモノだからこそ、信長は自らの膝下に呼び集めようとしたのである。それをはるか上層から見おろしたい信長の性癖が、なぜ他の論者たちには見えないのか、不思議としか言いようがない。もしもそれらが、信長によってその価値を否定されたものだとするなら、そんな価値のないモノを集めて上から眺めることの、いったい何が楽しいというのだろうか。

既存説を否定したいあまり、安易な図式を導入しても、それは『最前線』ではあるまい。

信長入京と「天下」

では、足利将軍家との関係はどうであっただろうか。永禄十一年（一五六八）九月に信長が上洛し、足利義昭と二重政権を築き、やがて対立した、とするのが今日の通説だ。ちなみに有名な「天下《てんか》布武《ふぶ》」印自体は、上洛の前年から用いている。

写真4－4は、信長上洛の際、東寺、大徳寺に宛てたもので、ほぼ同文のものが多数伝わる。禁制《きんぜい》とは、狼藉《ろうぜき》の禁止など、安全を保障する性格の文書であり、信長の側から見れば、信長の存

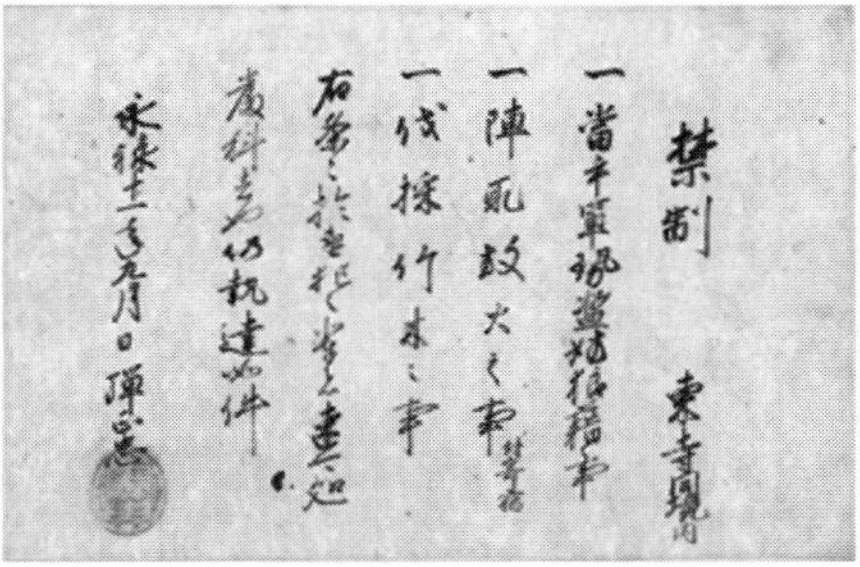

禁制　東寺境内
一　当手軍勢濫妨狼藉事
一　陣取放火之事
一　伐採竹木之事
右条々於違犯之輩者速可処厳科者也、仍執達如件
永禄十一年九月日　弾正忠

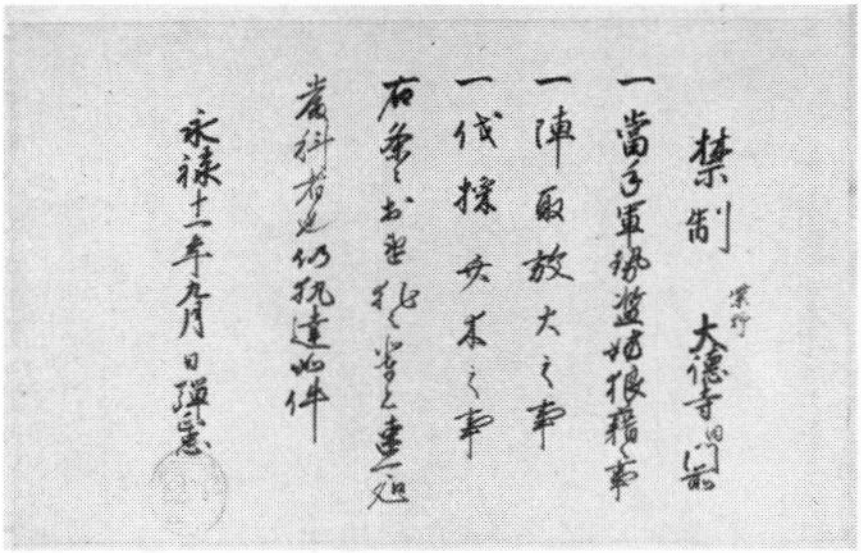

禁制　紫野大徳寺同門前
一　当手軍勢濫妨狼藉之事
一　陣取放火之事
一　伐採竹木之事
右条々於違犯之輩者速可処厳科者也、仍執達如件
永禄十一年九月日　弾正忠

写真4-4　信長が東寺に宛てた禁制（上、東寺百合文書）と大徳寺に宛てた禁制（下、大徳寺文書）

在を複数の相手に認知させる効果がある一方、京都の寺院側にしてみれば、歴史の節目ごとに時の権力者からの保護を求めて、是非とも書いてもらう必要があった。おそらく東寺宛禁制は前者であり、大徳寺宛禁制は後者である。え、どうして？と疑問に思った人は勘がよい。じつはそのように截然と分けて説明するのは、いまだ指摘されたことのない論点だからである。すなわち信長が

「九月日」付で最初に禁制を発給したのは、これを申請した大徳寺であり、東寺その他は信長の意思で「以下同文」文書を複製・配布した、と考えるのが、もっとも合理的なのである。試みに大徳寺が、折々の歴史の節目で取得し、一連のものとして保存された戦国期の禁制を、同時期の政治情勢とあわせて一覧したのが表4―1である。

これら四通のうち、八十三号の細川高国禁制と九十三号の明智光秀禁制（写真4―5）の書止《かきとめ》が「下知件のごとし」で、永禄年間に大徳寺が多数取得した足利将軍家禁制と同じ下知状様式。八十二号の織田信長禁制と八十四号の浅井長政禁制は、書止が「執達件の如し」の御教書《みぎょうしょ》様式で、内容もほぼ同文というグルーピングが可能だ。してみると、織田信長は様式的には足利将軍家の禁制を踏襲しない独自様式で、本能寺の変後の明智光秀は足利将軍家のそれに従った、と言えそうである。

書止文言《もんごん》を見る限り、信長のほうが光秀より足利将軍家離れをしていることになり、藤井譲治のように「少し前、室町幕府を支えた三好長慶《みよしながよし》とそれほど大きな差違はない」（『天下人秀吉の時代』三九頁）などと見做すことには同意できない。なぜなら、大徳寺が弘治三年（一五五七）十月に三好長慶から得た禁制（写真4―6）の書止は「下知件のごとし」だからだ。ちなみに、浅井長政禁制はと言えば、書止が信長と同じ「執達件のごとし」であるばかりか、条文構成に至るまで、信長禁制と酷似している。大徳寺側が「このように書いてほしい」として、信長禁制それ自体を浅井氏に差し出したことは確実であり、ここに受給者側である大徳寺の積極的な禁制獲得の意思を、私が見る所以《ゆえん》である。

表 4-1　大徳寺が取得した 4 点の禁制と当時の政治情勢

82 号	永録 11 年（1568）9 月日織田信長禁制	「執達件のごとし」
	※同年 9 月、足利義昭を奉じて上洛開始。	
83 号	永正 5 年（1508）3 月 28 日細川高国禁制	「下知件のごとし」
	※同年 4 月、足利義稙を擁立して上洛。7 月に将軍復職を実現、管領就任。	
84 号	元亀元年（1570）9 月日浅井長政禁制	「執達件のごとし」
	※同年 6 月、姉川の戦い。9 月、朝倉氏・延暦寺・一向宗と反信長（志賀の陣）。	
93 号	天正 10 年（1582）6 月 9 日明智光秀禁制	「下知件のごとし」
	※同年 6 月 2 日、本能寺の変。	

号数は『大日本古文書』大徳寺文書による

なお、信長禁制を最も詳細に分析した水野嶺《れい》は、すでに「執達」文言を持つ信長禁制の特異性に着目している。水野は山田康弘が唱えた、信長朱印状の「執達」文言は奉書を意味しないとする説を批判した上で、あくまで足利義昭の意を奉じた奉書形式である、と述べ、畿内近国という「幕府勢力圏」に対して出され、かつ義昭初期という特定の時代に出されたこと、などを明らかにしている。この水野説を踏まえつつも、本書で新たに行った大徳寺禁制群の考察を

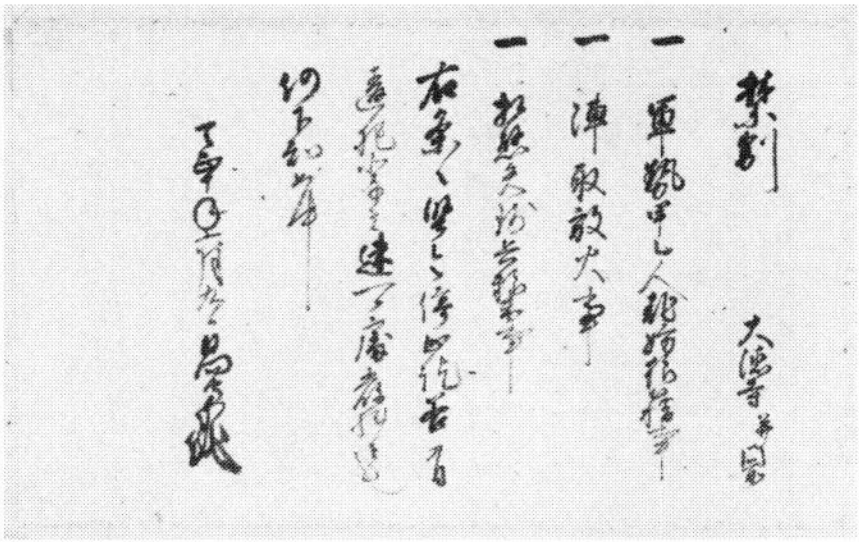

写真 4-5　本能寺の変直後の明智光秀禁制（大徳寺文書）

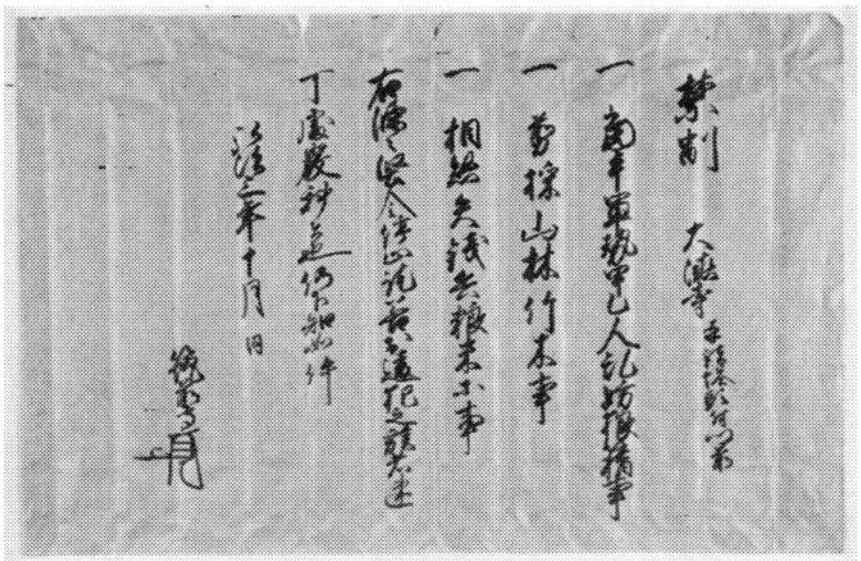

写真 4-6　室町幕府と同じ書止の三好長慶禁制（大徳寺文書）

もとに結論するならば、形式上足利義昭の意を奉じつつも、同時に足利将軍家との距離感を示すためにこそ、あえて「下知」文言を持つ足利将軍家や三好長慶の禁制との〈差異化〉が行われた、そう解すべきであろう。この〈差異化〉への意志、とでも呼ぶべきものに着目せずして、「天下布武」に込められた真意は明らかに出来ないであろう。

「天下」をめぐる定説はなぜダメなのか

近年学界では、信長の「天下」とは日本列島全体ではなく、室町将軍の支配の及ぶ範囲、つまりは京都を中核とする五畿内を指す語であった、という解釈が定説化している。この定説を提唱したのは神田千里《ちさと》であるとされるが、信長研究を牽引する金子拓は、神田説以前に朝尾直弘・脇田修説があったことを指摘している。

右の禁制に見える朱印の印文「天下布武」も、したがって、あくまで足利義昭との関係を表現するもの、とするのが近年の主流の見方なのであるが、それにしても、これらの論者に共通する議論のネックは、「天下」とは日本全国なのか、それとも畿内（＝室町幕府）なのか、を二者択一で争っている点だ。ここで想起すべきは、荻生徂徠《おぎゅうそらい》の『政談』では、「江戸中」とある部分が写本により「日本国中」や「世界中」ともなっているという、興味深い問題を指摘した上安祥子《かみやすながこ》の研究である（『経世論の近世』一三三頁）。じつは、こうした空間認識の重畳関係は、徂徠の生きた近世のみならず、中世社会にもあったこと、すなわち洛中＝国土＝天下というような重畳関係がありえたことは、私自身もすでに指摘している（『公共圏の歴史的創造——江湖の思想へ』一八三頁）。この重畳関係を貫く垂直軸、もっと言えば具象に解消しえないその抽象度、を理解せずして、そもそも「天下」は論じえない。

「天下」とは、垂直軸を持つ三次元概念である

「天下」概念の抽象度に着目するならば、『イエズス会日本年報』の次の記述は絶対的に重要だ。

天下とは日本の主権のことである。都および周辺の支配権を握ることをそう称する。

悲しいかな、たいていの論者は二文目のほうに注目する。しかし注目しなければならないのは、一文目、「天下とは日本の主権のことである」の方なのだ。村井章介の『分裂から天下統一へ』がこの文言に着目するのは、示唆的である。

そもそも、「天下」とは、本来的には垂直次元の概念であった。渡辺信一郎によれば、「天下は、天円地方の蓋天説《がいてんせつ》の世界観に基づいて、ドーム状の天に覆われた正方形の大地として観念された」のである（『中国古代の王権と天下秩序』一二二頁）。私が以前に取り上げたことのある事例で言えば、「法は天子の天下と公共するところなり」がまさしくそれだ。改めて指摘するならば、「天下」とは、水平ではなく垂直次元の概念なのである。私が「今日の定説」がダメだとしたのは、

全国政権ではなく五畿内だ、というように、もっぱら水平次元の支配を問題にしているからである。水平次元に這《は》いつくばっている限り、とうてい「天下」を論じることなどできない。そしてここまで言えば、もうお分かりであろう。だからこそ、垂直に聳《そび》え立つ、安土城「天主」こそが問題とされるべきなのである。そこからは、洛中＝国土＝天下の重畳関係も一望可能だ。

一九七〇年代、内藤昌《あきら》と宮上茂隆《しげたか》の間に繰り広げられた「天守指図」をめぐる論争に終止符を打ったのが、一九九二年、セビリヤ万博日本館における「天主」の内装復元を事実上主導した、平井良直説である。それゆえいまだに平井説を見なかったことにしている研究はいただけない。

平井は、既存の信長記系史料に対する「天守指図」の〈特異性〉のすべて、すなわち、(1)〈孔門十哲〉と〈孔子〉の重複、(2)〈商山四皓〉と〈竹林七賢〉の消失と〈周公旦〉の登場、(3)〈老子〉の登場、のすべてを、絵画史的にも思想史的にも、明快に説明して見せたのである。そしてそこにこそ、垂直次元をもつ「天下」像がはっきり示された、と論じたのが、拙著の『自由にしてケシカラン人々の世紀』であった。

なお、重田みちは近年、「天下布武」の典故《てんこ》を『礼記《らいき》』の「堂下布武《どうか》」に求めた上で、堂上―堂下のごとく、「天下」と対比して意識される「天上」こそ天皇である、と論じた。「天下」に垂直軸をイメージしている点に限っては首肯されよう。しかしながら、すでに見た安土城の設計思想に明らかなとおり、「天上」に天皇を置く議論には従えない。

空虚な本尊

では平井の障壁画復原考証を踏まえるならば、信長の座が設けられた安土城天主五階とは、いったいどのような空間として見えてくるのだろうか。先に示した構造断面図（図4－1）から、織田信長像を除去して写真で見ることにしよう（写真4－7）。

見ての通り、そこに立ち現れているのは、寺堂建築の内陣である。つまり、安土城五階自体が寺院なのであって、松下の言うような、信長は既存の宗教を保護しただとか、そうした次元の話ではもはやないのである。

では問おう。もしもこの空間が寺院の内陣なのだとすれば、画面の中央、釈迦説法図の前には何が安置されるべきなのか、と。

もちろんそれは、寺院の本尊仏にほかならない。どこにもそのような仏像は見当たらないが……などと、野暮なことは言わないでほしい。そう、本尊は空虚なままで構わないのであって、つまりは、

写真4-7　安土城6階（上）と5階（下）の空間（内藤昌 復元 安土城天主 信長の館〔近江八幡市〕所蔵　障壁画復元・平井良直）

そこに座る信長こそが、本尊なのである。フロイスの見た「予が王であり内裏である」でさえ、充分な表現ではないほどだ。朝尾直弘の「神格化」説は、安土城天主障壁画の考証によってすでに論証済みなのであって、フロイスの記述は信憑性に乏しい、などと、適当なことを言ってはならない。

それでは一つ上の階、六階の障壁画には、いったい何が描かれていたのか。それは、伏羲《ふっき》・神農《しんのう》から孔子とその弟子たちに至る、中国古代の聖人たちである。つまり信長は、いわば自分と同格と考え、リスペクトしている人々を天主最上階の間に時計回りに廻らせ、自らをそこに〈同化〉したのである。橋本雄は、中国皇帝に自己を同一化しようとした室町殿の心性を〈中華幻想〉と呼んだが、信長版の〈中華幻想〉は、それをさらに拡張し、障壁画の形式で可視化したものである。重田が考える天皇が、ここに描かれる余地がないことなど、言うまでもなかろう。

つまり結論としては、信長の「天下」とは、畿内を治める足利将軍家の継承者であるかどうか、よりも、垂直次元の神観念であることが、決定的に重要なのだ。私がかつて、信長の思想には、儒仏道三教に加え、キリスト教も統合されているのではないか、と述べたのは、そのためである。

信長は変革者か

ならば、信長はやはり画期的ではないか。そこに近世の端緒を認めてもよいのではないか、という声も聞こえてきそうである。しかし、考えてもみてほしい。信長は中世的なものを何一つ否定していないのだ。神仏も天皇も、中世的権威と名のつくものすべてをコレクションした上で、ただそれを上から眺めたかっただけなのだ。既存の価値観の統合者であって、変革者ではない。

それでは経済政策はどうであろうか。教科書にも出てくる「楽市令」についても、安堵型と創出型のあることが知られていて、安堵型が先行する。安堵型とは、要はもともと「楽市」であったものを安堵するということであって、「楽市」のような空間は、信長以前から存在したということだ。だから信長が天正四年(一五七六)に安土築城に着手し、翌五年に新たに楽市令を出したことをわざわざ創出型と呼んで区別してみても、もともと安堵型が存在する以上、さほどのインパクトはない、ということになる。

信長が岐阜に居城を構えた永禄十年から翌年にかけて出された「楽市場」と「加納」に当てた二枚の制札は、あまりにも有名だ。そしてじつは、これこそが、先述した安堵型楽市令と言われているものなのだ。『信長研究の最前線』の著者の一人長澤伸樹は、この二枚について、「近年の研究で、両宛先は同一の空間をさし、信長以前から岐阜郊外の『加納』に開かれていた『楽市場』(加納市場)を、信長が在地の要求をうけて保護したものと考えられている」と述べる。史料の解釈自体は間違ってはいない。しかしながら、右に言う「近年の研究」とはいったいいつのことなのか。このようなことはすでに、一九七〇年代に勝俣鎮夫によって論じられていたことであって、それを「近年の研究」と呼ぶ感覚が、私には理解できない。

西国支配構想と石見銀山

さて、流通政策という点では、伊勢湾・日本海・瀬戸内海流通を結節する地点として安土を位置づける藤田達生の議論は確かに面白い。藤田はさらに、但馬《たじま》国生野《いくの》銀山（兵庫県朝来《あさご》市）に着目し、天正八年（一五八〇）、信長は但馬一国を勢力下におさめて、羽柴秀吉に管理を任せた、とする。

ところがじつにもどかしいことに、藤田の筆はなぜかそこで止まってしまう。その一方で、同じ天正八年以降の信長の西国支配構想を述べる段では、摂津以西の十六カ国について、西国大名の配置案を表に整理しつつ、「石見《いわみ》のみ国主がわからない」（『信長革命』二一〇頁）などと述べる。その上で、『明智軍記』を根拠に、信長の中国出兵に際して、明智光秀が出雲・石見への国替えを命じられた可能性を指摘する。ここまではよい。

ところが藤田によれば、これは信長による「老臣光秀の左遷」であって、この冷遇がひいては本能寺の変につながっていく、というのである。

いったい、石見国替えがどうして左遷になるのだろうか。私が戦国大名だったら、石見領有と聞けば小躍りするところだろう。つまり、藤田の議論には、石見国に石見銀山（島根県大田《おおだ》市）の存在することが、どういうわけか、すっぽり抜け落ちているのだ。なぜ生野銀山は秀吉に、石見銀山は光秀に、という一対の構図が、見えてこないのだろうか。

十六世紀後半、中国に大量の銀が流れる、いわゆる〈銀の大行進〉現象を招来したのが、南米のポトシ銀山と日本の石見銀山であることは、世界史上の常識だ。そして、〈銀の大行進〉によって、中国の奢侈《しゃし》品が世界に流れ出た。この〈銀の大行進〉が世界史を、日本史をいかに大きく変えたかは、もはや常識だ。近年は、硫黄を制したサルファー大名（大友・島津氏）から銀を制したシルヴァー大名（毛利・豊臣・徳川氏）への覇権の移行を論じる、鹿毛《かげ》敏夫らの研究もある。

いずれにせよ、私がもし信長に新時代の要素を見出すとすれば、藤田の提示した史料ではなお根拠薄弱ながらも、右に見た、秀吉・光秀の両者に銀を管理させようと考えた点ぐらいなのだが、このプロジェクトが仮に実在したとしても、ご承知の通り、天正十年をもってそれは未完に終わった。権力の正当性という観点から見ても、信長政権の政策には、さして語るべきことがない。それが正直なところなのである。

第3節　豊臣政権と中世の否定

権力の志向

前節では、信長の「権力の志向」とは「権威あるものを否定せずに膝下に集め、それを上から眺める」ことだ、と述べた。それでは秀吉の「権力の志向」、性癖とは何か。もちろん、「鳴かずともなかして見しょう」と答えたのでは、高得点は望めない。

正解は、「人を意のままに移動させたり、別の道に誘導する」である。つまり信長政権から秀吉政権への移行とは、〈集める権力から移動させる権力へ〉の転換なのである。

よく知られる例を挙げれば、秀吉は天正二十年（一五九二）五月十八日付の朱印状（尊経閣《そんけいかく》文庫所蔵）でもって、「三国国割《さんごくくにわり》」計画、すなわち本朝・唐《から》・天竺のアジア世界の統治を妄想し、後陽成天皇と関白秀次を「大唐」に据える構想を建てた。大名、たとえば徳川家康を関東に移封するだけでは物足りず、天皇も関白も、意のままに移動可能な超越的立場を志向（嗜好？）したのが秀吉である。

ただし、意のままに、と言っても相手に無理強いさせられた気分を残さないことも、肝要の点だ。何と「三国国割」計画を聴いて、後陽成天皇は自らの動座に反対するどころか、野村玄によれば、大いに乗り気だったというのである。計画発表の翌月、相国寺《しょうこくじ》の禅僧西笑承兌《さいしょうじょうたい》は、次のように記している。

主聖曰《いわ》く、太閤より御入唐すと云々。しかれば予（西笑承兌）召し連れらるべきの由、聖帝直に勅言なり。欽《つつし》みて低頭して諾《うべな》う。（『鹿苑日録』天正二十年六月十三日条）

後陽成天皇曰く、「西笑よ、お前も連れて行ってやる」、とは、いささかはしゃぎ気味だ。

ところで既往の織豊《しょくほう》期研究において、たとえば堀新《しん》は、紙屋敦之《のぶゆき》の見解、徳川家康が明から冊封された日本国王ではなく、「明から自立した日本国王」を創造した、を引きつつ、秀吉の「唐入り」、「三国国割」計画を「明からの自立」の先蹤《せんしょう》と見做している（『織豊期王権論』二五〇頁）。そこまでは異論はない。しかしながら、織豊期王権を〈日本国王〉から〈中華皇帝〉への国王観の転換の時代と捉えるのは、いささか表現がそぐわない印象を持つ。〈中華幻想〉から〈中華皇帝〉へということであれば異存はない。

ポピュリスト秀吉の政策

さて、「人を意のままに移動させたり、別の道に誘導する」ことは、普通は困難を伴う。東京の築地市場の機能をただ闇雲に豊洲市場に移転させようとすれば、当事者はもちろん、消費者からも反対は起こる。そこをいかに上手に収拾するか、それこそが秀吉のもっとも得意とするところであった。

豊臣秀吉が移転させたかったのは、京都の市街地から清水寺《きよみずでら》への参詣途上にある五条大橋の機能である。いまでも京都観光の定番である清水寺に行くには、どのバス停で降りればよいのか、「清水道」か、はたまた「五条坂」か、という質問が聞かれるが、どちらで降りても大差はない。中世の五条橋から東へ向かった先にあるのが清水道バス停、秀吉が造らせた新・五条橋の先にあるのが五条坂バス停と考えてよい。つまりこの質問は、秀吉の京都改造、五条橋の移転によって発生したもの、と言って過言でない。

旧・五条橋は、現在で言えば少し北の松原橋の位置にあった。鎌倉時代までは清水橋とか清水寺橋と呼ばれ、五条橋と呼ばれるようになるのは室町時代以降であるが、この五条橋の中ほどには中の島があり、法城寺《ほうじようじ》・大黒堂などが立ち並び、複数の社会集団の巣窟《そうくつ》となっていて、橋を通る参詣人から銭を取っていた。曰く、都の人々を洪水から守っているのは私たち晴明の徒（安倍《あべの》晴明《せいめい》の後継者を名乗る民間陰陽師《おんみようじ》）のおかげだ、とか、清水寺参詣曼荼羅《まんだら》のように、大黒さんにお賽銭を、とかいう名目によってである。

改めて確認すれば、中世には「勧進」という富の社会還元の回路が機能していた。人々からお金を集め、寺社の再建や橋の復興、はたまた飢饉時の焚き出しなどを行う媒介者《メディエーター》を、「勧進聖《ひじり》」と呼ぶ。中世末のこの時期、五条橋中の島で銭を取っていた人々は、この勧進者たちの行き着いた姿であり、人々が投下した財が社会に還元されるのかどうかも不透明だ。つまりここで秀吉は、ほとんど物乞いの場と化し、スラム化していたその空間をクリアランスしてほしい、という群衆心理に応える、ポピュリスト政治家として振舞おうとした。

ただし、群衆心理は一枚岩ではない。洪水から人々を守るのは治水によってである、もはや勧進者などいらない、と考える新しい人々は秀吉に同調するであろうが、一方で、聖なる技術者への信仰心を持つ人々が皆無となったわけではない。まさにここが中近世移行期、〈長い衣替えの時代〉の特徴だ。ここには、中世的な合理性と近世的な合理性とが、相半ばしているのである。

だからこそ秀吉は、旧五条橋を壊すことよりも新五条橋を造ることを優先したのである。この、カードを切る順番、こそがすべてである。誰もが新五条橋を通行するようになって、何人も反対しなくなってから旧五条橋を取り壊せばよい。これを逆順に切れば、猛反対を招くこと必至だ。

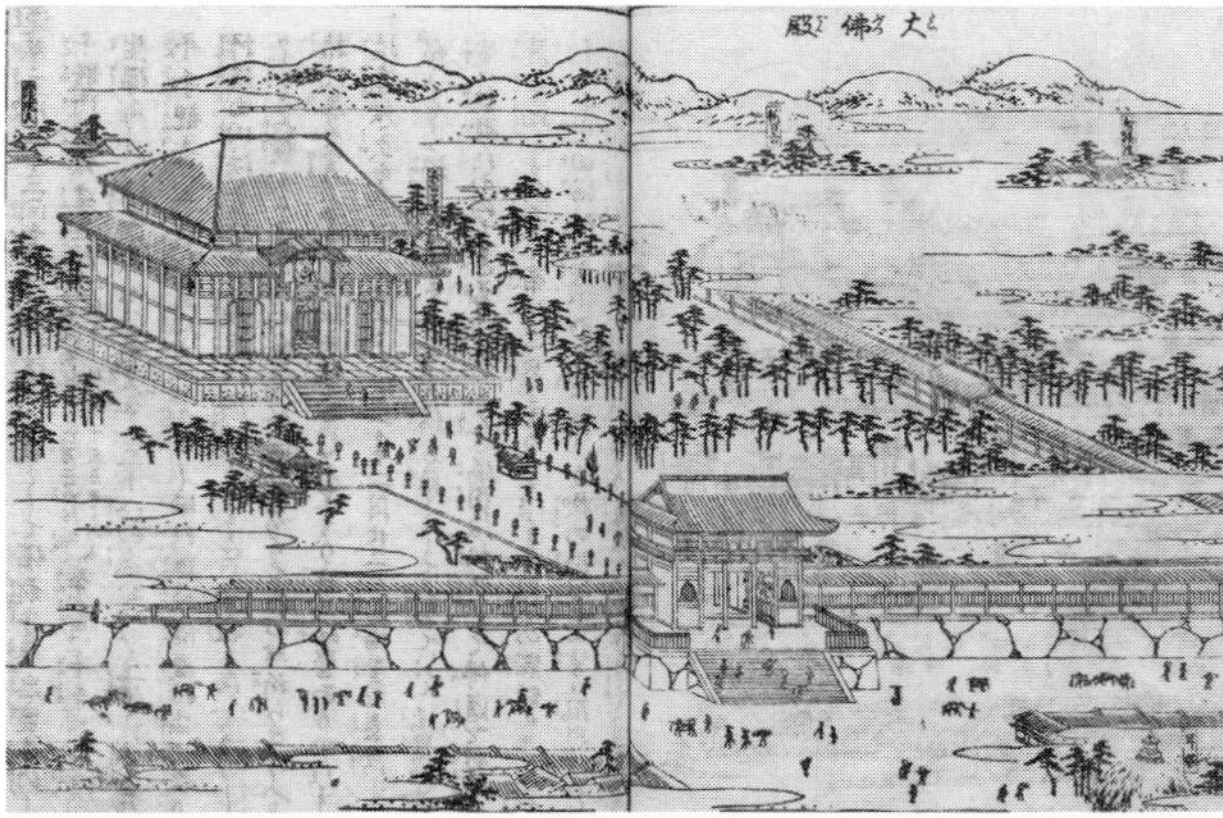

図 4-2　大仏殿（『都名所図会』3、国立公文書館内閣文庫所蔵板本）

では人々を新五条橋に誘導するにはどうすればよいのか。簡単である。新五条橋の先に、清水寺に負けないほどの新名所を造ればよいのである。それが東山大仏だった（図4－2）。

だが、それだけではなかった。

治水政策と現世の合理化

権力と都市民の共犯としてのポピュリズム政治は、いかにして中世的世界を葬っていったのか。第一に、都の人々を洪水から守るのは、聖なる技術者ではなく堤防である。第二に、壊れた橋を修理するには、その都度「勧進」で寄付を集めるのではなく、基金を積み立てておけばよい。しかもその基金の原資は、なんと秀吉が提供してくれるのだという。

第一の政策として、秀吉は天正十九年（一五九一）、京都の周りに御土居《おどい》を構築した。洪水が防げるだけではない。秀吉が実施した土木事業によって雇用が創出された。これは、いわば豊臣秀吉版ニュー・ディールである。江戸時代は享保年間の著作ながら、次のような史料もある。

それにつき天正年中の事などにてもこれあるや、五畿内大きに不作仕《つかまつ》り、米穀の直段《ねだん》高直《たかね》になりしをもって、軽《かろ》き者どもは飢えに及び、新乞食《こつじき》などもあまた出で来《きた》るなれども、米穀払底《ふってい》の時節ゆえ、人の救い施《ほどこ》しなどもこれ無きにつき、道路に伏したおれて相果てたる者限りもこれ無しとなり。これを秀吉公聞き給いて、ことのほかに御苦労に遊ばされ候由、すなわち鴨川・桂川等の堤普請を申し付られ、土砂を持ちはこび候程の者には鳥目《ちょうもく》をあたえらるるをもって飢饉の難を遁《のが》れるとなり。（大道寺《だいどうじ》友山《ゆうざん》『落穂集』「飢饉の噂《うわさ》の事」）

鴨川・桂川の堤普請、堤防工事に雇用されることによって、人々は「飢饉の難を遁れる」ことができたのだという。昭和初期、高橋（是清）財政の時局匡救事業《じきょくきょうきゅう》など、少しも新しくない。とっくに実現されているのである。ただし秀吉の創出した雇用の現場は、なかなかブラックだったようだ。伏見城普請時の状況を、松平忠明《ただあきら》の手になるとされる『当代記』慶長二年（一五九七）正月下旬条は、次のように伝える。

慶長二丁酉正月下旬より伏見。普請のためなり。これ、近年の普請、人の退屈是非に及ばず、あまりに緊《きび》しく相挊《かせ》ぐ間、晩に及びては目見えず、あるいは石に当たりて身を残《そこな》う。または煩いにつき普請に出でざれば、その主人飯米を出ださざるの間、乞食《こつじき》となり京中に充満せり。これ、太閤秀吉公、日本小国には不相応の才人たり。しかるところに、かくのごとく人の苦労を顧みたまわざること、時の人不審すと云々。

あまりに厳しい労働時間の結果、目を悪くして夜道で石に躓いて体を痛めたりし、結果仕事に出られなくなると飯米を得られず結局乞食に出るほかない者もいた、と伝えられている。雇用創出の理想とは逆の結果も生まれたようだ。右の『当代記』には、『落穂集』とは対照的な秀吉批判が見えるが、実際にそうした批判の声が秀吉の耳にも届いたのであろうか、この直後の二月、秀吉は、農民が都市に流入して日用《ひよう》（日雇）となることを阻止すべく、「日用停止令」を出した。なお藤木久志は、その発令年次を慶長二年に比定したが、近年光成準治《みつなりじゆんじ》が、文禄五年（一五九六）説を提唱していることを付記しておこう。

一方、第二の政策は、総額四千貫文、いまのお金に換算して数億円もの大金を京都の都市民に融資する、というものであった。利息は年利五％、年間総額二百貫文の利息で、その銭をもって京中の橋を維持し修理する、という政策である。

では、五％の利息は高いだろうか？　こう聞けば、たいていの人は「高い」という。しかし、元本は返さなくてよい、毎年五％の利息だけを返せばよい（つまり、一万円借りた人が一年後に返さなければならないのは、一万五百円ではなく五百円である）、ということだとわかった途端に、「その話乗った！」となるのではないだろうか。しかも、借りた銭の利息五％は、橋の修理という公共費用のための積立だとすれば、毎年払っても惜しくはない。だとすれば、最初に総額四千貫文もの大金をもらえる、というのは、何を措いても魅力ある政策である。こうなれば、秀吉の政策に異を唱える者などいない。

第一の政策については、雇用実態のブラック化もあって成功したとは言えないが、第二の政策は大成功だった。何しろ橋の修理基金の制度は、豊臣家滅亡以後も維持されたというのだから。

立ち退きの手法

かくして都市民の合意の取り付けは成功。では中の島で生計を立てていた当事者たちの合意はスムーズに得られたのだろうか。

じつは、民間陰陽師たちの立ち退きも、きわめて巧妙に行なわれた。『駒井日記』文禄三年(一五九四)三月十一日条によれば、関白豊臣秀次のもと、前田玄以《げんい》が「堤普請惣奉行」となった。尾張国(愛知県)の荒地の所々で堤が大破・小破しており、その修復のため、各地より陰陽師が派遣されたのだという。陰陽師とは、安倍晴明の説話に出てくるような、式神《しきがみ》の使い手ではなかったにせよ、土木事業に長けた技術者集団であったことは間違いない。それゆえ、「君たちの力が必要なんだ」と、あたかもその腕を競い合うコンテストの乗りでリクルートされていったわけだ。日記によれば、その陰陽師の内訳は以下のとおりである。

一つ、百九人。　京の陰陽師。
一つ、十人。　堺南北より。
一つ、八人。　大坂より。

これを見るに、つくづく秀吉は人を移動させるのがうまい、と感じずにはいられない。選ばれたのは京・堺・大坂の三大都市の陰陽師たちだが、その内訳を見るに、京都の陰陽師が百九名と最も多く、あとは堺が十人、大坂が八人という。つまり、今次の陰陽師徴発のターゲットが京都のそれであることは疑いなく、その真意をカムフラージュするために、便宜上、堺・大坂からも陰陽師を出させた、ということではなかろうか。五条橋中の島の陰陽師たちもまた、いささかの名誉心をくすぐられながら、気づいた時には尾張国に移住させられていたのである。

起源以前のものの忘却

五条橋・東山大仏・治水政策。この三つがセットであることを、以上のように論じた研究は、どういうわけか、私以前にはなかった。もちろん、ジグソー・パズルのピース自体は存在した。町組《ちょうぐみ》発展に関心を持つ杉森哲也、中の島に関心を持つ瀬田勝哉・黒田日出男、秀吉の普請事業に関心を持つ三鬼《みき》清一郎、大仏に関心を持つ河内将芳《かわうちまさよし》、治水神・被差別集団に関心を持つ下坂守・山田邦和、というように、研究はそれぞれの関心からバラバラに行われてきたのであり、それらのピースをしかるべき位置に配置し、一枚の絵に組み上げたのが東島であったに過ぎない。しかし、私が描いた図像以上に、秀吉を捉え切った歴史像はいまだかつてなかった、との自負は持っている。

では秀吉は、なぜそこまでして旧五条橋のスラムを潰《つぶ》したかったのだろうか。この点を『日本の起源』の対談で話題にしたとき、與那覇潤は、〈起源以前のもの〉が忘れ去られることで、あらゆる起源は成立しているのかもしれません、という表現を用いた。起源を設定するとは、つまりは思い出したくない過去を無かったことにすることだ。そして秀吉によって忘却の彼方に追いやられたものこそ、まさに中世的というほかない、自らの出自である。石井進・服部英雄によって明らかにされたように、秀吉は農民出身などではなく、諸国を漂泊《ひょうはく》し、共同体と共同体の隙間を渡り歩いて生業を立ててきた人々に来歴を持つという。五条橋の中の島に住まう陰陽師、勧進者たちは、そこを既得権として定住している点では秀吉の場合と異なるが、共同体からはじき出され、共同体の外部、まさしく橋の袂《たもと》で生計を立てている、という点では、秀吉も原点は同じである。

包摂から排除へ

秀吉自身の起源消去願望があれほどまでスムーズに実現しえたのは、むろん、新興の都市民たちのニーズと合致していたからにほかならない。スラム・クリアランスという名の〈排除〉は、上位権力と共同体の共犯関係によって成立する。

発端は、戦国初期の十六世紀に遡る。かつて「聖人《しょうにん》」「上人《しょうにん》」とも呼ばれた勧進者たちの凋落《ちょうらく》が頂点に達し、都市民たちからの排斥が始まるのが十六世紀である。とりわけ天文年間に至ると、第三章でも簡単に触れたように、「町」は複数町からなる「町組」を結成して、共同体としての結合を強め、治安を自力で維持し、異分子や「お尋ね者」を「町」として排除することを通じて、上位権力からの自治を獲得していった。それは同時に、異分子の存在を認めない透明で等質な社会を目指すものとなった。

そもそも中世後期の「町」は、隅々まで見通せるような透明度を持っていなかった。少なくとも十六世紀初頭の永正年間頃までは。この時期に登場する「見隠《みかく》し」の語に象徴されるように、じつは異質な要素に対する一定の許容度を持つのが中世都市であり、異種のものが共存可能な社会であった。したがって時に「お尋ね者」もまた、追っ手に差し出すことなく、「見隠し」されてきたのである。つまり戦国期に高揚する都市民の〈自治〉とは、異質なものを〈包摂〉する不透明な社会から、これを〈排除〉する透明な社会への転換を意味したのである。

この、〈包摂〉する社会から〈排除〉する社会への転換こそ、中世から近世への転換の核心にあるのであって、この点で豊臣秀吉と都市民たちの利害が一致したのである。

京都大改造の代償

それまで当たり前だった光景は、都市民にとっていまや不都合な光景である。かくして不都合となりつつある光景は、しかし、秀吉のようなポピュリスト政治家が現れ、クリアランスを断行したとしても、ただ眼前から見えなくなるだけであって、スラム自体は決して解消しない。実際、陰陽師集団の「晴明塚」は、横田則子の研究にもあるとおり、近世物吉村《ものよしむら》へと転生した。

また、宇佐美英機・小林丈広《たけひろ》らの研究を参照すれば、近世社会にあっても、借家層増大にともない、「難渋町《なんじゅうちょう》」という名の弱者〈包摂〉装置が誕生する。簡単に家を貸したがらない町に代わって、「右体《うてい》の難渋引受け、賃銭貰い請《う》け候儀を渡世に致し、他町住居の者を名前ばかり引き取り、その町住居の姿にて御役所へ付添い罷《まか》り出《い》で」(文化十一年九月町触、三井文庫所蔵)と言われるように、生活難渋者に名義貸しすること自体が、一つの生業となりえたのである。

さらには、「木賃宿《きちんやど》」という名の新たなスラムもまた誕生した。吉田伸之や杉森哲也によれば、そこは、裏店《うらだな》層・日用《ひよう》層といった都市の最下層の民衆世界であり、まさに被差別身分とのボーダーライン上の世界であった。

豊臣秀吉が東山に大仏殿を建立してより三世紀を経た一八八九年、大日本帝国憲法発布から三カ月たった五月に、帝国博物館、帝国京都博物館、帝国奈良博物館を設置する官制が定められた。帝国京都博物館、現在の京都国立博物館の建設(図4―3)に際しての「貧民移住の協議」が、京都の『日出新聞』に載っている。

> 大坂名護町とほとんど伯仲の間にある京都大仏・一貫町・三条裏等は、貧民と無頼徒の巣窟なるをもって、これを永く存する時は第一京都の体面に汚点を示すのみならず、警察上の取

締および衛生上の注意にも関する事なれば、いずれにか一方に片寄せ、さらに長屋を構造して、かかる場所の散在を予防せんと主張する衛生会員往々ある由にて、近日開く地方衛生会へこの議を提出せんと協議中なりしか。

（明治二十一年〔一八八八〕十一月十八日付）

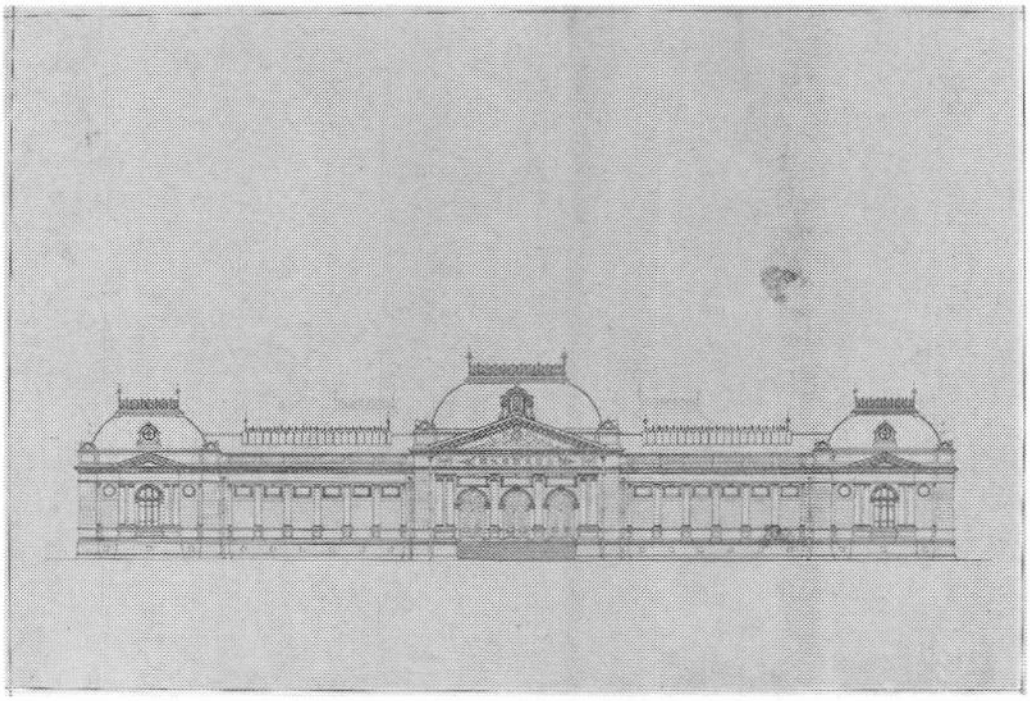

図4-3　旧帝国京都博物館建築資料　建築工事図面（京都国立博物館所蔵）

「京都大仏」前には、先述した「木賃宿」が展開していた。豊臣秀吉の東山大仏建立にともなう五条橋のスラム・クリアランスは、三百年を経て、ほとんど同じ場所において、そっくりそのまま繰り返されたのである。

私は「近代」を、藤田達生の織田信長論のように、楽天的に論じることは到底できない。しかし、正負いずれの意味においても、豊臣秀吉こそは近代的である、とは断言できる。

織豊政権と「近代」

以上第四章では、近世の始動と中世の終焉、という副題のもとに、これまで中近世移行期の権力とされてきた織豊政権を、二百数十年にも及ぶ〈長い衣替えの時代〉

の一行程として論じた。旧い織田政権と新しい豊臣政権の間に、截然と線引きができるわけではない。そうした政治史上の慌ただしい出来事、すなわち「事件史」とは、社会構造の深部にまで及ぶようなもっとゆっくりと進む歴史、すなわち「構造史」上の一大転換のうちに捉えるならば、ごくごく表層の出来事に過ぎない、ということである。このことは次の第五章で、一層明らかとなるであろう。

ここでは天正十七年（一五八九）、豊臣秀吉が、頑強なる中世とでも言うべき、一大抵抗勢力としての高野山に対して突きつけた、ある一政策、すなわち事件史上の出来事を取り上げつつ、そのずっと根柢にある、構造史上の地層を掘り下げることをもって、第四章の結びとしたい。早速ご覧いただきたいのが、同年七月十九日付で、木食上人応其《もくじきしょうにんおうご》が、金剛峯寺衆徒《こんごうぶじしゅと》御中に宛てた「掟《おきて》書《がき》」（高野山文書続宝簡集）の、第十五・十六条である。

一つ。当時公私につき、御衆中談合油断《ゆだん》無きの条、両門中、憲法《けんぽう》の人体《にんてい》十五、六人、集儀衆《しゅうぎしゅう》と号し、定め置かるること。

一つ。十六人の集儀ならびに皆参《かいさん》の集会《しゅうえ》等、何時《なんどき》によらず、相触れらるるにおいては、一往の使者にて御出仕有るべきこと。

ここで注目されるのは、何と言っても「集儀衆」の設置であろう。この場合の「儀」は、高野山文書中の他の用例から見て、単純に「議」の宛字と取りうるものであるから、これは要するに

「集議衆」の設置、ということになる。十六条に見える「皆参の集会」は、中世の大寺院で「満寺一揆」、「満寺衆議（集議）」とも呼ばれた、全員参加の自治の伝統とも言うべきものであるが、今次それに加えて、両門中（宝性院と無量寿院の両門主）より「憲法」の者、すなわち公正なる人物を十五、六人選抜して、新たに「集議衆」を設置するのだという。

さて、ここでピンと来た方は、なかなかの歴史通だ。「集議」と言って直ちに想起されるのは、明治初年の「集議院」である。「集議院」とは、明治二年（一八六九）三月に開設された立法機関「公議所」の後身として、より厳密には、公議所の機能削減、縮小版として、同年七月に改組されて生まれた機関の名称である。明治の「公議所」「集議院」自体は、四年間の短命に終わったこともあって、以前の研究ではさほどの重きを置かれてこなかったが、近年の「公議」「公論」研究の隆盛によって、改めて光が当てられるようになってきている。

だが、第三章で論じたように、義堂周信をはじめとする中世禅僧たちが早くも識《し》ってしまった、「公議」「公論」の世界――すなわち〈中世の中の近代〉とも言うべき磁場――の話を想起すればただちに明らかなように、五箇条誓文に言う「万機公論に決すべし」など、じつは少しも新しくない。この早すぎる〈近代〉こそは、時に地層の深部に潜行し、時を経てふたたび地上に露出して、社会の連続性に亀裂をもたらす、そういった性格のものである。この潜行と隆起とを特色とする歴史のうねりに留意するならば、秀吉時代の高野山に出現した「集議衆」もまた、そうした〈近代〉という名の地層の隆起である、とまずは言ってよいと思われる。

ただし、である。この「掟書」の末尾に、次のようにあることを見逃すわけにはいくまい。

今すでに、まさに、博陸《はくりく》殿下秀吉公、四海を掌中に、一天を幕下《ばつか》に領すべきの御時《おんとき》、弘法大師両大権現の威光に挑《いど》み、仏法興隆・伽藍安全の懇祈《こんき》に励み、寺院繁盛、衆僧快楽《けらく》の亀鏡《きけい》、何事かこれにしかんや。

博陸殿下、すなわち関白秀吉が「一天を幕下に領する」時代に、木食上人応其が、この「掟書」の遵守を高野山の衆徒たちに通達し、「集議衆」の設置を要求したことは、ただちに「満寺一揆」のごとき中世評議組織の解体を意味するわけではない。とはいえ、この応其の文面を、「集議衆」を設置して自己内改革をしなければ、お上(この場合は秀吉)に潰されますよ、という、外部評価委員の提言としてみた場合、その響きはきわめて現代的であって、私のような一大学人にとっても、リアリティのある問題に聴こえざるをえない。目下どの大学も自己点検評価に追われ、「内部質保証システム」を確立しなければ認可を取り消されますよ、といった形で、「大学自治」が骨抜きにされていく渦中にあるが、それとそっくりな図像がすでにここには立ち現れているではないか。それにしても秀吉、であろう。

第五章 江戸幕府は完成形なのか——生存の近世化

第1節 生存の近世化という視点

都市王権論から見た近世

本書が採用した「都市王権」論を中心に幕府の正当性を描き出す試みも、いよいよ終章となる。古代末期に都市京都の生死を規定するに至った「都市王権」たることこそが、中世という時代に幕府という統治機構が生まれた最大の契機であったとするならば、中世という時代の終焉は、そのまま「都市王権」の終焉をも意味しよう。前時代が完全にはなしえなかったことが容易に可能になった、いわば完成形の誕生こそ、一時代の終焉である。

実際、八代将軍徳川吉宗《よしむね》時代の学者大道寺友山は、第四章にも引いた『落穂集《おちぼしゅう》』「飢饉の噂の事」のなかで、豊臣秀吉の時代と江戸幕府の現在とを比較し、こう述べた。現在は幕府が流通を完全に統御できているので、天災が起きても簡単には飢饉にならないのだ、と。かく、江戸幕府の君臨する「現代」を称揚したわけだ。それに引き換え、秀吉時代はそうもいかなかったので、アイデア人間である秀吉は、かわりに窮民を土木事業に雇用することを、飢饉政策とした。そう友山は言うのである。現在の視点から見ると、秀吉の政策の方がむしろ先進的に見えそうだが、ただし、この〈早すぎるニュー・ディール〉は、旧著でも述べたように、決して秀吉が最初ではない。藤木久志の表現を借りれば、古代・中世社会に備わっていた「生命維持の習俗」の一つであり、急場を何とかしのぐための延命策であって、足利義政の土木工事がそうであったように、かえって窮民を都市に集めてしまうという、逆効果もあった。近世社会が、戦国以前の社会とは比較にならないほど安定した社会である、とする友山の主張自体は、大筋では間違ってはいない。

第五章は、史上、もっとも安定した「幕府」であると言ってよい江戸幕府、第四章で述べた表現を用いれば、日本列島の「間隙」が埋めたてられた近世社会における、「生存の近世化」の過程を明らかにし、それによって生じた幕府の態様の変化を確認することをもって、終章としよう。ただし大道寺友山の言うほど、その道は平坦であったわけではない。

年代記からかわら版へ――情報伝達への欲求

〈ニュース〉の誕生というべき最初の「かわら版」、江戸時代の呼称で言えば「読売《よみうり》」、あるいは辻売りの「絵《え》草紙《ぞうし》」の黎明は、北原糸子によれば大坂冬の陣（一六一四）を描く「大坂城の画面」、それに夏の陣（一六一五）を描く「大坂卯年図《うのとしず》」「大坂安部之合戦之図《あべのかっせんのず》」であるとされる。ただこの種のメディアは、その後ただちに拡がりを見せるには至っていない。とはいえ、「噂事」や「当座のかわりたる事」の流布に対する最初の出版統制は、一六七〇―八〇年代には見られるようになり、一六八三年、江戸駒込の八百屋お七の付火《つけび》一件の「読売」は大流行したから、この一六八〇年代が「かわら版」隆盛の契機となったことは間違いない。のちに詳しく述べるように、一六八〇年代こそは、一つの情報革命と呼ぶべき時代であり、出版物が人々の間に流布し、ある個人が、〈まだ見ぬ他者〉とつながりを持つ契機となった。つまりは新しいネットワーク形成の可能性が、大きく花開いた時代である。

本格的な近世社会は、この一六八〇年代に始まる。一六一四―一五年の戦争で徳川氏が豊臣氏を滅ぼし、長い戦国の時代が終わってもなお、社会を覆う空気は落ち着くことがない。しかし、東アジア世界で、明清《みんしん》交替（華夷変態《かいへんたい》）の激動が終息する一六八〇年代のはじめ、ようやく日本列島もまた、安定した平和な時代へと入っていくことになる。そして戦争にかわって大きな〈ニュース〉として浮上するのが、洪水、飢饉、地震、噴火などの災害である。

時代の転換期における戦争、そして日常的に人々の生存を脅かす自然環境、その決裂としての災害こそが、前近代社会における最大の〈ニュース〉だった。もちろん、「かわら版」以前の戦国時代にあっては、その情報を〈まだ見ぬ他者〉と共有可能とするメディアは、登場するに至っていない。それでもそれを、地域の〈苦難の歴史〉として書き遺し、次世代に継承しようという衝動を持つ者には、「年代記」という方法が存在した。現・福島県の『会津塔寺《とうでら》村八幡宮長帳』

や、現・山梨県の『常在寺衆中記（勝山記）』など、寺社を中核として地方社会で書き綴られた年代記の、十六世紀の記述には、戦争、飢饉、災害、疫病という、地域社会の直面した苦難、生産手段や人命が失われ、あるいは他国との交易が滞り、物価の高下に翻弄される人々の姿が刻まれている。そして、現・静岡県の『大平《おおひら》年代記』のような村の年代記も、戦国期から江戸時代にかけて、多数登場するに至る。

村落と都市

相次ぐ飢饉や応仁の乱で諸国の生産が滞っても、畿内・西日本・東アジア全体の物流活性化を背景に、十五世紀後半の京都には、人に施すことのできるだけの食糧備蓄があり、また土木事業の敢行により雇用が創出されたため、寛正の飢饉時には諸国から難民が押し寄せた。足利政権が、年貢などの伝統的税収のみに固執せず、足利義政夫人日野富子による新関設置のように、市場経済への課税重視策へとシフトしたのも、京都が流通に強い〈飢えない都市〉へと変貌していたことによるところが大きい。

これに対し、列島の諸国に割拠する戦国大名は、桜井英治も指摘するように、足利政権とは対照的に、荘園制以来の伝統的税収である、年貢を重視した。では、戦国大名の税制のもとで、人々の負担とはどのようなものであったか。

相次ぐ飢饉の中にあっても、むろん地域格差は歴然と存在する。畿内はもちろん、東国の先進地でも、有力農民（名主《みょうしゅ》・乙名《おとな》・沙汰人・番頭など、呼称は地域による）を中心とした村の自治は進展し、年貢の村請を実現した村では、本年貢を超える剰余分が手元に残ることとなった。このように、豊かな増収のある地域もまた広範に存在したため、大名は、検地を実施して、有力農民の中間得分である加地子《かじし》を把握し、本年貢への増分《ましぶん》として加徴したり、逆にそのまま内得《ないとく》として認めるなどして、在地支配をコントロールした。ある場合には、隠田《おんでん》の摘発者に恩賞を与えることさえもあった。また大名領国内には、代官に支配を委ねる直轄領と、大名被官《ひかん》（家臣）が領する給人領とがあったが、そのいずれであるかに左右されることなく、広域に賦課できる伝統的税目として、段銭《たんせん》・棟別銭《むねべつ／むねべち》も活用した。もちろん、伝統的税制の重視といっても、戦国大名が流通に対し無関心であったわけではなく、船役銭など、課税できるところには課税した。また、免税特権を主張する鍛冶・番匠・石切・山造《やまづくり》・革作《かわつくり》などの諸職人や、諸国を行商する連雀《れんじゃく》商人らを、その統制下に置くことにも腐心した。

大名領国に生きる人々は、以上の諸税に加え、土木事業に動員される普請《ふしん》役、戦時の陣夫《じんぷ》役をはじめとする各種の人足役など、いわゆる夫役《ぶやく》を、村高に応じて徴発された。

こうした中、諸負担に耐えかねた農民は、借銭を返済できずに田畠を手放すことも少なくなかった。年貢を肩代わりした有力農民は、借銭のかたとして土地を集積して地主化し、農民の階層分化が進んだ。有力農民の中には、在地の土豪《どごう》に成長し、検地における現地の「案内者《あないじゃ》」を務めることなどを通じて、大名の被官となった者もいる。長谷川裕子《やすこ》が指摘するように、土豪は、大名権力と村の中間にあって、金銭・土地の融通や人身売買を通じて、村の人々の生存に深く根差す存在となった。一方で下級の農民たちは、妻子を売り、また自らも有力農民の下人身分に転落することによって命を永らえたほか、藤木久志が指摘したように、戦場に雑兵《ぞうひょう》として従軍することで食糧を得、餓死を免れることもあった。

また、寛正の飢饉時に諸国の難民が都市京都を目指したのと同様に、関東の戦国大名北条氏の領国においても、多くの下級農民が、単身、あるいは母子二名、あるいは父子三名といった破片的な家族形態で、村の過酷な環境から「欠落《かけおち》（闕落）」して、新天地を目指した。駿河国八幡郷《やはたごう》（静岡県清水町）から「欠落」し、元亀四年（一五七三）三月に、大名北条氏によって元居た場所へと送還された二十三名の場合、ある者は小田原、ある者は藤沢、またある者は鎌倉（以上、神奈川県）というように、いずれも都市的な場所で発見されている。つまりは、都市に行けば仕事を得られ、生命を維持できる、との幻想が彼らを駆り立てたのである。また実際これらの地方都市には、早くも日雇い労働の市場が展開していた。欠落した農民を新たな雇主に斡旋したのも、また逆に北条氏の驚くべき探索網の末端で欠落農民の「人返し」に手を貸したのも、情報の結節点にいた土豪層であった。中には、遠く江戸（東京都）や河越（埼玉県）まで「欠落」した者もいるが、最初に訪れた都市で安住を得られず、次なる情報を頼りに都市と都市の間を渡り歩いた揚句に、そこまで辿り着いたのであろう。

こうした村からの「欠落」は、まさに個人ないし家族の破片による決意の行動である。それは、村を基盤として行われる領主への訴願や一揆とは、明らかに異なった抵抗の様式と言えよう。しかもそれは、十七世紀後半に代表越訴《おっそ》、惣百姓《そうびゃくしょう》一揆などの運動が勃興するより以前の近世初頭にあっては、「走り」「走り者」などの名で呼ばれ、前代の「欠落」慣行は、九州・四国・東北を中心に、なお継続的に見られる農民行動であった。宮崎克則の研究によれば、十七世紀初頭、肥前（佐賀県）の藩主鍋島直茂は「この先、少々憐憫を加え、走り候《そうら》わぬように、才覚もっともに候」と撫民策を講じたともいうが、むしろ近世前期、大開墾の時代に入るや、彼らは元居た場所での耕作を放棄し、新たな開発が行なわれる土地に国境をも越えて「走り」出て、活路を見出そうとしたのである。また「走り」を受け容れる側も、小倉《こくら》藩（福岡県）に至っては、他国からの牢人《ろうにん》百姓の召し寄せを積極的に奨励さえした。この結果、大名間の「人返し」協定が必要なまでに至り、結果として「走り」が、村それ自体を変容させることとなった。すなわち、名子《なご》・下人など、自らに従属する下級農民を「走り」によって失った旧来の有力農民層は、経営基盤が弱体化し、結果として農民経営の平準化した村を現出させることにもなったのである。

政策か結果か

農民経営の平準化という問題は、かつては政策的に創出されたものと考えられてきたが、この宮崎の見通しの面白さは、「走り」の結果としてそれを捉える点である。

なお、政策か結果か、ということであれば、もうワンセットの議論がある。「兵農分離」である。周知のとおり、近世初期の村落／都市をめぐっては、かつては「兵農分離」という言葉が一般的であった。しかしながら、この間の研究によって、結果として兵農分離が進んだ面はあるが、兵農分離を目的とした〈政策〉はなかったことが指摘されている。近世に入っても在村の武士が存在し、「郷士《ごうし》」のような存在は必ずしも例外ではなかった、というのである。武士の城下町集住も定着していくが、それは強いられた結果ではなく、武士の在村は可能であったし、俸禄制と地方知行制《じかたちぎょうせい》とが併存した。さらに、軍役を務める武士・奉公人（正規軍）と陣夫役を務める百姓（非戦闘員）という役負担上の区別は、近世固有のものではなく、戦国時代でも同様であった、という。

そもそも〈長い衣替えの時代〉の視点に立つ本書にとって、それは意外でもなんでもない。「兵農分離」をめぐる議論には、「走り」ほどの新しさを感じないものの、それでも重要な論点であることは確かだろう。

再編される国郡

人々は、自らの所属する共同体を越えた、より広域の地域的枠組み、あるいは行政の単位を、どのように了解していたのであろうか。あるいは支配システムの各段階にいる者は、どう了解していたのであろうか。これは、一般に「幕藩体制」と呼ばれるものの根幹にかかわる問題である。そもそも諸侯が分立する「封建」制と一君万民の「郡県《ぐんけん》」制とは、日本社会にあっては必ずしも対立概念ではなかった。本場中国では、「郡県」肯定論者は「封建」制の弊を諸侯が〈私《わたくし》する〉ことに求め、「封建」肯定論者は「郡県」制の弊を天子が〈私する〉ことに求める。つまり両者は、本質的に対立する概念である。だが江戸時代初期の学者、山鹿素行《やまがそこう》は、「封建を行うに郡県の心を用い」（『山鹿語類《やまがごるい》』）として、幕藩制支配の現実（封建）と理想（郡県）とを折衷した。

　幕府が中央集権を志向しながら、じつは大名が諸国を治めている実情をどう説明するか、また諸国を治めている大名をいかに幕府が実効的に服属させうるか、がその問題の中心にはある。したがって山鹿の次世代にあたる荻生徂徠は『政談』巻一で、異国（中国）や日本古代の令制を範として、「その治むる国郡《こくぐん》の民の増減を吟味」し、民の減ずるような「治め悪しき」国郡は、「国守郡主を賞罰」せよと説いた（服部本による）。つまりここに、「国郡を領し候人は、君よりその土地を預かり居り候」（『徂来先生答問書《そらいせんせいとうもんしょ》』中）という言説への跳躍、すなわち、領土を〈私する〉ことから〈君より預かる〉ことへの一大転換がなされるに至る。

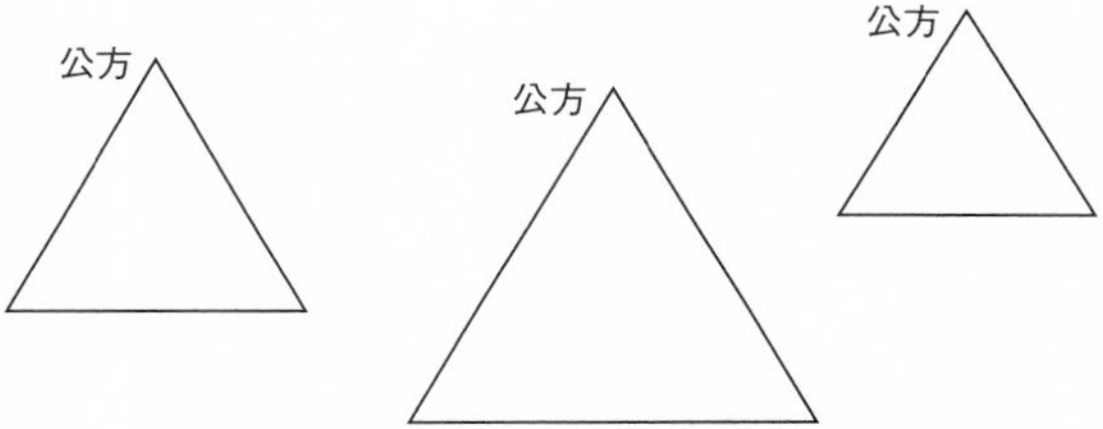

〔図1〕中世における「公」の多元的構造

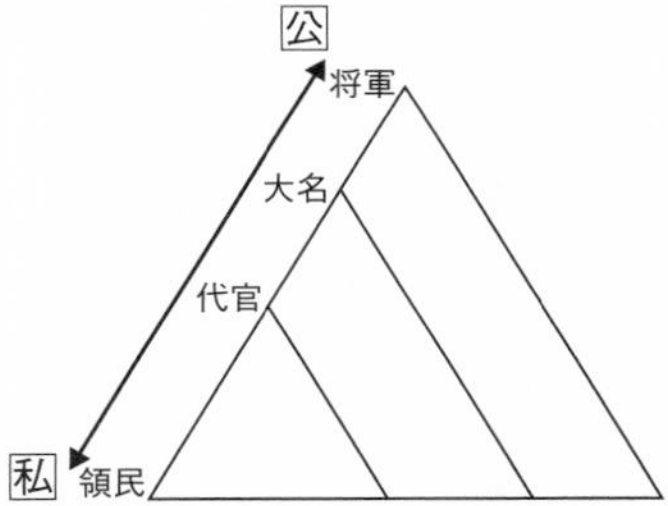

〔図2〕近世における「公」の重層的構造

図5-1　「公」に見る中世と近世

　こうした言説は、単なる学者の机上の論としてあるのではない。岡山藩主池田光政《みつまさ》の「光政公仰せ出《いだ》さるるの覚」に「上様は日本国中の人民を天より預かりなされ候。国主は一国の人民を上様より預かりたてまつる」とあるように、〈君より預かる〉論理を通じて、はじめて大名は「小公儀」たりうるのであり、「大公儀」としての幕府のもとに秩序づけられることになる。中世社会にあった、偏在するいくつもの「公」が、一つのヒエラルヒーのもとに統合されたのが、近世社会である（図5－1）。

ただし、「国郡」という、古代の令制《りょうせい》に淵源する枠組みは、この近世幕藩制国家の誕生によってにわかに参照、復活させられたものというよりは、長い歴史的変遷の帰結であった。

じつは中世社会においても、「封建」権力が支配を遂行する上で、律令制国家の名残とも言うべき枠組みをそのまま用いることは、むしろしばしば有効であった。令制下の「国郡」は、院政期の十一世紀半ば以降に一国内の土地を調査して作成された大田《おおた》文《ぶみ》や、それに基づく一国平均役の賦課単位として残存した。鎌倉時代の守護も国を単位として軍勢を催促し、一国内の紛争解決も、その国の守護を通じて命令が下達された。さらに南北朝期以降になると、守護は、統治の難易度にあわせて、一国に二名以上が置かれることさえあった。

もっともこれらは、あくまで支配者側の都合によるものであり、支配される側から見れば、中世後期の社会においては、個別村落を超える惣庄《そうしょう》・惣郷《そうごう》といった、地域横断的なレヴェルでの一揆的な結合が生まれるなど、必ずしも「国郡」が、自らを取り巻く環境として、抗いがたい前提というわけではなかった。

ところが戦国時代に突入するや、戦国大名間の戦争は、多く「国郡」の境目をめぐる紛争として展開されることになった。戦争の結果として行われる領土協定、いわゆる「国分け」も、一国、半国、郡を単位として行われ、この過程で地域の帰属は流動化し、国と国の境界領域には、令制下にはない、新たな郡名さえ誕生することとなった。絶えず北条氏の浸食に晒された今川氏領国の東端にあたる駿河国駿東郡（静岡県）がその典型であり、こうした令制にない郡名の消長としては、応仁の乱前後から見られる摂津国闕郡《かけ》（大阪府）も有名である。また、三河国と尾張国の国境に位置した高橋郡（愛知県）のように、時期により三河国とされたり尾張国とされたりすることも、珍しいことではなかった。

つまり人々は、戦国の動乱の過程で、国主、知行主の交替によって絶えず再編される「国郡」の枠組みを前提として、生きるほかなかったのである。

地図化された社会

この「国郡」の秩序は、近世初頭の統一政権が日本列島の国郡を地図化し、国家的土地台帳を作成して、古代以来の国家公権の継承を標榜したことで、決定的となった。折しも十六世紀以降、杉本史子の指摘するように、地球上の諸地域が経済圏として相互に結びつき、多様なレヴェルで地図が使用される〈地図化された社会《マップト・ソサイエティ》〉に突入するという、世界史的動きを背景としつつ、天正十八年（一五九〇）に近世最初の統一政権を実現した豊臣秀吉は、翌十九年、朝鮮半島への出兵へと動き出すとともに、この間実施してきた諸国の検地（いわゆる太閤検地）を踏まえた「御国の御知行御前帳《ごぜんちょう》」を進上させ、「日本国の郡田を指図絵《さしずえ》に書」くことを命じ、これを禁中に献納した。慶長五年（一六〇〇）の関ヶ原の戦いに勝利して同八年に征夷大将軍に任じられた徳川家康の場合も、翌九年、なおも伏見城（京都市）に留まって政務をとりつつ、西日本を対象に「国郡田畠高の帳」（いわゆる郷帳）と「国郡の絵図」（いわゆる慶長国絵図）を調進させた。以後も幕府は、何度か国絵図作成を命じたが、将軍代替わりごとに諸国に発給される将軍朱印状の国郡表記も、国絵図の書き換えに連動してアップデートされるようになる。

お役人行政の起源

すでに第四章で述べたように、近世社会の始まりの風景は、武田氏、織田氏が相次いで滅亡した、天正十年（一五八二）から翌十一年にかけて現出した。その風景とは、一つには、それまで一枚の文書を持っていれば、駿河国河東《かとう》（富士川・潤井川以東、境川以西）という、広大な地域での経済活動が自在に可能であった、というような、中世的商慣行の終焉である。そしていま一つには、武田氏旧領の「国割り」によって、戦国大名の誰一人として安定的に治めえなかった、最後のフロンティアにして恵み多き豊穣の地、河東を、ついに徳川家康が征したことである。

かくして、もはや一枚のフリーパスは無効な時代となった。新たな行政区画ごとに、その区画を担当する城主に、同文の申請が必要な、まさしく縦割り行政が誕生したわけである。

縦割り行政を支える官僚機構の発達、という、近世社会の主要な特質は、「織田がつき、羽柴がこねし」といった、天下を誰が征するかということとはまったく別次元において起きていたのであり、一五八〇年代がその起源であった。ちょうどその百年余り前に勃発した「応仁の乱」から始まった〈長い衣替えの時代〉は、この一五八〇年代を大きなバネとして、最終的にはさらに百年後、一六八〇年代に着地することになる。

一六八〇年代という画期を語るには、その前にもう一つ重要な問題がある。それこそが、正当性を正統性へと収斂させていく、徳川家康の神格化、という問題である。

第2節　正当性から正統性へ ――家康の神格化と近代天皇制の創出

神泉苑と二条城

関ヶ原の戦いで勝利した徳川家康は、翌慶長六年（一六〇一）、京都の宿営として、神泉苑の北部跡地を接収して二条城を築城し、同八年に征夷大将軍に任じられると、同城にて将軍拝賀の祝賀行事を開催した。歴史上、二条城と称されるものは、足利将軍家、織田信長、羽柴秀吉のそれも含めて複数あるが、ここで取り上げるのは、現在京都の一大観光地たる二条城のことである。

そして二条城の南には、地下鉄東西線（地上で言えば押小路《おしこうじ》通）をはさんで、神泉苑という小さな観光スポットがある。現在の神泉苑は、料亭祇園平八《へいはち》と池を擁する庭園、といった風情である

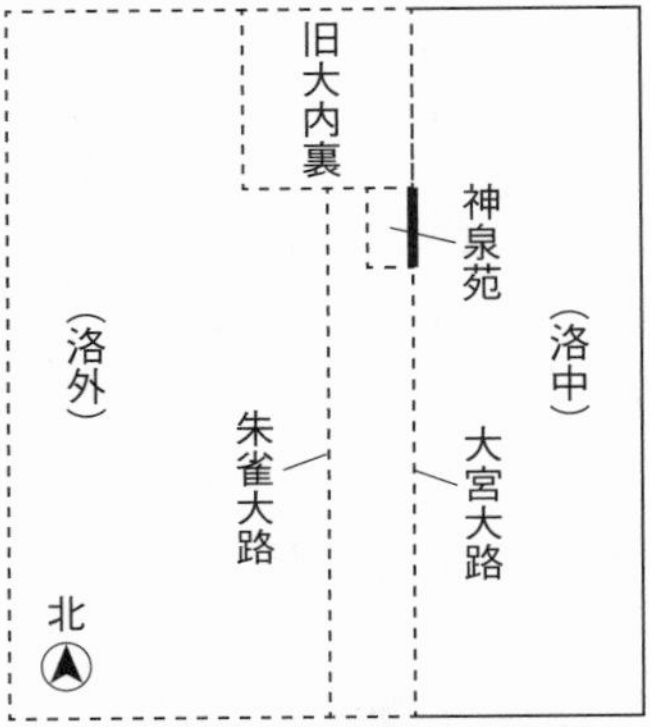

図5-2　神泉苑東面の築地塀（太線部）　洛中・洛外を分かつ隔壁となった

が、平安京造営当初は、天皇が行幸する禁苑《きんえん》であり、方《ほう》八町におよぶ広大な敷地を持っていた。林屋辰三郎《たつさぶろう》『京都』の「京都は、神泉苑からうまれた」との書き出しで知られるように、もとは湖底であった京都盆地のへそにあたり、湖底の最後の名残が神泉苑の池であった。言い換えれば、平安京という人工物のなかで唯一保存された自然である。天皇が行幸して、狩を楽しみ、漢詩を詠んだりする遊園であり、鎌倉時代には、鎌倉北条氏打倒を目指す後鳥羽上皇が、ほとんど毎日のように足繁く通った場所でもあった。神泉苑は、あたかも王権が生命を回復するための場所のごとく見做され、このため討幕を目指す後醍醐天皇の場合も、配流先の隠岐から京都へ復帰した際に、まず行ったのは神泉苑の修理であり、西大寺流の律宗《りつしゅう》僧、智篋《ちきょう》を大勧進とした。

中世神泉苑は、請雨経御修《しょううきょうみし》法《ほ》の道場として、弘法大師の教えをまもる東寺の管理下に置かれたが、しばしば退廃して、人々が自由勝手に出入りする通路となり、格好のゴミ捨て場と化した。庭園の石は持ち出され、牛馬が放たれ、あまっさえ田地として利用するなど、星新一のショートショート『おーい でてこーい』のように、人々の欲望をまるごと飲み込んでくれる、まことに都合の良いブラックホールとなっていた。このため、室町後期、宝徳元年（一四四九）の地震後に行われた足利政権による修理時には、図5－2のように、大宮大路に面した東面にだけ築地塀《ついじべい》が築かれた。

当時、大宮大路は洛中・洛外の境界線であり、大宮大路より西に位置した神泉苑は洛外であって、つまりその東面に聳え立つ壁は、洛中と洛外を分かつ隔壁であると同時に、本来平安京のへそであったその場所の変わり果てた姿、否、人々の欲望を飲み込んでくれるブラックホールを、洛中から見えないように覆い隠す隔壁でもあったのである。

そして徳川家康は、この変わり果てた神泉苑の北半分を潰して二条城を建てたのである。秀吉が中世最大の遺物である旧五条橋を破壊したように、家康もまた、同じく中世の遺物というべき神泉苑を破壊したのだろうか。家康の将軍拝賀後の行動からすると、秀吉とはいささか違っていたようである。

家康による公家社会の再建

家康は、二条城で将軍拝賀の祝賀行事を終えるや、同年九月、ただちに京都の風紀統制に着手した。久保貴子も指摘するように、じつは当時、公家社会の風紀は乱れきっていた。中には大脇《わき》差《ざし》を差してかぶいて見せ、異類異形《いるいいぎょう》の出立《いでた》ちで、夜には「町ありき」、すなわち京都市中を徘徊する公家もいたのである。後陽成天皇の侍読《じとう》、漢学の師である舟橋秀賢《ふなはしひでかた》の日記に記された、「私として定め置く条々」第三条には、

御車寄《くるまよせ》・御門以下らくがき、柱をきりきざみ、番所の戸障子をはずし、敷物などにすること、
かたく禁制の事、

（『慶長日件録』慶長八年九月二日条所引）

とあって、これは旅先で恥をさらす旅行者の蛮行と、同レヴェルと言ってよい。

家康は慶長十六年（一六一一）には後水尾《ごみずのお》天皇を擁立し、十八年には公家衆法度《くげしゅうはっと》・勅許《ちょっきょ》紫衣《しえ》之《の》法度《はっと》を制定して統制を強めるが、従来の歴史像では、幕府が朝廷を圧迫し、優位に立とうとした、というような朝幕関係史が描かれてきた。が、右の公家社会の現状に照らせば、むしろ公家社会の秩序の再建政策と見るべきであろう。

大坂夏の陣直後の元和元年（一六一五）七月には、朝幕双方の代表者（幕府より前将軍徳川家康・将軍徳川秀忠《ひでただ》、朝廷より関白二条昭実《あきざね》、の三名）が連署し、禁中並公家中諸法度《きんちゅうならびにくげちゅうしょはっと》が制定された。この法度の第一条に見える「天子諸芸能のこと、第一御学問なり」も、かつては、天皇はお勉強に勤《いそ》しめばよい、つまりは政治に関わるな、というふうに解釈されてきたが、ここでの「御学問」とは、その条文にあるとおり、唐代の貞観政要《じょうがんせいよう》、平安時代の寛平遺誡《かんぴょうゆいかい》をはじめとする帝王学であることは、いまや新しい常識となっているところであろう。すなわち天皇は、古道《こどう》をはっきりと見定め、政治を太平とするためにこそ、帝王に相応しい学問を学ぶべし、とされたのである。法度全体を見渡しても、大臣・親王以下の座次《ざじ》など、支配者階級内の身分規定を明確化するものであって、武家官位こそ幕府裁量で決めるとされたものの、ただちに朝幕対立を生じさせるものではなかった点には留意すべきである。

ちなみに鎌倉時代、弘安徳政時の「新御式目」において、皇族将軍源惟康に求められたものもまた、君徳の涵養《かんよう》としての「御学問」であったことを、ここに付記しておこう。

家康の神号、候補は四つ

豊臣家の滅亡を果した翌元和二年（一六一六）四月十七日、ついに徳川家康が没した。家康のブレーン、禅僧以心崇伝《いしんすうでん》の『本光国師日記《ほんこうこくしにっき》』九月七日条によると、神号の候補は四つあった。

一つ、相国様《しょうこくさま》（家康）御神号の事、東照大権現、日本大権現、威霊大々、東光大々、右四つの内、いずれへなりとも、将軍様（秀忠）次第に定めなされ候ようにと、内証遊ばるるにつき、禁中（後水尾天皇）より仰せ出され候。

家康の神号決定に関して、藤井讓治は近世前期における天皇と将軍の関係を象徴するものとし、家康の具体的神号も天皇が決めるのではなく、将軍秀忠の意向に従い決定し、将軍側の優位のもとに進められたことを強調している。野村玄はさらに一歩進めて、そこに、神道に依拠するのではなく仏教に軸足を置いた「徳川秀忠の国家構想」を読み込もうとする。すなわち、「大明神ではなく、大権現として神格化する方が、唯一宗源神道《ゆいいつそうげんしんとう》のみに偏らずに済み、また天台宗系の山王《さんのう》一実神道《いちじつしんとう》による神格化であれば、神となった家康は神道界と仏教界の双方に影響力を行使できるという読みであり、生前の家康が仏教を信仰し、豊国社を壊してしまおうと発言していたという天海《てんかい》の耳打ちも秀忠の判断に影響していた」のだという（『天下人の神格化と天皇』三二五頁）。

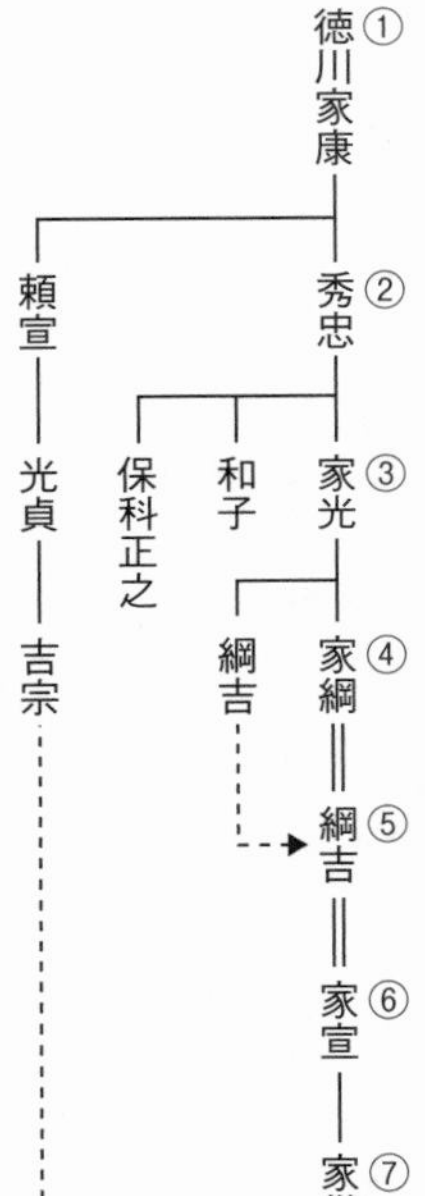

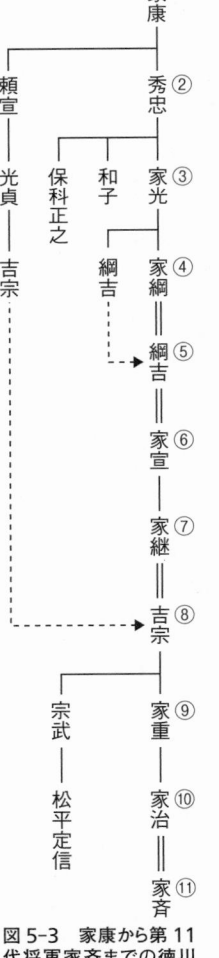

図5-3　家康から第11代将軍家斉までの徳川氏系図

二代将軍秀忠と三代将軍家光

そうした秀忠の思惑のもとに起きた朝幕間の亀裂が、教科書に名高い寛永四年（一六二七）の紫衣《しえ》事件である。時の将軍はすでに三代家光であったが、前将軍秀忠は、後水尾《ごみずのお》天皇が法度に反し、無許可で臨済宗・浄土宗の住持に紫衣着用を認めた、としてこれを剝奪するにいたり、同六年、抵抗した大徳寺の沢庵《たくあん》らを配流。後水尾天皇はこれに憤激し、秀忠の孫女に当たる興子《おきこ》内親王（明正《めいしょう》天皇）に譲位し、明正以下、後光明《ごこうみょう》、後西《ごさい》、霊元《れいげん》と、四人の皇子女を順次天皇に立てて院政を敷いた。

しかしながら、のち後水尾上皇が編纂した『当時年中行事』（後水尾院年中行事）には、織田信長が朝廷経営を可能にし、徳川家康によって朝廷権威が回復された旨が記されている。それと言うのも、家光によって朝幕関係が修復されたからである。

家康の神格化はまずは秀忠によって進められたが、それをまったく異なる次元で推し進めたのが、家光である。家光は弟、駿河大納言忠長《ただなが》に愛情を注ぐ父秀忠より、祖父家康に親近感を持っていたと言われるが、家光は寛永九年（一六三二）に父秀忠が死んでのち、日光東照社の大改造に着手し、これを短期間に完成させた。さらに寛永十三・十七年には、真名《まな》・仮名二部の『東照大権現縁起』絵巻（文章＝天海、執筆＝上皇・門跡《もんぜき》・公卿、絵＝狩野探幽《かのうたんゆう》）を作らせた。度重なる日光社参を行い、江戸時代を通じて全将軍の行った十九回の社参のうち、過半を占める十回が家光によるものであった。正保《しょうほう》二年（一六四五）、日光東照社に「宮《ぐう》号」勅許を奏請し、日光東照宮としたのも家光である。

『東照社縁起』と血統の思想

「掛けまくも忝《かたじけな》き東照大権現、同体異名山王・日光」とする『東照社縁起』に関しては、将軍家と天皇家の関係をめぐって、いささか面倒な論争がなされている。曽根《そね》原理《はらさとし》は、「地上において仏教に基づく支配の正当性を体現するものこそ天皇家」、「同じように衆生《しゅじょう》救済を図る存在でありながらも、天皇家（王法相承）は『山王と一体』とされることで、将軍家に優越する権威を持つ」、すなわち天皇家が将軍家に対して優越する権威を持つ、とする一方で、その権威の源泉（衆生救済の原理）は東照権現の法として存在することから、「天皇家の将軍家に対する優越の根拠となりえない」とも述べ、「優位を認めつつ優越の根拠を血統でなく理念――衆生救済の原理――に置くことで、逆に天皇家を規制する構造」があった、とする（『徳川家康神格化への道』二五〇頁）。これに対し高木昭作は、曽根原を批判し、「『天皇を将軍の上位に位置付ける』見解を変える必要はない」としている（『将軍権力と天皇』九九頁）。

つまり曽根原とて、血統に根拠を置くと将軍家は天皇家を優越しえない、という前提には立っているわけだが、じつはその当の幕府が、やがては血統をことさら強調するようになるのである。

正当性から正統性へ

寛永十八年（一六四一）、三十八歳の家光に世継ぎ竹千代が誕生した。のちの家綱《いえつな》である。家綱が誕生した当時、幕府はまさに公権力としての真価、正当性が問われる問題に直面していた。すなわち、寛永十四年の江戸城本丸焼失からの復興のため、幕府は大名・旗本に倹約を命じたばかりであった。さらに十六年から翌十七年にかけては、冷害・虫害を引き金とする寛永の飢饉が全国に拡がり、地方《じかた》支配の給人層による津留《つどめ》・穀留《こくどめ》によって、被害が増幅された地域もあった。幕府は、飢饉対策として、十八年には三都に流入した飢饉の被災者たちを人返しさせ、二十年に教科書に名高い田畑永代売買《でんぱたえいたいばいばい》の禁を定める一方、十九年には国絵図（正保国絵図）と郷帳、また城絵図の作成を命じるなど、幕府が日本列島を統治することの正当性を再確認しようとした。

こうした中、江戸城大奥周辺の言説において、権現様(家康)の夢告げで世継ぎ家綱が誕生したことを説明するいくつもの神話が生まれ、来るべき四代家綱が家康の血統を引くことをことさら強調して、その治世の〈正統《しょうとう》〉たることが演出された。

家綱はなぜ四代将軍たり得るのか

その神話とは、まさにいかにも、といった内容のものであり、それが、高木昭作の紹介する(寛永十八年)月未詳二十四日付の英勝院消息《しょうそこ》である。英勝院とは、春日局《かすがのつぼね》とならぶ江戸城本丸御殿大奥の重鎮にして、元家康側室お梶の方である。

消息の追而書《おってがき》によれば、「権現様」家康は、将軍継承に次のような法則性があると「御意《ぎょい》」なされていた、というのである。①家康は天文十一年(一五四二)＝寅《とら》年生まれ、②秀忠は天正七年(一五七九)＝卯《う》年生まれ、③家光＝慶長九年(一六〇四)＝辰《たつ》年生まれである。寅、卯、辰、とくれば、四代目は当然巳《み》年生まれである。よって、竹千代(家光)が将来、「巳のとしに子を持たれ、天下をゆずられ」れば、「代々天下をもたせられ候わん」ことになる、ということになる。それゆえ必然的に、④家綱は寛永十八年(一六四一)巳年生まれとならざるを得ない。しかも、秀忠は家康三十八歳の時の子、寛永十八年は、巳年であるのみならず、家光三十八歳の年でもある。こうなれば家光も、江戸城大奥も、頑張らざるをえない。家康同様、三十八歳の世子、という言説は、高木によれば、寛永十八年、家光右筆大橋重保《しげやす》(龍慶《りゅうけい》)による『光《こう》松山《しょうざん》八幡縁起』（穴八幡《あなはちまん》の縁起）にも見えるという。

つまりここでは、秀忠も、家光も、家綱も、みな、権現様家康の血統を引くから将軍なのだ、ということになる。家綱誕生期に幕府が直面していた江戸城本丸焼失から寛永飢饉に至る危機的状況は、正当性から正統性へと方向転換することで乗り越えられることになったのである。

もっとも、こうした年齢をめぐる先例へのこだわりは、足利将軍家の歴史にも見出すことができる。木下昌規《まさき》は、十二代将軍足利義晴が十一歳で将軍となったので、その子義藤（のち義輝）も十一歳で将軍宣下《せんげ》を受けさせたことを指摘しているが、第三章でも述べたとおり、そもそもこれは三代将軍義満の先例に遡る。また一方、矢部健太郎の研究によって、足利将軍は原則として二十一歳で右大将《うだいしょう》に任官するという「法則性」があったことも知られている。しかしながら、徳川氏の右述の「法則性」は、任官の年どころか、出生の年までをコントロールしようとするものであって、それにしても、というレヴェルであることは、一目瞭然であろう。そして念の入ったことに、徳川家綱もまた、十一歳で将軍宣下を受けているのである。まさにその年しかない、というタイミングである。

さらに、家綱が誕生した寛永十八年から二十年にかけて、幕府は儒官林羅山《はやしらざん》を中心に『寛永諸家系図伝』を完成させ、諸家の由緒を明らかにすることを通じて、イエ、そして血統の論理を強調した。将軍位をわが子に血統継承させる、ということは、じつはそれほど容易なことではなかったのである。

天皇権威の創出と複製

実際、血統継承の正統性を説く神話が創出され、『寛永諸家系図伝』が編まれてもまだ、不十分だった。だからこそ家光は、正保二年（一六四五）、日光東照社に「宮号」勅許を得、日光東照宮として、祖宗《そそう》家康の神格化を進めたのである。

家光はまた、秀忠の構想の下に悪化した朝幕の関係の修復にも乗り出した。このため正保三年（一六四六）、家光の求めにより、朝廷は参議《さんぎ》持明院基定《じみょういんもとさだ》を「日光例幣使《れいへいし》」（朝廷から日光東照宮例大祭の幣帛《へいはく》供進のために遣わされる勅使）として派遣し、以後幕末まで恒例とする一方、翌四年に幕府は、応仁の乱以降中絶していた「伊勢例幣使」（朝廷から伊勢神宮神嘗祭《かんなめさい》の幣帛供進のために遣わされる勅使）の再興を認めた。

つまり幕府は、将軍（家綱）が将軍たりうるのは神格たる祖宗家康の血統を継承するためである、という論理を補強するために、天皇が天皇たりうるのは皇祖神たるアマテラスの血統を継承するためである、とする論理を並行して強調し、これを複製したのである。

別言すれば、「皇祖《こうそ》皇宗《こうそう》の遺訓」を標榜する近代天皇制の論理を準備する主要な要素の一つは、じつはこの時徳川氏が、将軍継承の正統化のために創出してしまったものと言ってよい。

戦国の世に織田信長が行なった自己の神格化が「天道」に根拠を置いたのに対し、徳川氏における将軍神格化は、祖先神信仰と血統継承とを根拠にせざるをえなかったのである。

事実、慶安四年（一六五一）に家光が没すると、危惧されたとおり、政局は一気に不安定化した。刈谷（愛知県）藩主松平定政《さだまさ》が幕政批判の上書《じょうしょ》を捧げて改易《かいえき》となり、さらに、元和以来職を失った牢人たちの不平を背景に、軍学者由比正雪《ゆいしょうせつ》らが反乱を起こし、正雪は駿府で自刃した（慶安事件）。ここにようやく当年十一歳の家綱は、先述したとおり、足利義満や戦国期足利将軍（義晴・義輝）と同じ年齢で将軍宣下を受けることとなったが、事件を機に幕府は、牢人の再仕官を斡旋する一方、牢人の発生契機となる改易・減封《げんぽう》の機会を減らすべく、大名・旗本に末期《まつご》養子を許可した。つまり、戦国の世はいままさに終わりつつあったのである。

第3節　曲がり角としての一六八〇年代

幼君家綱期の外交方針と琉球の二重支配問題

四代将軍家綱は一六八〇年に没しているため、家綱治世下の外交は、ちょうど東アジアに平和が訪れるまでの、激動の時代と重なっていることになる。以下、しばらく木村直樹の整理によるならば、この時代の特徴として、国家の代表者たるべき家綱が幼少であるため、積極的な外交が避けられた点があり、一六五三年シャム（タイ）国王の書簡に対しても、公式には受取りを謝絶している。が、一方でシャムからの交易船は「唐船」として受け入れるなど、中世以来の「唐船」概念の幅――「唐」の名で呼ばれるものは中国だけではなく外国一般を含みうる――を最大限に活用して通商関係が維持された。一方、対ヨーロッパ関係においては、イギリス、デンマーク、フランスが通商を求め、オランダ風説書《ふうせつがき》の情報をもとに幕府内で議論はあったものの、オランダ以外とは関わらない、という消極路線が堅持されることになった。

家綱治世下の最大の外交問題は、明清交替にともなう対琉球問題であった。当時中国皇帝からの冊封《さくほう》を受けつつ、一六〇九年の島津氏侵攻によって薩摩藩を通して幕府支配下にも置かれるという、二重支配下にあった琉球との関係は、じつに微妙な問題を含むこととなった。それまで明を宗主国《そうしゅこく》としていた琉球は、明滅亡後、しばらく中国南部に残る旧明勢力に服属するも、一六五三年には上表して正式に清に帰順した。この状況下で、琉球から日本へ送られる謝恩使《しゃおんし》や慶賀使《けいがし》は、従来どおりの姿で現れるのだろうか。もしも新たな宗主国の清朝によって、清装束や弁髪《べんぱつ》を強要されて日本の人々の前に現れた場合には、琉球が日本に対し、排他的に属しているのではない、という国際情勢が、対社会的に露見しかねない。そうした薩摩藩の指摘に対し、幕府はこれを容認せざるを得ない、という無難な路線を選択したが、現実には装束変更はなされなかった。

明清交替と東アジアの平和

一六四四年、明朝最後の皇帝毅宗《きそう》（崇禎帝《すうていてい》）が、国号「大順」を掲げる李自成《りじせい》軍の北京入城により自殺、ここに一三六八年よりつづいた明は滅亡した。以下しばらく、通説に基づき、明清交替の概略を叙述させていただこう。明滅亡の一方で、中国東北地方を統治する満州族の王朝清は、一六三六年に朝鮮王朝を服属（丙子《へいし》の胡乱《こらん》）させた。その後、幼少の福臨《ふくりん》（順治帝《じゅんちてい》）を補佐する摂政ドルゴンが、四四年、万里の長城の東端、山海関《さんかいかん》の守将たる呉三桂《ごさんけい》と結んで山海関を越え、李自成軍を破って華北一帯を制圧した。清は北京に遷都し、明の後継王朝たることを宣言する。しかしながら、鄭成功《ていせいこう》をはじめとする明の遺臣らによる清への抵抗は続き、一六六一年に鄭一族は台湾のオランダ東インド会社の拠点を陥落させ、オランダ人を台湾から駆逐するまでにいたった。かくして華夷変態（明清交替）の完了には、明滅亡から三十年近くを要することとなった。とりわけこの間、清内部でも、平定に功績のあった呉三桂ら三藩《さんぱん》の力が強大化していたが、これを抑圧すべく、一六七三年に清の康熙帝《こうきてい》が撤藩令を出すと、平西藩《へいせい》の呉三桂は雲南に挙兵して周を建て、これに靖南藩《せいなん》の耿精忠《こうせいちゅう》、平南藩《へいなん》の尚可喜《しょうかき》の子尚之信《しょうししん》が呼応する「三藩の乱」を起こした。結局乱は、一六八一年に清軍が雲南省の昆明を攻略することでようやく平定され、さらに八三年には、台湾で抵抗していた鄭一族も清に降伏して、ここに激動の時代は終わり、東アジアに平和な時代が訪れることとなる。

太平の時代

一六八〇年、将軍家綱が没し、後水尾法皇も没して、一時代が終わり、五代綱吉が将軍宣下を受けた。将軍綱吉によってなされた政策転換は、日光社参のような、大軍事演習としての意味を持つ行事の不要な時代の幕開けであり、まさに元禄へとつながる太平の世が到来したのである。

このことは、将軍の絶対性を示すような権力編成の方式がもはや時代にそぐわない状況となったことを示す反面、笠原綾が述べたように、「伊勢御代参」のような、一六二九年以来、徳川一門として行われてきた伊勢神宮への祈願が、一六八四年を画期として将軍家の年頭恒例行事へと吸収・一本化され、もって将軍権力の徳川一門に対する優位性も確立した。ここに、将軍権威の正統性を保証する、朝廷・伊勢・日光・大猷院廟《だいゆういんびょう》の四カ所が、幕府の年頭行事の中に位置づけられるにいたった。こうした流れの中で朝廷権威は浮上し、霊元天皇は一六八三年に立太子《りったいし》礼を再興、八七年、東山天皇への譲位に際しては、廃絶されていた大嘗会《だいじょうえ》も再興されるにいたったのである。

暗い記憶の忘却と大江戸の誕生

江戸の急激な拡張《エクスパンション》により、一六五七年の明暦大火の暗い記憶は過去のものとなりつつあった。日々江戸に堆積する牢死《ろうし》者《しゃ》や行き倒れ者の「死骸片付《かたづけ》」といった課題もまた、両国橋東岸の本所回向院《ほんじょえこういん》から、江戸の刑場の一つであった小塚原御仕置場《こづかつぱらおしおきば》近所の下屋敷（別院）へと機能移転を果し（図5－4）、一六八一年には、老朽化した両国橋の架け替えが開始され、十五年の歳月をかけて一六九六年に完成するにいたる。隅田川の花火や出開帳《でがいちょう》・見世物で賑わう大江戸最大の盛り場としての両国橋界隈のイメージは、じつはこの第二次両国橋架橋以後に誕生したものであった。

両国橋のリニューアルと並行して、「諸宗山」と呼ばれた回向院もまた、徳川氏菩提《ぼだい》の増上寺末として、浄土宗寺院であることが改めて強調され、遅くも一六八九年までに、「国豊山《こくほうざん》」へと

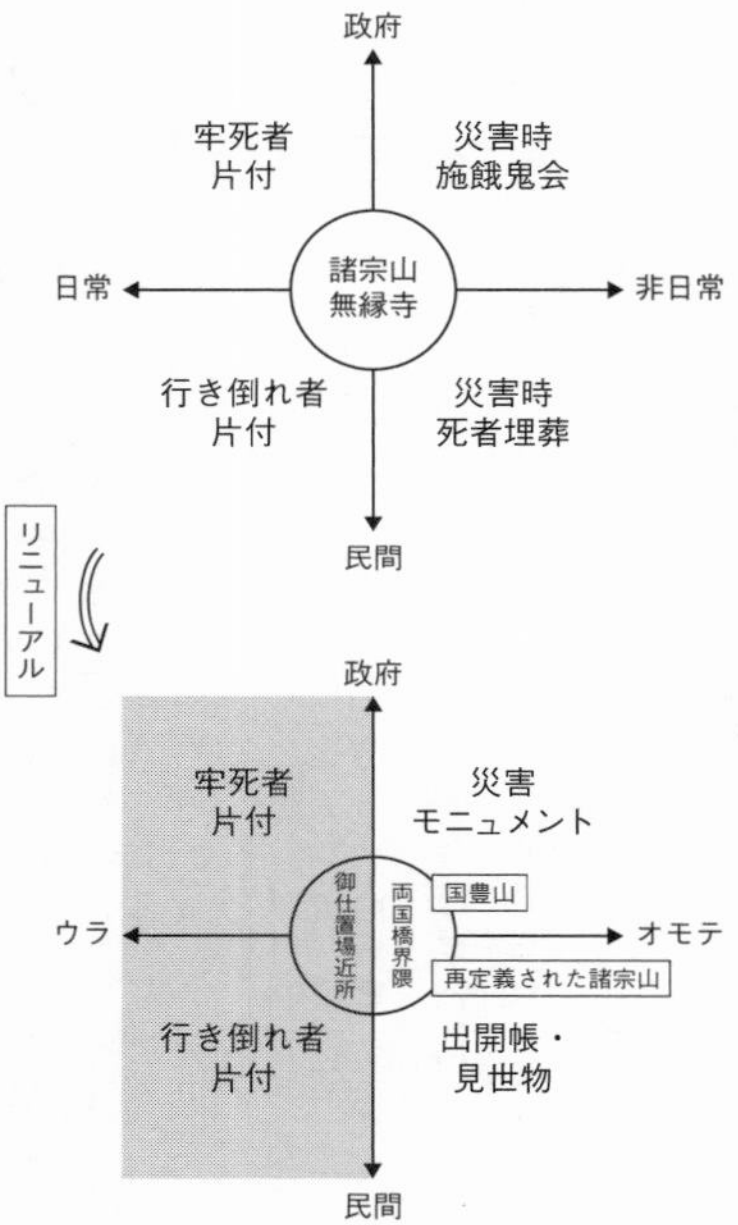

図 5-5　両国橋のリニューアルによって再−造形された回向院（東島『〈つながり〉の精神史』2012 年）

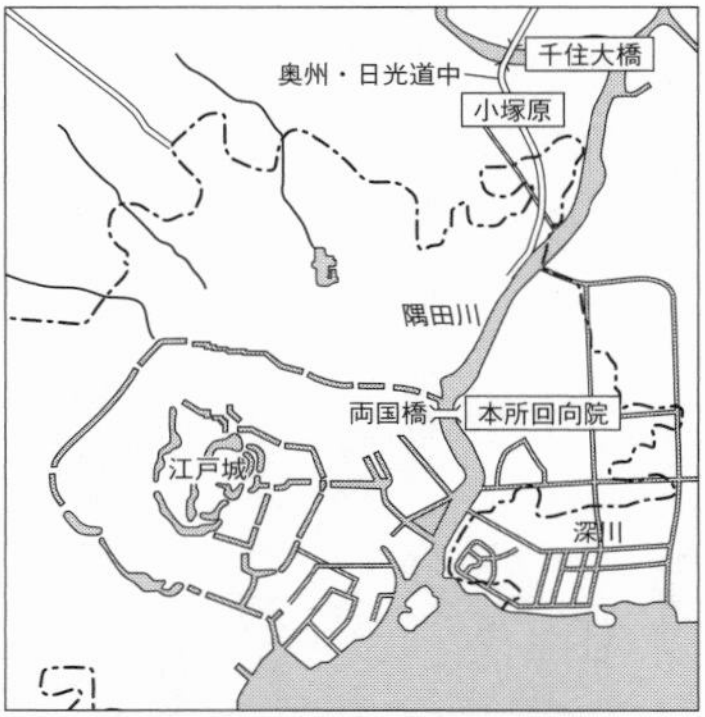

図 5-4　本所回向院から小塚原御仕置場近所の別院への機能移転

姿態転換することとなった。つまりここに回向院は、〈暗い過去の記憶〉のドロドロした部分を一切そぎ落とした〈美しい災害モニュメント〉として、再−造形されることとなったのである（図5−5）。

なおここで、二〇一二年の拙著の図をあえて再掲したのは、同書を踏まえていない朴炳道《パクビョンド》『近世日本の災害と宗教』の「回向院」論を批判する意図もあってのことである。批判の詳細は論文「『所属』からの自由——無教会・無縁・公共性」に書いたので、ここでは省略しよう。

武士の近世化

『土芥寇讎記《どかいこうしゅうき》』は、一六九〇年時点の全国の諸大名を網羅し、将軍家と大名、大名家と家臣間の秩序を維持する意図を持つ、とされる、編者不明の史料である。これによれば、八割強の大名家が俸禄制を採用しており、江戸時代の武士たちは土着性を失い大名から蔵米《くらまい》（サラリー）を受け取る存在になった、と言われてきた。もっとも、石高《ごくだか》で計算すると、全体の半分が地方知行制《じかたちぎょうせい》であり、つまり大藩になるほど地方知行制を採用していたことになる。また上記の計算には幕府は含まれておらず、旗本の地方知行を認め、俸禄制を改め「地方直し」とするケースもあった。したがって今日、先述したように、兵農分離が政策的に上から断行されたというような見方は否定され、豊臣政権による海外遠征や徳川時代の参勤交代など、武士の生活スタイルが変化することによって、結果的に在地への土着性が薄くなっていった、とする見方が有力となっている。

国内的には関ヶ原の戦い、大坂の陣、島原・天草一揆、東アジア規模では明清交替の完了というように、十七世紀を通じて戦争が終結していく過程は、武士の行動規範にも大きな影響を与えた。十七世紀前半に、病死した主君に追腹《おいばら》をする「殉死《じゅんし》」が流行したのは、戦国の世に「主君の用に立つ」とまで言われた、戦死する機会が減少し、主君への忠誠を表明する方法がなくなったからである。初例は一六〇七年、尾張清洲城主松平忠吉の死去に際し近臣石川主馬《しゅめ》ら三人が殉死したこととされ、三六年、仙台藩主伊達政宗の死去に際しては殉死者十五人、さらに殉死者への殉死者が五人も出た。殉死者の墓は主君の墓の傍に立てられ、子孫は優遇。生前、殉死しなければ周囲から不忠者として非難される場合もあり、主君の「御家」のために死ぬことは自らの「家」のためと同一視された。

しかし、殉死の流行で有能な人材が失われるといった弊害に対し、幕府は、保科正之《ほしなまさゆき》の意見などにより、将軍家綱治世下の一六六三年、武家諸法度（寛文令《かんぶんれい》）の公布時に、口頭で殉死の禁止を申し渡し、その二年後殉死者を出した宇都宮藩主奥平家を罰して二万石を減封《げんぽう》、殉死者の子は斬罪とした。そして一六八三年、将軍綱吉の時、武家諸法度の本文に殉死禁止条項を追加した。

〈義理〉の誕生

殉死の禁から見えてくるのは、武士の本質である主従制、〈情〉の共有による人格的支配《パーソナル・ルール》の揺らぎである。すなわち、かつての〈情〉とは質的に異なる、〈義理の関係〉が、新時代の主従制を支える新しい行動規範として登場したことを意味する。この点で象徴的であるのは、一七〇一年、勅使接待役浅野長矩《あさのながのり》が高家《こうけ》筆頭吉良義央《きらよしなか》を江戸城松之廊下で切りつけて切腹・絶家となり、翌〇二年、大石良雄《おおいしよしお》ら元赤穂藩の牢人らが吉良邸を襲撃した、いわゆる赤穂事件である。事件の背景には武士の職務の変化があり、殿中・城門の守衛、城番、主君出行時の供奉などを務める番《ばん》方《かた》（武官）優位の時代から、政務、事務、典礼の遂行などを務める役方《やくかた》（文官）優位の時代へと移行しつつあり、高家たる吉良は、紛れもなく新しい武士類型に属していた。が、一方で「亡主の意趣を継ぐ」ことで吉良を討った大石の場合もまた、新しい武士類型に属していたのである。

すなわち戦国の世に戦場を主君と共にした江戸初期の家老は、主君との〈情〉の共有が行動規範となったが、大石のように門閥によって家老に就任し、かつ参勤交代で主君と〈情〉を共有する機会の少ない者は、あたかも〈情〉を共有するかのように行動すること、すなわち〈義理〉によって行動することが求められるようになっていたのである。しかも谷口眞子《しんこ》が指摘したように、元赤穂藩士四十七名のうち、単独者は二十一名で、親子や親族関係をもとに「家」ぐるみで行動した者が、大石を含め二十六名にのぼり、まさしく個人が「家」に、「家」が「御家」に内包される、公私の重層構造（三〇七頁の図5－1）が、社会に根を下ろしつつあった時代の武士の行動であった。

徳治の理想と現実

一六八二年の高札以来、二十年余にわたって幾度も出された生類憐みにかんする法令は、世子を失った綱吉が子を得たいとの願望を契機として、生類の殺生や死体遺棄等を慎むべしとするのみならず、憐れみの対象は捨子、老病者、行き倒れにも及んだ。一方ではこの法令の処罰者の家族で「流離散亡」した者は数十万人に及んだとも言われるので、目的と結果とが符合しない政策ではあったが、理想においては儒教的徳治を目指すものであった、と見ることもできる。だが、捨子、老病者、行き倒れの問題は、平和の時代の訪れにもかかわらず、何一つ解決していないと言うべきであって、それは宣教師フロイスが十六世紀末に見た、母親の嬰児《えいじ》殺しの風景と変わるところがなかった。しかも、戦国時代にあっても、今川氏の戦国法である「かな目録追加」に見られるごとく、下人など従属的な人々を養育、扶助する眼差しは、為政者の徳治の項目から見失われることがなかった。問題は、徳治の精神と現実との間に埋めがたいギャップが横たわっていたことであって、それは十七世紀末の綱吉の政策にあっても同様であった。

農業技術革新と情報革命

若尾政希《まさき》の指摘するとおり、出版文化の急速な発展により、同一の書物が領主層から民衆まで、身分・階層の差を越えて読まれることで、近世的常識や社会通念が形成されていった。

とりわけ、一六八〇年代という新時代の幕開けを告げるものとして、この時代に一気に拡がった農書ブームを挙げることができる。江戸末期の一八二二年に『農具便利論』を著した農学者大《おお》蔵永常《くらながつね》は、灌漑用の農具の発達にかんし、「昔年より井路の水を高燥《たかみ》の田地に揚《あ》ぐるには、龍骨《りゅうこつ》車《しゃ》を用ゆる事、諸国一般なりしに、寛文年中より大坂農人橋の住、京屋七兵衛、同清兵衛といえる人、この踏車を製作し、宝暦・安永の頃までに諸国にひろまり、今は龍骨車を用ゆる国すくなし」などと述べ、寛文年中、すなわち十七世紀中葉の家綱治世期に踏車が発明されたことを画期としているが、一六八〇―八二年ごろの著作と言われる農書『百姓伝記』巻五の「農具・小荷駄具揃」によれば、これがよく利用されたのは「五畿内・近江国、すべて平安城ちかく」とあって、やはり先進地は畿内・近国であり、「国々処々の大工、手本なしに拵《こしら》えがたし」とあって、十七世紀末の時点では、諸国一般に用いられていたとまでは言えない。しかしながらここで重要なのは、三河や遠江など、東海地方をフィールドとする同書にその記述があるということ自体、まだ技術的に困難な農具であっても、新しい農具についての情報が地方へ伝播《でんぱ》していた、という紛れもない事実である。『百姓伝記』それ自体は写本しか残されず、おのずとその影響範囲は限られるものの、一六八四年には東北地方をフィールドとする『会津農書』も出版されるなど、一六八〇年代は、書物が人々の情報をつなぐ画期となる時代だった。一六八八年刊の井原西鶴『日本永《えい》代蔵《たいぐら》』巻五には「後家倒《ごけだおし》」、脱穀用農具としての千歯《せんば》扱《こき》も出てくる。すなわち、農具革新の時代は、同時に情報革命の時代でもあったのである。また、さきの『百姓伝記』巻七は「防水集」となっており、堤普請や川除《かわよ》け等の対策、「大水をふせぐ事」や「諸国津浪《つなみ》ものがたりの事」にいたるまで、村の生活において、人々の生存にかかわる知識と情報もまた、農具等の最新技術とあわせて、関心の高いものとなっていたことが窺えよう。

新しい人間像——都市を越えた情報ネットワーク

一六八〇年代はまた、災害に際して都市を越えた情報ネットワークが誕生する画期ともなった。今長明《いまちょうめい》なる仮名《かめい》で書かれた災害ルポルタージュ『犬方丈記《いぬほうじょうき》』の誕生である。出版元は京都書肆《しょし》山本七郎兵衛であり、おそらく実作者は苗村丈伯《なむらじょうはく》である。が、そのようなことはどうでもよい、とするのが仮名たる所以《ゆえん》だ。一六八二年に西日本を襲った天和の飢饉に際しては、大蔵経《だいぞうきょう》の出版で

図5-6 『犬方丈記』挿図（国立国会図書館所蔵板本）

名高い黄檗《おうばく》僧鉄眼道光《てつげんどうこう》が、摂津普門寺《ふもんじ》（大阪府高槻《たかつき》市）と江戸を往復し、鉄眼の江戸での拠点であった青山の町人に経済的援助を請うなど、地域を越えた救済ネットワークを創り出そうとしていた。すなわちこの活動を、書物というメディアの力によってより広汎な人々へ周知し、支援しようとしたのが『犬方丈記』である。物語では、今長明の移動とともに、長崎から堺、堺から大坂、大坂から京都へと、西国四大都市で、被災者救済が「追々始まった」ことが描き出されている。重要な点は、これを高僧鉄眼の顕彰話にすることなく、「今長明」なる架空の人名を造形して、「何びとも鉄眼にはなれないが今長明にはなれる」として、第二、第三の「今長明」の出現を待望する、その思想である。しかも今長明とは、つい先ごろまで京都の悲田院《ひでんいん》という社会的弱者の養護施設に〈退きこもり〉状態であった。ところが一念発起して、悲田院の生活に別れを告げ、大坂から乗船して長崎へと旅立ったのである。このあたり、昭和のヒーロー、タイガーマスクこと伊達《だて》直人《なおと》が孤児院出身である、というのと瓜二つのプロットであり、二〇一〇年の歳末に「タイガーマスク現象」、仮名による児童養護施設への支援運動が生まれたことの先駆をなすことについては、旧著で述べたとおりだ。

この、元居た場所を振り返りつつも「旅立ち」を決意する図像（図5-6）は、この先、新たな地（長崎）で飢饉の惨状を目撃することで、災害救済情報の伝達者へと変身を遂げる、「今長明」の出発点を描き出したものである。

実際、モデルと考えられる鉄眼も、一六五五年に浄土真宗から黄檗禅への転身を決意して京から大坂を経て長崎へ向かった経歴を持つ。鉄眼自身もまた、「旅立つ鉄眼」だったのである。が、それだけではない。宋学《そうがく》を批判し古学《こがく》先生と呼ばれた儒者伊《い》藤仁斎《とうじんさい》もまた、若くして病気を理由に商家の稼業を弟に譲り、書物を読みふける隠棲生活に入っていたが、一六六二年、京都の寛文地震を機に、これではいけないと〈退きこもり〉状態を抜け出し、再び市中へ出て、私塾古義堂《こぎどう》を開くに至るのである。本書の読者であればすでにお気づきのとおり、現実社会に「出る」契機が、皇帝の徳などではなく、災害であるところが、室町殿文化圏における〈商山四皓〉のモティーフとの決定的な違いであろう。「旅立つ今長明」は、まさに、十七世紀後期に登場しつつあった〈新しい人間像〉、新しいネットワークが創出される可能性を造形するものであったのである。

世界観の刷新

私は旧著で、この、『犬方丈記』という名の災害ルポルタージュの誕生を、「読書革命」と呼んだ。実際、長崎、堺、大坂、京都、それに名古屋といった大都市では、天和の飢饉を境に、幕藩権力任せではない、民間ボランティアが急速に普及した。『犬方丈記』の打ち出した「何びとも鉄眼にはなれないが今長明にはなれる」という新しい人間像のプロデュースに対しては、陽明学者三輪執斎《みわしっさい》の『救餓大意』のような、善意だけではなかなか事行かない、ボランティアの難しさを説く書物も現れたが、こうした反対意見が出ること自体、「読書革命」をもたらした、新しい読書習慣の誕生あってのことだった。

『犬方丈記』のプロットがそうであるように、新しい世界観の発火点は長崎である。長崎は、明清交替によって、日本に亡命した明朝の知識人たちを受け容れる窓口となった。その代表格は、儒者朱舜水《しゅしゅんすい》であろう。水戸藩に招聘され、多大な文化的・思想的影響をもたらしたことはよく知られている。そして、いま一人の代表格こそが、黄檗宗の祖、禅僧隠元隆琦《いんげんりゅうき》であった。『犬方丈記』は、「何びとも鉄眼にはなれないが今長明にはなれる」を主題とはしているものの、最初の被災地長崎では、隠元も住した黄檗宗崇福寺《そうふくじ》、それに黄檗僧曇瑞《どんずい》（千呆性侒《せんがいしょうあん》）の名もしっかり登場するし、かの「旅立つ今長明」の挿図は、先述したとおり、京都の真宗僧だった鉄眼が、隠元足下《そっか》の参禅を志して、難波《なにわ》の浦から長崎に向けて出航した決意を描いた、と言っても過言でない。こうしてみると長崎は、幕府が独占した外国文化の狭い入口というよりも、そこからより広大な裾野に拡がって、世界観の刷新をもたらした地、としての性格のほうが濃厚だ。

その点では、長崎出身の天文学者、西川如見《じょけん》の存在も重要である。十七世紀も押し詰まった元禄十三年（一七〇〇）七月の序を持ち、二十年後の享保五年（一七二〇）に刊行された『日本水土考』には、亜細亜《アジア》《アサイア》・欧羅巴《ヨーロッパ》・利未亜《リビア》《リミア》の三州からなる第一界、亜墨利加《アメリカ》の第二界、墨瓦臘尼加《メガラニカ》の第三界、のごとく、世界は「五大州」からなる、とする地図認識が登場する（写真5-1）。「五大州」という言葉の初見自体は、宝永《ほうえい》五年（一七〇八）三月の刊記を持つ、『増補華夷通商考』であるという。

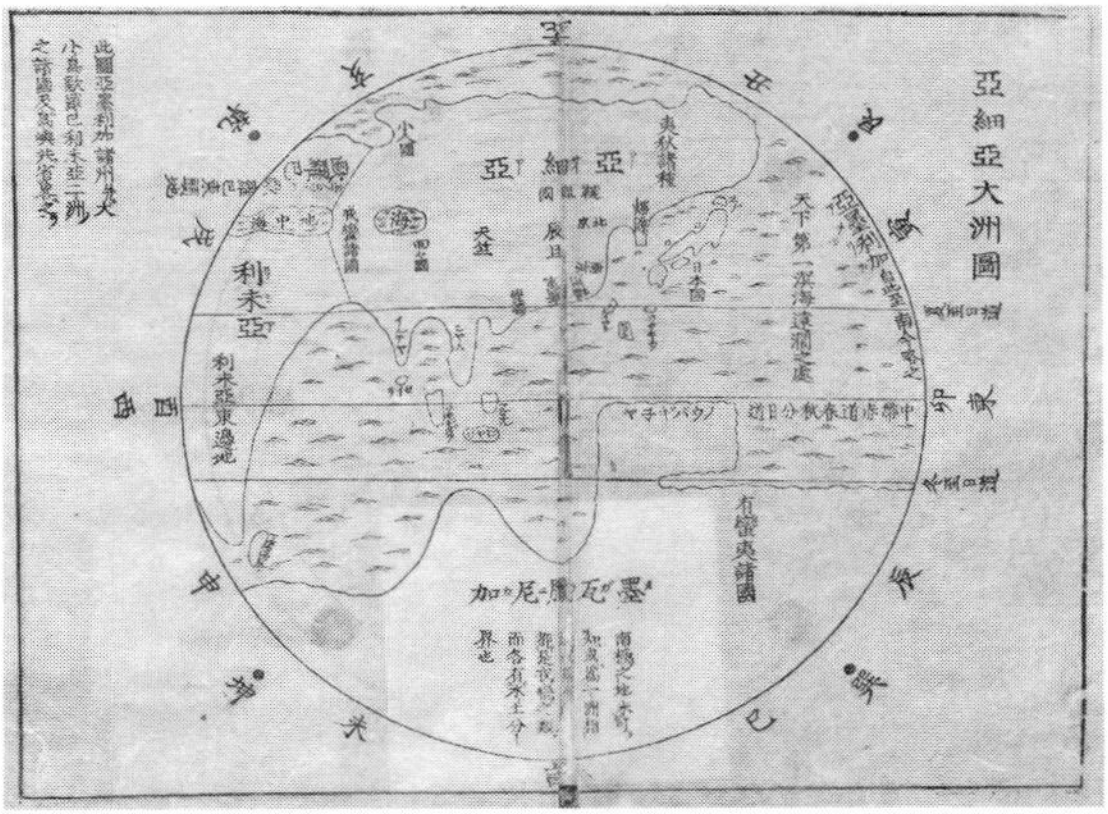

写真 5-1　亜細亜大洲図　『日本水土考』（九州大学中央図書館雅俗文庫所蔵板本）所収

対外関係史の伊川《いがわ》健二によれば、中世の仏教的世界観である「三国」認識、すなわち、本朝・震旦《しんたん》・天竺《てんじく》からなる世界観は、大航海時代のさなかにあっても、おおむね十七世紀末までは、なおも一般的であったという。しかしながら十八世紀へと世紀をまたぐ頃には、西川如見を嚆矢《こうし》として、仏教的「三国」世界から「五大州」世界へと、世界像に大きな揺らぎが生じていたのである。もっとも、『日本水土考』が日の目を見たのは、享保年間、徳川吉宗の時代に入ってからであり、マテオ・リッチの『万国図志』に基づく明代の漢文地理書で、西川の「五大州」の参照元でもある、艾儒略《がいじゅりゃく》ことイエズス会士ジュリオ・アレーニの一六二三年の著作、『職方外紀』の禁書が解けたのも、同じく享保期のことであった。

第4節　幕府と「被災者」救済——正当性の行方

残すところの画期は三つ

さて、四代将軍徳川家綱治世期前後の重要性をかく確認すれば、それ以降の江戸幕府の歴史について、ただ漫然と描いても、さして面白くないことは明らかだ。両国橋の架け替えの完了した江戸は、まさにわれわれのイメージする「大江戸」のスタートである。本章冒頭で紹介した、享保期の学者大道寺友山が、豊臣秀吉以前と比較しつつ述べたように、江戸幕府は飢饉時にあっても都市住人の食糧を確保できる「都市王権」として、一つの完成形である。かつてのような、「都市王権」たりうるかどうかが、権力を我が物とする上での「正当性」の根拠となりうる時代は、すでに終わった、と言ってよい。よって本書のテーマである「正当性」、とりわけ中世社会を規定してきた「都市王権」論に即して言えば、この揺るぎなく確立したかに見える「完成形」が、想定を超えて動揺する契機として、幕末まであと三つの画期を示せば事足りる、と言ってよかろう。

しかしながら、終章の最後の節で、教科書でもおなじみの三大飢饉や三大改革を論じよう、などというつもりはさらさらない。ちなみにこれら三題噺《ばなし》、否、「三大」噺の内、転機としてもっとも重要なのは、徳川吉宗治世下の享保～寛保期であり、これが決定的である。ついで挙げるならば、前著『〈つながり〉の精神史』でも取り上げた、天明期の「人々解体」の危機に身命を賭した松平定信の寛政改革であろう。これに対して、「三大」噺の最後と言うべき、天保の飢饉、天保の改革は、と言えば、近代史家のなかには、そこを近代の起点に置いて最重視したい向きもあるだろうが、本書の主題にとっては、優先度は低い。むしろ、三つ目として選ぶならば、江戸時代が行き着いた先の、安政大地震とコレラ流行のほうが、はるかに重要だ。そう言い切ってもよいだろう。

とはいえ、従来のいわゆる三大飢饉論、三大改革論と較べて、二つまでは画期が重なっていることになる。あるいは読者のなかには、既存の知識を元に、大筋を想像できた人がいるかもしれないが、だとすればその予測は、いい意味で裏切ることができるだろう。というのも、これからこの最後の節で述べることは、およそ従来の近世史研究者が、つきつめて考えてこなかったことばかりであるからだ。手始めに享保の改革、徳川吉宗の時代は、いかなる意味で転機と言えるのか、数多の先行研究を前に、まずはそう問いたいところである。

転機としての享保改革

じつは、十八世紀前半の享保の飢饉は、誰を、どこまでを、救うのかという問いの結果として、史上初めて〈被災者〉概念が定義された、という意味で画期なのである。すなわち救済すべきと

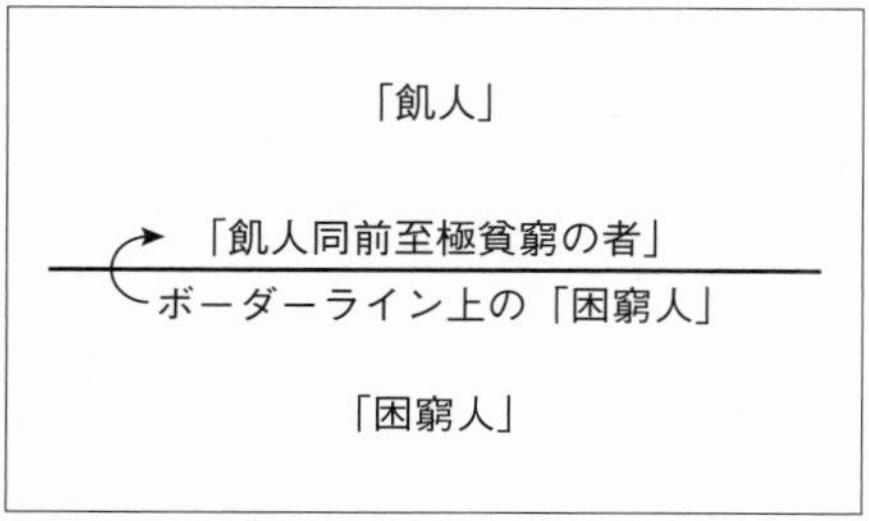

図5-7　定義される〈被災者〉と、ボーダーライン上の人々への眼差し

考えられた人のボーダー、線引きが、ここに初めて明確に示されたわけだ。図5－7は、東日本大震災の翌年に開催された学会（東歴研大会）での発表時に、私が述べたことの肝要を示したもので、一七三三年、享保の飢饉時に「飢人《うえにん》」＝被災者と「困窮人」＝日常的に存在する困窮者の間にはっきりと〈線引き〉が行われたことを明らかにするところに、その主眼があった。幕府の「御救《おすくい》」の対象となるのは、飢饉によって今にも死に至るような「飢人」のみであり、「困窮人」というだけでは対象外だ、という線引きである。享保以前の飢饉と言えば、寛永十八―二十年（一六四一―四三）の飢饉や延宝三年（一六七五）の飢饉、天和二年（一六八二）の飢饉、正徳四年（一七一四）の飢饉が代表的であるが、この時点での「飢人」とは、ただ単に「飢えた状態にある人」を指すに過ぎなかった。ところが享保の飢饉では、「飢人」とは〈被災者〉、すなわち「御救」の対象となる人である、というように明確に定義づけられたのである。

> 御救米《おすくいまい》の儀、名主《なぬし》どもへお渡し置かれ、飢人へとらせ候よう、仰せ渡され候ところ、月行事《がちぎようじ》などへ相渡し置き、不吟味なる致し方の者もこれ有る由、不埒《ふらち》に候間、名主《なぬし》ども吟味仕り、困窮人へは無用いたし、飢人へばかりとらせ申すべく候。

右は江戸の町触《まちぶれ》だが、〈被災者〉認定ボーダーラインが厳格に設定された以上、「不吟味なる致し方」をして「困窮人」にまで配ってはならぬ、というのである。これは京都でも同様であり、「困窮人へは遣わし申されまじく候」と、まったく同じ統一基準が示された。

それにしても、なぜ等しく飢饉で疲弊しているのに、「困窮人」は幕府の救済から疎外されるのか。二〇一二年の学会発表当時の私の最大の関心事は、災害は、〈不可抗力による（自己責任でない）弱者〉と〈自己責任に帰すべき弱者〉という「仕分け」の意識を増幅する危険性をはらむということ、しかもその構図が、被災者とホームレスの線引きという形で、二〇一一年の東日本大震災においても再生産されていたこと、にあった。

ボーダーライン上の人々への眼差し

では改めて問おう、ここで「不吟味」との指導が入った理由はなにか。右の江戸の史料からは、町名主が「御救米」の配分を月行事等に委ねてしまっていることがわかるが、給付の〈現場〉では、通達通りに「線引き」することなど、なかなかできなかったようだ。京都の町触に至っては、窮状を聞いてはとうてい「黙止《もくし》しがたく」、とまで書かれている。

逆に言えば、〈被災者〉認定ボーダーラインが厳格に引かれたことによって、給付を認定する〈現場人〉は、必然的に「この人々を切り捨ててよいのか、手を差し伸べるべきではないか」という重大な問いに向き合うことになる。だからこそ逆に、「黙止しがたく」などと言って不吟味に配ってはならぬ、という指導が入ったのである。

いや、それでもやはり黙止しがたい。それが給付の〈現場〉であった。その結果として、京都では先の線引きで切り捨てられた人々にも給付を行うための、第二次救済が実現したのである。つまり、一度目の救済で〈被災者〉認定ボーダーラインが厳格に設定されたことにより、切り捨てられた人々、ボーダー付近の人々、図5－7で言う「飢人同前《どうぜん》至極貧窮の者ども」に光が当ったのである。改めて〈現場〉での「黙止しがたい」との判断の重要性、それが政策をも変えた点に、社会そのものの持つ可能性を感じさせる一幕である。これを見るにつけ、〈現場〉の判断の劣化した社会、良心に基づき行動することよりも、忖度《そんたく》することが報われる空気が、これほどまでに蔓延した二十一世紀の日本社会と、つい比べたくもなろう。

ただし、当局の設定した〈ボーダー〉を再設定させた京都に比べ、江戸では第二次救済が確認できない。享保の飢饉が、もともと西日本の被災が甚大であったこととも、おそらくは関係していよう。いずれにせよ、非情にも見える上からの〈ボーダー〉設定が、かえって〈現場人〉の情を刺激する、という、興味深いシーンが現出しえたことを、ここに記しておきたい。

「御救米」と「御施行」との違いを正しく理解する

じつを言えば、救うのは被災者と認定された「飢人」のみであって、困窮者は救わず、という右の享保飢饉時の救済原則は、幕末の安政期までを通観すると、いささか奇妙に映じる。というのは、幕末の江戸では、「御救米」とは、被災者ではなく困窮者に配られるものとなっていたからである。つまり、「困窮人」「貧窮人」をめぐるカテゴリーの一大転換が、江戸後期にはあったことになるが、かくも重大な事実について指摘した先行研究を、私は見たことがない。

このことを理解する上できわめて重要なのは、「御施行《ごせぎよう》」と呼ばれる救済と「御救米」と呼ばれる救済とがまったく違うものであることを理解し、はっきり区別をつけておくことである。

まず、「御施行」では粥や握り飯などの緊急用食糧、すぐに食べられる調理済みの米が支給される。これに対して「御救米」では、そのままでは食べられない、未調理の米が支給される。洪水や地震など、〈災害型〉被災でまず配られるのは、握り飯などの「御施行」であり、家を洪水で流された急場において、未調理の「御救米」を支給してもまったく意味がない。これに対して、インフラが破壊されたわけではない、〈飢饉・疫病型〉被災では、生活への手当として十日分（江戸後期の場合）の食糧が、未調理のまま「御救米」として配られる。

したがって、洪水や地震など、〈災害型〉被災において「御救米」が配られるとすれば、それは、洪水の水が引く等、一定の沈静化を経てからだ、ということになる。

これは、時に専門家にあっても誤解されていることなので、もう一度言う。「御救米」とは、災害に際して配られるのではない。災害状態が一段落した後、配られるものである。

出発点としての一七四二年――災害救済における事態の終結宣言

だとすれば、ここに大きな問題が現前する。いったい何をもって「災害は終わった」「もはや被災状態にない」と判断しうるのか？ それは一方的な切り捨てとならないのか？ ここでわれわれは、「御施行」から「御救米」への切替えとは、きわめて政治的な判断なのだ、ということに気づくことになろう。

じつは、幕府・町奉行所によって、災害における〈事態の終結宣言〉というべきものが初めて出されたのが、徳川吉宗時代、一七四二年の寛保《かんぽう》の江戸洪水だった。

一つ。助け船にて新大橋・両国橋へ追々召し連れ上げ候者ども、江戸に所縁もこれ無き者は当分非人溜《ため》へ遣し置き、追って本所筋水引き候以後、相返すべき段、申し渡し候ところ、溜へ罷り越し候も迷惑の旨これを申し、両国橋広小路に集まり罷《まか》り在り候につき、これまた相応に御施行給《たべ》させ申し候。この分段々仕分け申し付け、⑴本所筋水引き候場所の者はそれぞれにあい返し、⑵家居《かきょ》など潰《つぶ》れ所縁もこれ無く、罷り帰り候ても一向渡世《とせい》成りがたきについて、あい帰らざる者どもは、非人手下《てか》に相渡し候わば、⑶飢渇《けかち》に及び候者これ有るまじく存じたてまつり候。

（『享保撰要類集《せんようるいじゅう》』）

さあ、「御施行」も八月二十三日でおしまいだ。右の史料の傍線部(1)(2)のとおり、被災者を無理矢理「仕分け」した結果として、(3)「飢渇に及び候者これ有るまじく存じたてまつり候」とは、所詮は公権力による災害の終結宣言であるに過ぎない。つまり、この終結宣言でもって、被災者はゼロということにされた。まさしくこれは、公権力による〈被災者ゼロ宣言〉なのである。

そして、被災者はもういない、いるのは「極貧の者ども」のみだ、という説明原理でもってここに初めて登場するのが、〈極貧者〉なる概念なのである。〈極貧者〉なる概念の登場、つまりは概念操作の結果として、事態は〈被災〉から〈貧困〉という問題へと置き換えられたのである。そう考えるならば、「飢渇に及び候者これ有るまじく存じたてまつり候」という一文は、あまりにも重い。

極貧者には「御救米」——一つの論理反転

果して、「御施行」が打ち切られた八月二十三日の時点で、「極貧の者ども」五百九十名に「御救米」給付が必要と判断され、以下の支給が行われるにいたった。内訳は、「男二一七人。一人一日二合宛《ずつ》、三〇日分」「女三七三人。一人一日一合宛、三〇日分」である。

つまり、男六升、女三升の三十日分一括支給であり、合計で見れば女性は幕末の安政期の水準（一日三合×十日分）と同じで、男性は安政期の水準（一日五合×十日分）より二割多い。それにしても、八月六日—二十三日の「御施行」段階では、隅田川左岸の本所・深川筋の被災者に対し、ピーク時で一日二回、一回につき一万人前の握り飯を焚き出していたことを考えると、(1)(2)の「仕分け」を通じて、対象者は五百九十人にまで絞り込まれていることが分かる。

ここで注意しなければならないのは、おなじ徳川吉宗期の被災経験である、享保飢饉と寛保洪水の間にある、論理の反転だ。享保飢饉時に導入された「飢人」と「困窮人」間の厳格なボーダーライン（図5－7）、すなわち救うべきは「飢人」であり「困窮人」には配らず、とする思想。そしてそこから反転して、寛保洪水での、もはや救うべき「飢人」は世上におらず、存在するのは少数の「困窮人」のみ、とする思想の浮上。「飢人」＝被災者が存在する限り、「困窮人」は救済対象の埒外《らちがい》であり、「飢人」が存在しない、すなわち災害が〈終結〉した状況下では、数を絞った上で、「困窮人」が「御救米」の対象者となる。すなわち、この〈反転〉こそが、「困窮人」が救済対象となる、江戸後期の町会所《まちかいしょ》御救米の、出発点なのである。そして、この「困窮人」を拡大解釈していくと、後述する幕末、安政期の情況が現出することになる。

いずれにせよ、一七四二年の江戸洪水時に、幕府・町奉行所による救済事業が「御施行」から「御救米」に切替えがなされた、その瞬間こそ、「御救米」は被災者ではなく、極貧者に給付されるもの、という新しいルールの誕生となったのである。

なお、享保飢饉と寛保洪水の間にある、この〈論理の反転〉を理解する上で重要なのは、先述したとおり、前者が〈飢饉・疫病型〉の被災であり、後者が〈災害型〉被災である、という至極シンプルな事柄である。「御施行」から「御救米」への移行、救済が二段階を踏むのは、あくまで後者に限られている。享保飢饉では最初から「御救米」給付であるがゆえに、「困窮人」にまで「御救米」を配るべきかどうか、が争点となった。寛保洪水では緊急性の高い「御施行」を実施した上で、その打切り後の措置としての「御救米」給付ゆえに、ごく少数に絞り込んだ「困窮人」が対象とされたのである。

一七四二年を画期とする〈一つの反転〉の背景にある事情は右の通りであるが、お気づきの通り、享保飢饉も寛保洪水も、「飢人」を最優先の救済対象と見る点では一致している。つまりは享保飢饉時のボーダー導入が招来した、本来同根の政策であったこともまた、言うまでもない。

寛政改革はいかなる意味で転機となったか?

江戸において次の大きな転機となるのが、「下々困窮」「人々解体」の危機に身命を賭することを誓約した、松平定信の寛政の改革である。決定的だったのは、やはり半官半民で運営される江戸町会所の設置である。実際にこれ以後、江戸町人の大多数が容易に御救米を申請できるようになった。そうしたこともあって、二〇一二年の『〈つながり〉の精神史』では松平定信から書き起こし、松平定信で結んでいるのだが、翌年刊行した『日本の起源』では、人足寄場《にんそくよせば》の理想と現実といった、改革の負の側面にも言及しているから、別段私は、定信の政策を必要以上に過大評価《オーヴァーレイト》するつもりもない。

町会所がセーフティネットとなって、容易に御救米申請できるようになった一方で、天保期以降には江戸町方人口約五十万人に対し、四十万弱にも及ぶ御救米支給がなされている事実を目の当たりにしては、次の二つの事実について考えざるをえない。その一つは、吉田伸之以降の研究が見据えてきたとおり、大都市江戸が圧倒的多数の都市下層民衆に支えられている、という事実であり、いま一つは、〈貧困〉がノーマルで当たり前の分だけ、さらに下層の人々、最底辺を見えづらくしてしまっている、という事実である。杉森玲子は、「江戸大地震之図」の「雪の中の行列」に、御救米受給に並ぶ人々を見出す印象深い研究を発表したが、一方で、本当の弱者像は、「御救米」被給者からは見えてこないのではないか、という問いも、同時に発しないわけにはいかない。

そもそも、町会所臨時救済での「御救米」とは、わずか十日分程度の糧に過ぎない。五升や三升の米を求めて人々は列をなし、その結果、驚くべきことに、寛政改革前夜の天明期に頻発した打毀《うちこわ》しは、江戸では最後の最後、慶応期にいたるまで鳴りを潜めることになる。商業資本や政府へ向けられた批判の牙など、この程度の臨時給付で、いとも簡単に消滅してしまうのであり、これはこれで深刻な問題であろう。

そして、セーフティネット誕生の副産物とでも言うべきものが、一挙に表面化したのが、幕末安政期の大地震とコレラ流行であった。

安政大地震とコレラ流行、その「御救米」受給者数から透けて見えるもの

百万都市江戸の人口の半数が町人、さらにその過半が都市下層民衆であって、町会所臨時救済

の対象となる。これが天保期以降の「御救米」の基本イメージである。町会所御救と都市下層民衆の関係から大都市江戸を構造的に掘り下げた、吉田伸之の研究によれば、一八五〇年代の町会所臨時救済での御救米の対象人数は、以下のとおりである。

①嘉永四年（一八五一）二―五月　米価高直《たかね》・風邪流行
その日稼ぎの者三十八万一千七百四十人に一万四千二百十五石余の御救米

②安政二年（一八五五）十一―十二月　安政大地震
その日稼ぎの者三十八万一千二百人に御救米

③安政五年（一八五八）　安政コレラ流行
貧民五十二万三千七十六人に二万三千九百十七石八斗の御救米

吉田が明らかにした、天保二年（一八三一）から七年に至る、飢饉その他の理由による臨時救済の対象者は、二十七万八千三百五十三人から四十万九千百六十四人へと、毎年右肩上がりに上昇している。したがって、①②は天保年間の水準を下回り、③はこれを大きく上回っていることになる。

安政大地震時の御救米受給人数の予想外の少なさ、安政コレラ流行時の予想以上の多さ、が、まずは気になるところであろう。うっかりすると、安政大地震における鯰絵《なまずえ》流行など、所詮は余裕の産物であり、そこに庶民の「ゼロ・リセット願望」を読み込むこと自体の当否をも問われかねない。そしてもう一つ、安政コレラ流行は、三年前の大地震を上回る被災状況だった、というような単純な解釈をも、採用してしまう危険を伴う。

この吉田の示した数値を、私は『立命館文学』に掲載した論文で再検証した。その結果、②の根拠とされた斎藤月岑《げっしん》の『安政乙卯武《あんせいいつぼうぶ》江地《こうち》動之記《どうのき》』の記述は、「云々」の付された二次的な伝聞情報であるにもかかわらず、その数値にさほど疑うべき要素はないこと、また三十八万一千二百人という人数は、安政大地震時に指定の人別雛形《にんべつひながた》を用いて申請され振舞われた、「御救米」の実数の総和ではなく、給付が期待された総人数として、江戸市中に流布した類のものであった可能性を指摘している。一方の③については、仮名《かな》垣魯《がきろ》文《ぶん》『頃痢《ころり》流行記』による人数だが、これについてはまず、一次史料である町触の残存によって、三十六万七千六百三人という実数が確認できる。さらに、『頃痢流行記』の数字情報については計算の合わない点があり、その計算間違いがどのようにして生じたか、までを明らかにすることによって、その情報源が、九月十日改正の『大日本数量附暴病御救人別之写《だいにほんすうりょうつきぼうびょうおすくいにんべつのうつし》』であったこと、およびその数字情報が給付開始の初期段階で江戸市中に流布したものであったこと、などを解明している。

ここで読者に問いたい。三年前の地震時とは違って、コレラ流行時の場合は、一次史料によって三十六万七千六百三人という実数が確認できる以上、それとかけ離れた二次史料の数字など、さっさと捨て去るべきであろうか、と。

私の答えは、否、である。吉田の言う五十二万三千七十六人、正しい計算では五十八万六千五百八十人という数字は、じつは一八五〇年代の江戸町方の総人口が五十五—五十七万人程度とされているから、江戸市中のすべての人が所定の人別書式に従って申請すれば、だいたいそれぐらいになる数なのであって、暫定的な数値としては、まったくありえない、というほどではないのである。むろん、最終的に認定された人数が三十六万七千六百三人であることは明らかであるから、『頃痢流行記』その他のメディアが伝える数字とは、江戸市中の〈願望〉に属する数字なのであって、幕府、町会所御救への期待度を示す数値として市中に流布し、人々の申請行動を後押ししたものと見れば、かえってリアルな史料、と言うべきではなかろうか。

申請数と給付決定数の間

安政コレラ流行時の御救米給付期間は、八月二十八日から十一月十四日まで。八月十七日、町会所年番《ねんばん》の触によれば、申請期間は次のとおり、八月二十三日から九月五日までである。

御組合御支配限り、急速に御取調べ、三才までの小児は相除き、名前年付等念を入れ、別紙雛形の通り、半紙竪帳《たてちょう》に御認《したた》め、御支配限り御出来次第、来る二十三日より来月五日までの内、間違い無く御差出し成さるべく候。もっとも近来度々御救御沙汰これ有り、打ち馴《な》れ居《お》り候儀につき、自然《じねん》麁漏《そろう》の調べ方いたし、不相当のもの御書上げ、追って御聴き入れ御沙汰受け候ようにては相済《す》まさず候間、せいぜい御取調べ肝要に付き、急速に御打ち掛かり、御救御趣意行き届き候よう、御取り計らい成さるべく候。

右によれば、近来たびたびの御救米支給により、うち馴れ、調べ方も粗漏となっており、受給不相当の者の書上げをする風潮があったという。さらに十日後の八月二十七日、御救米支給開始の前日に至ると、すでに申請が膨れ上がっていたらしいこともうかがえる。

去る卯年十月震災にて御救米下し置かれ候節、不相当のもの書き上げ仕《つかまつ》り、再調《さいちょう》仰せ付けられ、まったく不相当の者書き上げ、人数相減らし候場所、御座候《ござそうろう》につき、今般の儀は格別入念に取調べ候よう、仰せ渡され畏《かしこ》みたてまつり候。

十日前より踏み込み、去る震災時には、再調査をさせ人数を減らして修正申告となった場所がある、との先例にも言及して、今次の申請を入念に吟味するよう、指導が入った旨を伝えている。

安政大地震時には、十月二十日から十一月十八日までの其日《そのひ》稼之者人別書上《かせぎのものにんべつかきあげ》（極貧者申請）を経て、十一月十五日から十二月二十四日まで、比較的短期間で御救米の支給を終えているのに対し、安政コレラ流行では、八月二十三日から九月五日までの其日稼之者人別書上（極貧者申請）を経て、御救米給付開始から完了までに二カ月半かかっていることからも、再調査に時間を要したことがうかがえよう。つまりそれは、おそらくは五十数万にも及んだ申請を、三十六万七千六百三人に絞り込む作業だったのである。しかしながら、右の触の「仰せ渡され畏みたてまつり候」なる、白々しい文言から透けて見えるように、よほどのことのない限り緩々の認定であったこともまた、事実であろう。

江戸末期、それは「貧窮者」であることが当たり前であって恥ではなく、「不相当」かまわず「至極貧窮者」対象の「御救米」を人別申請することが、当然視された社会と言ってもよい。それはまた、五十数万人の受給申請を、市中のメディアが後押しする社会でもあった。その風景は著しく現代的と言ってよかろう。

振り返れば、十五世紀後半、当時の首都京都を取り巻く右肩上がりの経済によって、武家政権の「正当性」根拠として、「都市王権」たることの重要性が一気に後景に退いてより四百年、「都市王権」の完成形としての江戸幕府は、松平定信の創出したセーフティネットの副産物として、まさにこのような社会を招来したのである。

それでは、その先にある課題とは何か。それに答えるには、この長らくご愛顧いただいた夜店を今ここに閉じ、『〈つながり〉の精神史』をはじめとする本店の世界へとご案内するほかかない。

引用文献ならびに主要参考文献

※引用文献はすべて挙げ、参考文献は主要なものに限った。より詳細な文献一覧が必要な場合は、下記【拙稿】の引用文献もあわせて参照されたい。
※入手性の観点から、書籍に再収録された雑誌論文は書籍、書籍が複数ある場合は原則として最新版を示した。
※副題は【拙稿】にのみ付し、他は省略した。

【拙稿】
東島誠「『義経沙汰』没官領について——鎌倉幕府荘郷地頭職の制度的確立に関する一試論」『遥かなる中世』一一号、一九九一年
東島誠「公共負担構造の転換——解体と再組織化」後掲東島『公共圏の歴史的創造』所収、初出一九九三年
東島誠「都市王権と中世国家——畿外と自己像」後掲東島『公共圏の歴史的創造』所収、初出一九九八年
東島誠『公共圏の歴史的創造——江湖の思想へ』東京大学出版会、二〇〇〇年
東島誠「内乱の時代と大森・葛山氏」『裾野市史 第八巻 通史編1』静岡県裾野市、二〇〇〇年
東島誠「公はパブリックか?」佐々木毅他編『公共哲学3 日本における公と私』東京大学出版会、二〇〇二年
東島誠「非人格的なるものの位相——石母田正『日本の古代国家』で再構成されたもの」『歴史学研究』七八二号、二〇〇三年
東島誠「義経の結婚」『創文』四六八号、二〇〇四年
東島誠「吾妻鏡注釈 元暦元年九月条」『文献と遺跡』三号、二〇〇四年
東島誠「日本型『オオヤケ』の超え方——〈市民〉が〈国民〉へと回収されないために」『RATIO』一号、講談社、二〇〇六年
東島誠「丸山眞男・石母田正と〈日本的なるもの〉」『丸山眞男』河出書房新社、二〇〇六年
東島誠『自由にしてケシカラン人々の世紀』講談社選書メチエ、二〇一〇年
東島誠『〈つながり〉の精神史』講談社現代新書、二〇一二年
東島誠+與那覇潤「歴史学に何が可能か——『中国化』と『江湖』の交点」與那覇『歴史がおわるまえに』亜紀書房、二〇一九年、初出二〇一二年
東島誠「中世後期〜近世都市にみる弱者と生存——合力の論理と排除の論理の関係性について」『人民の歴史学』一九一・一九三号、二〇一二年
東島誠「中世の災害」北原糸子他編『日本歴史災害事

典』吉川弘文館、二〇一二年
東島誠＋與那覇潤『日本の起源』太田出版、二〇一三年
東島誠「いわゆる『中国化』論と『中世に向かう現代』」『世界史における中国』日韓文化交流基金、二〇一三年
東島誠「列島を二つに切り、歴史を二つに切ること――網野善彦の『日本論』」『現代思想』四二巻一九号、二〇一四年
東島誠「中世社会と契約――「公私」観と「神」観念の変容をめぐるノート」酒井紀美編『契約・誓約・盟約』竹林舎、二〇一五年
東島誠「安丸良夫の『近代』と歴史の追創造」『現代思想』四四巻一六号、二〇一六年
東島誠「『幕府』論のための基礎概念序説」『立命館文学』六六〇号、二〇一九年
東島誠「三つの「新しい中世」と公共圏――一九九〇年代の歴史学的思考と現在」花田達朗『公共圏』彩流社、二〇二〇年
東島誠「『御救米』給付と社会――安政大地震とコレラ流行」『立命館文学』六七七号、二〇二二年
東島誠「『所属』からの自由――無教会・無縁・公共性」『内村鑑三研究』五五号、二〇二二年

【各論】

朝尾直弘『将軍権力の創出』岩波書店、一九九四年
浅香年木『治承・寿永の内乱論序説』法政大学出版局、一九八一年
網野善彦『日本中世の非農業民と天皇』岩波書店、一九八四年
網野善彦『「日本」とは何か』講談社学術文庫、二〇〇八年、初出二〇〇〇年
荒野泰典「近世の対外観」『岩波講座 日本通史13 近世3』岩波書店、一九九四年
安野眞幸『日本中世市場論』名古屋大学出版会、二〇一八年
家永遵嗣「北条早雲研究の最前線」『奔る雲のごとく』北条早雲史跡活用研究会、二〇〇〇年
家永遵嗣「室町幕府の成立」『学習院大学文学部研究年報』五四輯、二〇〇七年
伊川健二『大航海時代の東アジア』吉川弘文館、二〇〇七年
石井紫郎『日本人の国家生活』東京大学出版会、一九八六年
石井進『日本中世国家史の研究』岩波書店、一九七〇年
石井進『中世のかたち』中央公論新社、二〇〇二年
石原比伊呂『室町時代の将軍家と天皇家』勉誠出版、二

〇一五年
石母田正『中世的世界の形成』岩波文庫、一九八五年、初出一九四六年
石母田正『日本の古代国家』岩波文庫、二〇一七年、初出一九七一年
石母田正「解説」『中世政治社会思想』上、岩波書店、一九七二年
磯貝富士男『中世の農業と気候』吉川弘文館、二〇〇二年
磯貝富士男『武家政権成立史』吉川弘文館、二〇一三年
伊藤啓介・中塚武「『CD-ROM版鎌倉遺文』に収録された古文書件数と気候復元データの関係の定量的分析」『鎌倉遺文研究』四〇号、二〇一七年
伊藤啓介「『大飢饉』のない一四世紀」、後掲【論集】『気候変動と中世社会』所収、二〇二〇年
伊藤俊一「一四〜一五世紀における荘園の農業生産の変動」、後掲【論集】伊藤啓介他編『気候変動と中世社会』所収、二〇二〇年
井上章一『日本に古代はあったのか』角川選書、二〇〇八年
今谷明『室町の王権』中公新書、一九九〇年
今谷明『信長と天皇』講談社現代新書、一九九二年
今谷明『籤引き将軍足利義教』講談社選書メチエ、二〇〇三年
李領『倭寇と日麗関係史』東京大学出版会、一九九九年
入間田宣夫『藤原秀衡』ミネルヴァ書房、二〇一六年
岩田慎平「頼朝の征夷大将軍就任をめぐる『平家物語』と『吾妻鏡』」『立命館文学』六五四号、二〇一七年
植田真平『鎌倉府の支配と権力』校倉書房、二〇一八年
宇佐美英機「近世京都の法と社会」京都町触研究会編『京都町触の研究』岩波書店、一九九六年
上横手雅敬『平家物語の虚構と真実』塙書房、一九八五年、初出一九七三年
延慶本注釈の会『延慶本平家物語全注釈』第四（巻八）、汲古書院、二〇一四年
大田壮一郎『室町幕府の政治と宗教』塙書房、二〇一四年
大津透『律令国家支配構造の研究』岩波書店、一九九三年
小川剛生『足利義満』中公新書、二〇一二年
小倉芳彦『中国古代政治思想研究』青木書店、一九七〇年
海津一朗『中世の変革と徳政』吉川弘文館、一九九四年
笠原綾「伊勢御代参の年頭恒例化と将軍権威」今谷明・高埜利彦編『中近世の宗教と国家』岩田書院、一九九八年

笠松宏至『日本中世法史論』東京大学出版会、一九七九年
笠松宏至『中世人との対話』東京大学出版会、一九九七年
勝俣鎮夫『戦国法成立史論』東京大学出版会、一九七九年
勝俣鎮夫『戦国時代論』岩波書店、一九九六年
金子拓『織田信長〈天下人〉の実像』講談社現代新書、二〇一四年
上安祥子『経世論の近世』青木書店、二〇〇五年
亀田俊和『室町幕府管領施行システムの研究』思文閣出版、二〇一三年
亀田俊和『観応の擾乱』中公新書、二〇一七年
亀田俊和「南北朝期室町幕府研究とその法制史的意義」『法制史研究』六八号、二〇一九年
苅米一志『日本史を学ぶための古文書・古記録訓読法』吉川弘文館、二〇一五年
川合康『鎌倉幕府成立史の研究』校倉書房、二〇〇四年
川合康『院政期武士社会と鎌倉幕府』吉川弘文館、二〇一九年
川合康『源頼朝』ミネルヴァ書房、二〇二一年
河内将芳『秀吉の大仏造立』法蔵館、二〇〇八年
川岡勉『室町幕府と守護権力』吉川弘文館、二〇〇二年
川端新『荘園制成立史の研究』思文閣出版、二〇〇〇年
岸本美緒『明末清初中国と東アジア近世』岩波書店、二〇二一年
北原糸子『近世災害情報論』塙書房、二〇〇三年
木下聡『室町幕府の外様衆と奉公衆』同成社、二〇一八年
木下昌規『戦国期足利将軍家の権力構造』岩田書院、二〇一四年
木村英一『鎌倉時代公武関係と六波羅探題』清文堂出版、二〇一五年
木村直樹「近世の対外関係」『岩波講座 日本歴史11 近世2』岩波書店、二〇一四年
櫛木謙周『日本古代の首都と公共性』塙書房、二〇一四年
久保健一郎『戦国大名と公儀』校倉書房、二〇〇一年
久保健一郎『中近世移行期の公儀と武家権力』同成社、二〇一七年
久保貴子『後水尾天皇』ミネルヴァ書房、二〇〇八年
黒嶋敏『秀吉の武威、信長の武威』平凡社、二〇一八年
黒田俊雄『日本中世の国家と宗教』岩波書店、一九七五年
黒田日出男「参詣曼荼羅の不思議」『週刊朝日百科 日本の歴史別冊 歴史の読み方1 絵画史料の読み方』朝日

新聞社、一九八八年
黒田日出男『龍の棲む日本』岩波新書、二〇〇三年
河内祥輔『日本中世の朝廷・幕府体制』吉川弘文館、二〇〇七年
呉座勇一『陰謀の日本中世史』角川新書、二〇一八年
呉座勇一『頼朝と義時』講談社現代新書、二〇二一年
小島道裕『信長とは何か』講談社選書メチエ、二〇〇六年
小林丈広「『大仏前』考」『キリスト教社会問題研究』五一号、二〇〇二年
小林丈広『近代日本と公衆衛生』雄山閣、二〇一八年、初出二〇〇一年
五味文彦『院政期社会の研究』山川出版社、一九八四年
五味文彦『鎌倉と京』講談社学術文庫、二〇一四年、初出一九八八年
五味文彦『増補 吾妻鏡の方法』吉川弘文館、二〇〇〇年、初出一九八八年
五味文彦『鎌倉時代論』吉川弘文館、二〇二〇年
近藤成一『鎌倉時代政治構造の研究』校倉書房、二〇一六年
近藤成一「佐藤進一の鎌倉幕府政治史研究について」『年報中世史研究』四五号、二〇二〇年
齋藤公太『「神国」の正統論』ぺりかん社、二〇一九年
酒井紀美『日本中世の在地社会』吉川弘文館、一九九九年
酒井紀美『応仁の乱と在地社会』同成社、二〇一一年
桜井英治『室町人の精神』講談社学術文庫、二〇〇九年、初出二〇〇一年
櫻井陽子『『平家物語』本文考』汲古書院、二〇一三年
佐々木銀弥『日本中世の都市と法』吉川弘文館、一九九四年
笹山晴生「平安初期の政治改革」『岩波講座 日本歴史3 古代3』岩波書店、一九七六年
佐藤進一『新版 古文書学入門』法政大学出版局、二〇〇三年、初出一九七一年
佐藤進一「時宜㈠」網野善彦他編『ことばの文化史［中世1］』平凡社、一九八九年
佐藤進一・網野善彦・笠松宏至『日本中世史を見直す』平凡社、一九九九年、初出一九九四年
佐藤進一『日本中世史論集』岩波書店、一九九〇年
佐藤全敏『平安時代の天皇と官僚制』東京大学出版会、二〇〇八年
佐藤雄基「鎌倉幕府の《裁判》と中世国家・社会」『歴史学研究』一〇〇七号、二〇二一年
佐藤雄基「鎌倉幕府政治史三段階論から鎌倉時代史二段階論へ」『史苑』八一巻二号、二〇二一年

三田武繁『鎌倉幕府体制成立史の研究』吉川弘文館、二〇〇七年
重田みち「日本の中世後期における『天下』の概念と王権」伊東貴之編『東アジアの王権と秩序』汲古書院、二〇二一年
設楽薫「室町幕府の評定衆と『御前沙汰』」『古文書研究』二八号、一九八七年
清水克行「室町社会の騒擾と秩序」講談社学術文庫、二〇二二年、初出二〇〇四年
清水克行『大飢饉、室町社会を襲う!』吉川弘文館、二〇〇八年
清水克行『戦国大名と分国法』岩波新書、二〇一八年
清水克行『室町社会史論』岩波書店、二〇二一年
下坂守「晴明塚考」『京都部落史研究所紀要』一〇号、一九九〇年
下村周太郎「『将軍』と『大将軍』」『歴史評論』六九八号、二〇〇八年
新谷和之『戦国期六角氏権力と地域社会』思文閣出版、二〇一八年
菅原憲二「近世前期京都の非人」『前近代京都の部落史』部落問題研究所、一九八七年
鋤柄俊夫「土器と陶磁器にみる中世京都文化」山田邦和編『京都・激動の中世』京都文化博物館、一九九六年
杉橋隆夫「鎌倉右大将家と征夷大将軍・補考」『立命館文学』六二四号、二〇一二年
杉本史子『近世政治空間論』東京大学出版会、二〇一八年
杉森哲也『近世京都の都市と社会』東京大学出版会、二〇〇八年
杉森玲子『「江戸大地震之図」を読む』角川選書、二〇二〇年
鈴木登美恵「古態の『太平記』の考察」『国文学 解釈と教材の研究』三六巻二号、一九九一年
瀬田勝哉『増補 洛中洛外の群像』平凡社、二〇〇九年、初出一九九四年
曽根原理『徳川家康神格化への道』吉川弘文館、一九九六年
曽根原理『神君家康の誕生』吉川弘文館、二〇〇八年
高木昭作「敵討ちの論理」『歴史評論』六一七号、二〇〇一年
高木昭作『将軍権力と天皇』青木書店、二〇〇三年
高橋一樹『東国武士団と鎌倉幕府』吉川弘文館、二〇一三年
高橋慎一朗『北条時頼』吉川弘文館、二〇一三年
高橋富雄『征夷大将軍』中公新書、一九八七年
高橋典幸『鎌倉幕府軍制と御家人制』吉川弘文館、二〇

〇八年
髙橋昌明『平家と六波羅幕府』東京大学出版会、二〇一三年
髙橋昌明『東アジア武人政権の比較史的研究』校倉書房、二〇一六年
田中克行遺稿集編集委員会編『虹の記憶』（東京大学史料編纂所内同編集委員会、一九九七年、四〇―五〇頁の文責＝井上聡・菊地大樹・高橋典幸）
田中大喜『中世武士団構造の研究』校倉書房、二〇一一年
谷口眞子「赤穂浪士にみる武士道と『家』の名誉」『日本歴史』六五〇号、二〇〇二年
谷口眞子『赤穂浪士の実像』吉川弘文館、二〇〇六年
谷口雄太『中世足利氏の血統と権威』吉川弘文館、二〇一九年
田村憲美「日本中世史研究と高分解能古気候復元」『日本史研究』六四六号、二〇一六年
田村憲美「磯貝富士男氏の業績と初期中世の気候変動に関する覚書」『気候適応史プロジェクト成果報告書』2、二〇一七年
千々和到「中世民衆の意識と思想」『一揆』4、生活・文化・思想、東京大学出版会、一九八一年
土田健次郎「『神皇正統記』と宋学」『大倉山論集』四二輯、一九九八年
土田直鎮『王朝の貴族』中公文庫、二〇〇四年、初出一九六五年
土山祐之「東寺領山城国上久世荘の自然災害」、後掲【論集】伊藤啓介他編『気候変動と中世社会』所収、二〇二〇年
寺内浩『受領制の研究』塙書房、二〇〇四年
戸田芳実『初期中世社会史の研究』東京大学出版会、一九九一年
外岡慎一郎『武家権力と使節遵行』同成社、二〇一五年
富田正弘「室町時代における祈禱と公武統一政権」日本史研究会史料研究部会編『中世日本の歴史像』創元社、一九七八年
内藤昌『復元安土城』講談社学術文庫、二〇〇六年、初出一九九四年
内藤湖南「応仁の乱について」礪波護編『東洋文化史』中公クラシックス、二〇〇四年、講演初出一九二一年
奈良勝司「近代日本形成期における意思決定の位相と『公議』」『日本史研究』六一八号、二〇一四年
丹生谷哲一『身分・差別と中世社会』塙書房、二〇〇五年
西田友広『鎌倉幕府の検断と国制』吉川弘文館、二〇一一年

西谷地晴美『日本中世の気候変動と土地所有』校倉書房、二〇一二年
新田一郎『日本中世の社会と法』東京大学出版会、一九九五年
新田一郎「『大犯三箇条』異説」『遥かなる中世』一四号、一九九五年
新田一郎『太平記の時代』講談社学術文庫、二〇〇九年、初出二〇〇一年
新田一郎『中世に国家はあったか』山川出版社、二〇〇四年
新田英治「中世後期の東国守護をめぐる二、三の問題」『学習院大学文学部研究年報』四〇輯、一九九三年
野村育世『北条政子』吉川弘文館、二〇〇〇年
野村玄『天下人の神格化と天皇』思文閣出版、二〇一五年
羽下徳彦『中世日本の政治と史料』吉川弘文館、一九九五年
朴炳道『近世日本の災害と宗教』吉川弘文館、二〇二一年
橋本雄『中世日本の国際関係』吉川弘文館、二〇〇五年
橋本雄「朝鮮国王使と室町幕府」『日韓歴史共同研究報告書（第2分科篇）』日韓歴史共同研究委員会、二〇〇五年
橋本雄『中華幻想』勉誠出版、二〇一一年
橋本雄『偽りの外交使節』吉川弘文館、二〇一二年
長谷川裕子『中近世移行期における村の生存と土豪』校倉書房、二〇〇九年
服部英雄『河原ノ者・非人・秀吉』山川出版社、二〇一二年
馬部隆弘『戦国期細川権力の研究』吉川弘文館、二〇一八年
馬部隆弘「六角定頼の対京都外交とその展開」『日本史研究』七一〇号、二〇二一年
浜口誠至『在京大名細川京兆家の政治史的研究』思文閣出版、二〇一四年
早島大祐『首都の経済と室町幕府』吉川弘文館、二〇〇六年
早島大祐『室町幕府論』講談社選書メチエ、二〇一〇年
早島大祐「一五〜一六世紀における土地売買の保証」『岩波講座 日本経済の歴史1 中世――一一世紀から一六世紀後半』岩波書店、二〇一七年
林屋辰三郎『京都』岩波新書、一九六二年
樋口大祐『「乱世」のエクリチュール』森話社、二〇〇九年
菱沼一憲『中世地域社会と将軍権力』汲古書院、二〇一一年

平井上総『兵農分離はあったのか』平凡社、二〇一七年
平井良直「安土城天主六階障壁画に関する『天守指図』の整合性について」『遙かなる中世』一三号、一九九四年
平井良直「安土城天主五階の空間構成に関する一試論」『日本歴史』五七〇号、一九九五年
藤井讓治『天皇と天下人』講談社学術文庫、二〇一八年、初出二〇一一年
藤井讓治『天下人秀吉の時代』敬文舎、二〇二〇年
藤木久志『新版 雑兵たちの戦場』朝日選書、二〇〇五年、初出一九九五年
藤木久志『飢餓と戦争の戦国を行く』吉川弘文館、二〇一八年、初出二〇〇一年
藤田達生『信長革命』角川選書、二〇一〇年
藤田達生『織田信長』山川出版社、二〇一八年
古尾谷知浩『律令国家と天皇家産機構』塙書房、二〇〇六年
古澤直人『鎌倉幕府と中世国家』校倉書房、一九九一年
古澤直人『中世初期の〈謀叛〉と平治の乱』吉川弘文館、二〇一八年
古野貢『中世後期細川氏の権力構造』吉川弘文館、二〇〇八年
細川重男『鎌倉政権得宗専制論』吉川弘文館、一九九九年
細川重男『北条氏と鎌倉幕府』講談社選書メチエ、二〇一一年
保立道久「源義経・源頼朝と島津忠久」『黎明館研究調査報告』二〇号、二〇〇八年
保立道久『中世の国土高権と天皇・武家』校倉書房、二〇一五年
堀新『織豊期王権論』校倉書房、二〇一一年
本郷和人『中世朝廷訴訟の研究』東京大学出版会、一九九五年
本郷和人『謎とき平清盛』文春新書、二〇一一年
本郷恵子『室町将軍の権力』朝日文庫、二〇二〇年、初出二〇一〇年
松島周一「源義仲の征夷大将軍宣旨と畿内近国」『日本文化論叢』八号、二〇〇〇年
松園潤一朗「前近代日本における災害と法・政治」小柳春一郎編『災害と法』国際書院、二〇一四年
松園潤一朗「日本中世の法と裁判」水林彪他編『法と国制の比較史』日本評論社、二〇一八年
松園潤一朗「将軍足利義稙期の幕府訴訟制度について」『一橋法学』一八巻三号、二〇一九年
松園潤一朗「室町幕府の法概念に関する覚書」『一橋法学』一九巻一号、二〇二〇年

丸山眞男『忠誠と反逆』ちくま学芸文庫、一九九八年、改稿版初出一九九二年
美川圭『院政の研究』臨川書店、一九九六年
美川圭『公卿会議』中公新書、二〇一八年
三鬼清一郎「近世初期における普請について」『名古屋大学文学部研究論集』八九号、一九八四年
三鬼清一郎『織豊期の国家と秩序』青史出版、二〇一二年
水野章二『中世の人と自然の関係史』吉川弘文館、二〇〇九年
水野嶺『戦国末期の足利将軍権力』吉川弘文館、二〇二〇年
水林彪「マグナ・カルタと六角氏式目」『早稲田法学』九二巻三号、二〇一七年
光成準治「日用停止令と豊臣政権」山本博文他編『豊臣政権の正体』柏書房、二〇一四年
峰岸純夫『中世 災害・戦乱の社会史』吉川弘文館、二〇一一年
宮崎克則『大名権力と走り者の研究』校倉書房、一九九五年
村井章介『アジアのなかの中世日本』校倉書房、一九八八年
村井章介『北条時宗と安達泰盛』講談社学術文庫、二〇二二年、初出二〇〇一年
村井章介『中世の国家と在地社会』校倉書房、二〇〇五年
村井章介『分裂から天下統一へ』岩波新書、二〇一六年
村井祐樹『戦国大名佐々木六角氏の基礎研究』思文閣出版、二〇一二年
村井良介『戦国大名権力構造の研究』思文閣出版、二〇一二年
桃崎有一郎「初期室町幕府の執政と『武家探題』鎌倉殿の成立」『古文書研究』六八号、二〇一〇年
桃崎有一郎「観応擾乱・正平一統前後の幕府執政『鎌倉殿』と東西幕府」『年報中世史研究』三六号、二〇一一年
百瀬今朝雄「応仁・文明の乱」『岩波講座 日本歴史7中世3』岩波書店、一九七六年
森茂暁『鎌倉時代の朝幕関係』思文閣出版、一九九一年
守田逸人『日本中世社会成立史論』校倉書房、二〇一〇年
矢部健太郎「中世武家権力の秩序形成と朝廷」『国史学』二〇〇号、二〇一〇年
山田邦和『日本中世の首都と王権都市』文理閣、二〇一二年
山田智理・佐藤弘隆「古代・中世の祇園会と船鉾」『船

鉾――財団法人設立五十周年記念誌』祇園祭船鉾保存会、二〇一八年
山田徹「『分郡守護』論再考」『年報中世史研究』三八号、二〇一三年
山中恭子「中世のなかに生れた近世」『史学雑誌』八九編六号、一九八〇年
山本武夫『気候の語る日本の歴史』そしえて、一九七六年
山本博文『殉死の構造』角川新書、二〇二二年、初出一九九四年
横井清『中世を生きた人々』ミネルヴァ書房、一九八一年
横田則子「『物吉』考」『日本史研究』三五二号、一九九一年
吉田賢司「『主従制的支配権』と室町幕府軍制研究」『鎌倉遺文研究』二六号、二〇一〇年
吉田賢司『室町幕府軍制の構造と展開』吉川弘文館、二〇一〇年
吉田賢司『足利義持』ミネルヴァ書房、二〇一七年
吉田伸之『近世巨大都市の社会構造』東京大学出版会、一九九一年
吉田伸之『身分的周縁と社会=文化構造』部落問題研究所、二〇〇三年
與那覇潤『中国化する日本』文春文庫、二〇一四年、初出二〇一一年
若尾政希『「太平記読み」の時代』平凡社、二〇一二年、初出一九九九年
若尾政希「近世前期の社会思想」宮地正人他編『政治社会思想史』山川出版社、二〇一〇年
渡辺信一郎『中国古代の王権と天下秩序』校倉書房、二〇〇三年
渡辺浩『東アジアの王権と思想 増補新装版』東京大学出版会、二〇一六年、初出一九九七年

【論集・ハンドブック類】

石井進編『中世の人と政治』吉川弘文館、一九八八年
石母田正・佐藤進一編『中世の法と国家』東京大学出版会、一九六〇年
市沢哲編『太平記を読む』吉川弘文館、二〇〇八年
伊藤啓介・田村憲美・水野章二編『気候変動と中世社会』臨川書店、二〇二〇年
榎原雅治・清水克行編『室町幕府将軍列伝』戎光祥出版、二〇一七年
鹿毛敏夫編『硫黄と銀の室町・戦国』思文閣出版、二〇二一年
亀田俊和編『初期室町幕府研究の最前線』洋泉社、二〇

一八年
木下昌規編『足利義晴』戎光祥出版、二〇一七年
五味文彦・渡辺尚志編『新体系日本史3 土地所有史』山川出版社、二〇〇二年
関口崇史編『征夷大将軍研究の最前線』洋泉社、二〇一八年
平雅行編『公武権力の変容と仏教界』清文堂出版、二〇一四年
中世後期研究会編『室町・戦国期研究を読みなおす』思文閣出版、二〇〇七年
張翔・園田英弘共編『「封建」・「郡県」再考』思文閣出版、二〇〇六年
中林真幸編『日本経済の長い近代化』名古屋大学出版会、二〇一三年
日本史史料研究会編『信長研究の最前線』洋泉社、二〇一四年
野口実編『治承～文治の内乱と鎌倉幕府の成立』清文堂出版、二〇一四年
久水俊和編『「室町殿」の時代』山川出版社、二〇二一年
堀新・井上泰至編『秀吉の虚像と実像』笠間書院、二〇一六年
松園潤一朗編『室町・戦国時代の法の世界』吉川弘文館、二〇二一年
元木泰雄編『保元・平治の乱と平氏の栄華』清文堂出版、二〇一四年
桃崎有一郎・山田邦和編『室町政権の首府構想と京都』文理閣、二〇一六年
山田徹他編『鎌倉幕府と室町幕府』光文社新書、二〇二二年
山田康弘編『戦国期足利将軍研究の最前線』山川出版社、二〇二〇年
渡邊大門編『信長研究の最前線②』洋泉社、二〇一七年

【講座・辞典類】

『岩波講座 日本歴史／日本通史』第二次～第五次、『日本の社会史』、『岩波講座 日本経済の歴史』（以上、岩波書店）、『講座 日本歴史』、『日本史講座』（以上、東京大学出版会）、『中世史講座』（学生社）、『国史大辞典』（吉川弘文館）、『日本史大事典』、『世界大百科事典』、『日本歴史地名大系』（以上、平凡社）、『日本大百科全書』、『日本国語大辞典』（以上、小学館）、『大漢和辞典』（大修館書店）

あとがき

本書の構想は二〇一六年の夏に遡る。当時の私は、京都の大学に移ったばかりであったが、ようやく執筆が軌道に乗り始めたころ、二〇一八年春からの二年間、勤務大学の文学部副学部長を拝命することとなった。時に「公務で忙しい」などと言う人がいるが、それはいかにも日本型オオヤケ観にどっぷり浸かっている証左であって、カントの『啓蒙とは何か』を読めば明らかなように、「校務」はあくまで「私事」である。そしてこの「私事」の、途方もない激務が続くさなかに、コロナ禍へと突入した。オンデマンド授業の開始によって、本書の執筆に割くことのできる時間は見る見る失われ、ついには中断を余儀なくされた。

転機が訪れたのは二〇二一年の秋である。一年間、東京での学外研究を認められ、懐かしい学生時代の記憶と痕跡の残る地に居住して、大いに羽を伸ばすことができた。東京では無教会を中心とした思想史研究を進めるとともに、並行して本書の改稿作業も再開した。ただ改稿は一筋縄ではいかなかった。以前に書いた原稿を読み直して、何に基づきそう書いたのか、忘却の彼方にある事どもも多く、研究への熱は、本書よりも別の関心事へと向けられる日が多かった。そうした中、旧い序文を破棄して新たに序文を書き下ろしたのが、二〇二二年の夏である。

ここに方針は定まった。完成にはじつに、ジャン・シベリウスが交響曲第五番の改稿に要したそれをさえ超える年月を要することとなってしまったが、五十代の半ばに、何とか五作目の本をリリース出来たことを、今はただ喜びたい。この間、本当に長きにわたりお待ち下さったNHKブックス編集部、とりわけ、絶妙のタイミングでの激励と常にあたたかい助言とを惜しまれなかった倉園哲氏には、心よりの御礼を申し上げる。

京都にて

二〇二二年十二月、シベリウス生誕百五十七年の日を過ぎた頃に

東島 誠（ひがしじま・まこと）
1967 年、大阪府生まれ。東京大学文学部国史学専修課程卒業、同大大学院人文社会系研究科日本文化研究専攻博士課程修了、博士（文学）。現在、立命館大学教授。
著書に『公共圏の歴史的創造――江湖の思想へ』（東京大学出版会）、『自由にしてケシカラン人々の世紀』『〈つながり〉の精神史』（ともに講談社）、『日本の起源』（與那覇潤と共著、太田出版）など。

NHK BOOKS 1277

「幕府」とは何か
武家政権の正当性

2023 年 1 月 25 日　第 1 刷発行

著　者　東島 誠
発行者　土井成紀
発行所　NHK出版
東京都渋谷区宇田川町10-3　郵便番号150-0042
電話 0570-009-321（問い合わせ）　0570-000-321（注文）
ホームページ　https://www.nhk-book.co.jp
装幀者　水戸部 功
印　刷　三秀舎・近代美術
製　本　三森製本所

Printed in Japan　ISBN978-4-14-091277-5 C1321

NHK BOOKS

*歴史(I)

出雲の古代史　門脇禎二
法隆寺を支えた木［改版］　西岡常一／小原二郎
「明治」という国家［新装版］　司馬遼太郎
「昭和」という国家　司馬遼太郎
日本文明と近代西洋―「鎖国」再考―　川勝平太
戦場の精神史―武士道という幻影―　佐伯真一
知られざる日本―山村の語る歴史世界―　白水　智
古文書はいかに歴史を描くのか―フィールドワークがつなぐ過去と未来―　白水　智
関ヶ原前夜―西軍大名たちの戦い―　光成準治
江戸に学ぶ日本のかたち　山本博文
天孫降臨の夢―藤原不比等のプロジェクト―　大山誠一
親鸞再考―僧にあらず、俗にあらず―　松尾剛次
山県有朋と明治国家　井上寿一
明治〈美人〉論―メディアは女性をどう変えたか―　佐伯順子
『平家物語』の再誕―創られた国民叙事詩―　大津雄一
歴史をみる眼　堀米庸三
天皇のページェント―近代日本の歴史民族誌から―　T・フジタニ
禹王と日本人―「治水神」がつなぐ東アジア―　王　敏
江戸日本の転換点―水田の激増は何をもたらしたか―　武井弘一
外務官僚たちの太平洋戦争　佐藤元英
天智朝と東アジア―唐の支配から律令国家へ―　中村修也
英語と日本軍―知られざる外国語教育史―　江利川春雄
象徴天皇制の成立―昭和天皇と宮中の「葛藤」―　茶谷誠一
維新史再考―公議・王政から集権・脱身分化へ―　三谷　博
壱人両名―江戸日本の知られざる二重身分―　尾脇秀和
戦争をいかに語り継ぐか―「映像」と「証言」から考える戦後史―　水島久光
「修養」の日本近代―自分磨きの150年をたどる―　大澤絢子
語られざる占領下日本―公職追放から「保守本流」へ―　小宮　京

※在庫品切れの際はご容赦下さい。